KB182035

뛰어난 제품을 만들기 위해
서비스 기획자 및 PM/PO가 알아야 할 가이드

세균무기가 알려주는
서비스 기획의
모든 것

지은이 세균무기

펴낸이 박찬규 엮은이 전이주 디자인 북누리 표지디자인 Arowa & Arowana

펴낸곳 위키북스 전화 031-955-3658, 3659 팩스 031-955-3660
주소 경기도 파주시 문발로 115, 311호 (파주출판도시, 세종출판벤처타운)

가격 26,000 페이지 296 책규격 175 x 235mm

초판 발행 2024년 01월 16일
ISBN 979-11-5839-481-3 (13000)

등록번호 제406-2006-000036호 등록일자 2006년 05월 19일
홈페이지 wikibook.co.kr 전자우편 wikibook@wikibook.co.kr

Copyright © 2024 by 세균무기
All rights reserved.
First published in Korea in 2024 by WIKIBOOKS

이 책의 한국어판 저작권은 저작권자와 독점 계약한 위키북스에 있습니다.
신저작권법에 의해 한국 내에서 보호를 받는 저작물이므로 무단 전재와 복제를 금합니다.
이 책의 내용에 대한 추가 지원과 문의는 위키북스 출판사 홈페이지 wikibook.co.kr이나
이메일 wikibook@wikibook.co.kr을 이용해 주세요.

세균무기가 알려주는 서비스 기획의 모든 것

뛰어난 제품을 만들기 위해
서비스 기획자 및 PM/PO가 알아야 할 가이드

세균무기 지음

위키북스

서비스 기획자나 프로덕트 매니저가 되고 싶은 취업준비생이나 주니어 기획자들이 서비스 기획을 공부하고 싶어도 대학 내 관련 학과나 커리큘럼도 없는 데다, 서점에 공부할 수 있는 책도 몇 권 없다 보니 어떻게 서비스 기획을 공부해야 할지 막막해하는 경우가 많다. 대기업이나 중견기업에선 다수의 기획자가 근무하고 있기 때문에 좋든 싫든 선배들을 통해 도제식으로 배울 수 있는 기회라도 있지만, 작은 스타트업에서는 기획자 홀로 사수 한 명 없이 맨땅에 헤딩하듯 기획하며 잡부 취급을 당하거나 기획자 없이 디자이너와 개발자가 머리를 맞대고 기획해 가며 개발하고 있다고 하니 시니어 기획자로서 안타까울 따름이다. 그러다 보니 도대체 서비스 기획을 어떻게 공부해야 할지, 어떻게 기획해야 잘하는 것인지 알 길이 없어 기획자들이 작성해 놓은 글을 읽거나 다급한 경우에는 비싼 사설 교육기관을 찾지만, 여전히 서비스 기획과 관련된 지식과 정보를 찾거나 체계적으로 학습하는 것은 어렵고 힘들기만 하다.

나도 지난 18년 동안 크고 작은 십여 개가 넘는 회사에서 사수 한번 없이 맨땅에 헤딩하며 서비스 기획을 해왔기 때문에 그 어려움을 이해 못 하는 것은 아니지만, 서비스 기획이라는 업무 특성상 정규 커리큘럼을 만들 수 있을 정도로 학문적 발전을 하는 것은 앞으로도 어려워 보인다.

서비스 기획이 단말기 제조사나 운영체제, 플랫폼 등에서 제공하는 매년 바뀌다시피 하는 디자인 및 개발 가이드라인에 영향을 받는 데다 도메인 및 비즈니스 환경, 사용자의 변화까지 고려하면 출판해 봐야 고작 1년이 지나면 폐기해야 할지도 모르니 정작 기획자들이 필요한 것은 실무 지식인데 수박 겉핥기식의 서적만 출판할 수밖에 없다. 게다가 컴퓨터공학, 디자인, 경제학, 경영학, 법학, 인지심리학, 사회학, 통계학, 마케팅학, 광고학 등 너무 많은 기초 및 응용 학문의 이론을 끌어다 설명해야 하기 때문에 이론적으로 설명하거나 교육하기도 어렵고 힘들다. 그리고 서비스 기획에 정답이 없다 보니 교육에도 한계가 있다. 물론 정답이 없다고 해서 좋은 기획이 없는 것은 아니다. 게다가 관련 법이나 규제, 인프라, 제조사, 운영체제, 플랫폼 등에 종속적인 기획을 할 수밖에 없기 때문에 나쁜 기획은 명확하다.

또한 기획자는 프로덕트 매니저로서 커뮤니케이션, 매니지먼트 등의 다양한 소프트 스킬을 요구하는데, 이 소프트 스킬이라는 것이 조직의 특성이나 상황, 동료들의 성향에도 영향을 받기 때문에 특정 방법론이 맞는다며 정형화된 방법론으로 교육하기도 어렵다.

그럼에도 불구하고 오래전부터 부족한 능력이지만 서비스 기획을 공부하고 싶은 학생이나 현업 기획자, 창업자들에게 조금이나마 도움을 주기 위해 블로그나 커뮤니티 등을 운영하며 서비스 기획과 관련된 지식과 정보, 자료 등을 공유했는데 막상 큰 도움이 되지는 못했던 것 같다. 기획 실무와 관련된 정보와 지식을 체계적으로 블로그나 커뮤니티라는 그릇에 담기가 어려웠기 때문이다. 그리고 지난 3년간 서비스 기획 강의를 통해 취업준비생이나 기획자들을 대상으로 강의를 진행했으나 소수반을 고집하다 보니 비싼 강의비에 많은 분을 만날 수 없었다.

그래서 그동안 블로그와 커뮤니티, 강의 등을 통해 공개하고 이야기했던 내용을 정리하여 서비스 기획에 대한 전반적인 이해 및 실무에 도움이 될 수 있도록 한 권의 책으로 엮었다. 이 책은 기획의 기본 개념과 방법론, 기획자로서 갖추어야 할 역량, 기획 실무 등을 다루고 있다. 이 책을 통해 서비스 기획에 대한 전반적인 이해를 넓히고, 기획자로서의 역량을 키우는 데 조금이나마 도움이 되었으면 한다. 블로그나 강의에 비해 내용도 요약되고 현장감도 부족한 데다 개인적으로도 많이 부족하여 경험에 기대어 잘못된 내용을 전달할 수도 있겠지만 넓은 마음으로 양해를 부탁드린다.

마지막으로 오늘도 텍스트 하나, 버튼 하나, 기능 하나의 생사를 쥐락펴락하며 머리를 쥐어짜고, 동료들에 이리저리 치이며 자존감에 상처받고 있을 수많은 서비스 기획자에게 응원의 메시지를 보낸다. 힘내세요!

포트원의 프로덕트 매니저
김성호

———

사수 없이 자라온 5년 차 기획자로, 이런 책이 있다는 건 정말 축복이라고 생각합니다. 스타트업에서 고생하고 있는 동료에게, 소중한 사람들에게, 후배에게 선물하고 싶은 책입니다.

많은 강의가 반짝이는 엣지를 보여주는 스킬은 다루지만, 무엇이 기획의 기본이고, 기본을 어떻게 쌓아야 하는지는 가르쳐주지 않았습니다. 그래서 저를 포함한 많은 사수 없이 큰 주니어 기획자들이 모래 위에 성을 쌓듯이 벤치마킹해서 서비스를 어떻게 만들었는데, 처음부터 만들라면 만들 수 없거나 서비스의 일관성이 없어지는 문제를 겪으며 어디 물어볼 곳이 없을까 하는 간절함으로 유목민처럼 이것저것 강의를 찾아 듣고는 했습니다. 이 책을 읽고 나니 뭘 더 찾아야겠다는 불안이 줄어들고 명료함이 생겼습니다.

까칠하지만 기획에 대한 애정이 있는 베테랑 선배 기획자의 육성이 들리는 것 같은 책입니다.

2022년 강의 수강생
김수연

———

저자의 서비스 기획 강의 수강생으로서, 저자만의 노하우가 담긴 강의 내용이 한 권의 책으로 정리되어 출간된다는 것은 정말 반가운 소식이다.

서비스 기획이라 하면 대부분 예쁘고 편한 UIUX를 만드는 일이라고 생각하지만, 책에서 말하듯이 이는 통섭의 영역이다. 디자인과 개발은 기본이고, 법과 문화, 생태계, 심리학까지 잘 버무려야 하는 종합적인 분야인 것이다. 그래서인지 이 직무에 대해 알고 싶은 사람들이 참고할 만한 책이나 콘텐츠를 찾기란 쉽지 않다.

이 책은 기획자를 꿈꾸고 있거나 주니어 기획자로 활동하고 있는 사람들이 '서비스 기획'이라는 일에 갖고 있는 다양한 궁금증을 해소해 줄 것이다. 기획자의 역할이나 업무 프로세스 같은 기본기뿐만 아니라, 기획자로서 무엇을 잘 알아야 하고 어떤 부분까지 고려하며 서비스를 기획해야 하는지를 속 시원히 말해준다. 서비스 기획자가 되고 싶은 사람들, 그중에서도 '좋은 서비스 기획자', '역량 있는 서비스 기획자'가 되고 싶은 사람들에게 이 책을 추천한다.

트래블월렛의 프로덕트 오너
이주형
———

세균 님과는 2012년 트위터에서 처음 만났습니다. 디자이너도, 개발자도 아닌 제가 스타트업 창업가로서, 이후에는 기획자 PO로서 일하는 데 아낌없이 노하우와 지식을 공유해 준 세균 님은 제게는 인생의 멘토와 같은 분입니다.

2021년 제가 PO에 대한 강의와 멘토링을 시작했을 때도 용기와 실질적인 도움을 주었습니다. 세균 님의 17년간 노하우를 담은 이 책을 강력히 추천합니다.

카테노이드의 VP of Product
방영준
———

최근 IT 업계에서 인력 품귀 현상이 벌어지는 직군은 단연 '개발자'와 '서비스 기획자/PM/PO'라고 할 수 있다. 수십 년 전부터 학문으로 정립된 'Computer Science'라는 영역 덕분에 개발자로 입문하고자 하는 지원자들이 속성 과정부터 대학을 통한 정규 교육 과정까지 본인이 원하는 과정을 선택하고 체계적인 학습을 할 수 있게 됐다. 그러나 '서비스 기획자/PM/PO'라는 직군은 본문에 언급된 것처럼 회사마다, 심지어는 사람마다 생각하는 업무 범위와 하는 일이 다르다. 이런 혼란스러운 상황 때문에 서비스 기획 혹은 Product Manager/Product Owner로 입문하고자 하는 지원자들은 제대로 학습하고 성장할 기회를 갖지 못하고 어중간한 화면 기획서를 반복적으로 작성하거나 마케팅 업무 혹은 영업 보조 업무를 하면서 시간을 허비하는 경우가 많다.

그런 측면에서 20년 가까운 세월 동안 '서비스 기획자'로서의 정체성을 지키며 치열하게 고민하고 성장해 온 선배 서비스 기획자가 후배들을 위해 본인의 노하우를 아낌없이 전달하고자 하는 마음으로 집필한 이 책은 서비스 기획자가 되고자 하는 입문자들에게 '서비스 기획자'가 되기 위한 실질적인 지침서 역할을 할 것이다. 그리고 이미 현업에서 일하고 있는 주니어 기획자들에게도 가까이 두고 수시로 필요할 때 찾아볼 수 있는 FM(Field Manual) 역할을 하는 데 부족함이 없는 책이다.

CHAPTER

01

서비스 기획자

서비스 기획자는 누구이고, 그 역할 및 필요한 역량에 대해 살펴봅니다.

CHAPTER

02

상위 기획

시장조사 및 벤치마킹을 통해 아이디어를 사업화하고, 목표 고객 선정 및 페르소나를 도출하며 고객 여정 지도를 작성합니다. 이를 통해 시장 및 경쟁사, 사용자를 분석하고 자사 서비스의 목표 및 방향성을 설정합니다.

CHAPTER

03

정책 기획

서비스 정책이 왜 중요한지 이해하고 서비스 정책 작성을 위해 필요한 지식을 살펴보며 서비스 정책 작성법을 학습합니다.

CHAPTER

04

화면(상세) 기획

스토리보드 작성법 및 작성 시 주의사항에 대해서 살펴보고 서비스 구현 시 최소 단위인 컴포넌트 및 기타 서비스 구현에 필요한 요소들을 학습합니다.

CHAPTER

05

프로세스 기획

회원가입과 로그인 프로세스를 통해 서비스 구현을 위한 프로세스를 학습합니다.

CHAPTER

06

관리자 사이트 기획

백오피스 또는 어드민 사이트라 불리는 관리자 사이트 기획에 대해서 학습합니다.

CHAPTER

07

테스트

테스트 진행 시 기획자가 챙겨야 할 디지털 접근성 및 SEO 등에 대해서 학습합니다. 그리고 글로벌 서비스 기획 시 고려해야 할 사항에 대해서 살펴봅니다.

CHAPTER

08

프로덕트 매니지먼트

위터폴과 애자일에 대해서 살펴보고 애자일 방법론에 따른 프로덕트 매니지먼트 방법에 대해서 알아봅니다. 칸반 보드 운영과 카드(이슈) 생성, 그리고 우선순위를 결정하기 위한 방법 등에 대해서 살펴봅니다.

01

서비스 기획자

이번 장에서는 서비스 기획자는 누구이며,
그들의 역할과 필요한 역량은 무엇인지 살펴보자.

1.1 _ 서비스 기획자란?

최근 기업이나 채용 공고에서 IT 서비스를 기획하는 '기획자'를 지칭하는 표현이 너무 제각각이다. 어떤 곳에서는 '서비스 기획자'로 부르는데, 다른 곳에서는 '프로덕트 매니저(PM, Product Manager)'라고 부르기도 하고, 최근에는 '프로덕트 오너(PO, Product Owner)'라는 표현도 자주 들린다. 채용 공고를 살펴보면 이들이 하는 일이 대동소이해 보이는데, 왜 이렇게 표현이 다양할까?

그림 1.1 기획자를 지칭하는 표현이 너무 많다.

재미있는 사실은 해당 직군에 종사하고 있는 기획자들도 그렇고, 기획자를 채용하려는 회사조차 이를 정확히 구분하여 사용하고 있지 않다는 것이다. 그러니 모든 사람이 헷갈릴 수밖에 없지 않겠는가?

이런 혼동으로 인해 구직자는 자신의 강점이나 성향, 원하는 업무와 핏(Fit)이 맞지 않아 입사 후 스트레스를 받거나 퇴사를 고려할 수도 있고, 이에 따라 기업에서는 반복되는 채용과 퇴사 처리로 리소스를 낭비할 수밖에 없다. 따라서 회사는 원하는 기획자의 상(像)이나 역할이 무엇인지 정확하게 설명하고, 구직자는 이를 확인하고 지원하는 것이 중요하다. 아무튼 한 명의 기획자로서 이 상황을 보고 있자니 웃프지 않을 수가 없다.

서비스 기획자와 프로덕트 매니저, 그리고 프로덕트 오너는 분명 다르다

서비스 기획자와 프로덕트 매니저, 프로덕트 오너는 모두 서비스의 개발과 출시를 담당하는 직무지만, 그 역할과 책임은 서로 다르다. 그래서 많은 사람이 이들의 역할과 차이점을 설명하려고 한다. 하지만 대한민국이라는 지역적 특수성과 시간의 흐름에 따른 개발 환경과 개발 방법론의 변화에 관한 이야기를 전제하지 않는다면 정확히 이해하거나 설명하기 어렵다.

시간의 흐름에 따른 개발 환경과 개발 방법론의 변화, 대한민국이라는 지역적 특수성이 결합하여 기획자에게 요구되는 역량과 역할이 변화했으며, 이에 따라 기획자 직군을 표현하는 다양한 용어가 등장했기 때문이다.

	게시판 시대	1990년 대	포탈 시대	2010년 대	모바일 시대 (2009년 11월 28일)	2020년 대	포스트 코로나 시대
등장 배경	IT 산업의 등장	IT 산업의 성장과 고도화		스타트업의 등장과 워터폴의 실패		스타트업의 성장과 애자일의 한계	
개발 방법론	–	워터폴		애자일 스크럼 (2001년 애자일 선언)		비즈니스 및 의사결정에는 워터폴 개발에는 애자일	
기획자 R&R	All in One	A – Z		프로덕트 매니징		Mini CEO – 의사결정	
기획자 명칭	웹 마스터	서비스 기획자		프로덕트 매니저		프로덕트 오너	

그림 1.2 시대가 변함에 따라 요구되는 기획자의 상(像)도 바뀌었다.

라스트 제다이와 같이 사라진 웹 마스터,
그리고 포털 서비스와 함께 성장한 서비스 기획자

서비스 기획자는 1990년대 이전, 단순한 기업 홈페이지나 게시판 등의 웹 서비스를 개발하던 시기에 프로젝트의 관리와 개발을 담당하거나 총괄하는 이름마저도 신화 속의 존재 같았던 '웹 마스터(Webmaster)'라는 직군에서 출발했다. 그러나 실은 IT 서비스가 대규모 포털 서비스로 성장함에 따라 분업화된 직군 중 하나다. 서비스의 규모가 커지고 구성원이 늘어나며 업무가 세분화되면서 등장한 직군인 것이다.

영미권에서는 애자일 개발 방법론[1]의 등장과 함께 프로덕트 매니저가 등장했지만, 국내에서는 애자일 개발 방법론을 받아들이기 어려웠다. 상명하복의 경직된 의사소통과 복잡한 보고 체계, 부서 간의 이기주의, 연공서열식 평가 제도, 조직 중심적인 사고방식 등 매우 수직적이고 폐쇄적인 기업 문화로 인해 워터폴 문화에 적합한 중간 관리자가 필요했다. 이런 조직 문화와 환경에서 디자이너와 개발자보다는 경영진이나 비즈니스 직군과의 의사소통

---

[1] 애자일 문화와 워터폴 문화는 소프트웨어 개발 방법론의 대표적인 유형으로, 워터폴 문화는 기획(계획) → 디자인 → 개발 → 테스트 → 배포가 폭포수가 흘러내리듯 순차적으로 진행되는 개발 프로세스. 이에 반해 애자일 문화는 작은 단위의 개발 범위를 짧은 주기로 빠르게 반복하는 개발 프로세스. 워터폴 문화는 모든 단계가 계획되어 진행되기 때문에 프로젝트를 관리하고 제어하기가 편해 체계적이고 예측 가능성이 높은 반면, 애자일 문화는 요구사항을 빠르고 쉽게 반영할 수 있고 팀원 간의 의사소통과 협업을 촉진하는 등 유연하고 적응력이 뛰어난 프로세스. 개발 방법론과 관련해서는 8장 프로덕트 매니지먼트에서 더 자세히 다룬다.

이 원활하며, 비즈니스 요구사항을 빨리 이해하고 정리할 수 있는 경상 계열 등의 문과대 출신이 중간 관리자로서 등용되었다. 이렇게 채용된 인력은 포털에서 비즈니스 직군과 프로덕트 직군 사이에서 커뮤니케이션을 중개하고 스토리보드 등의 문서를 작성하며 서비스 기획자로 자리 잡게 된다.

그렇게 문과 출신 기획자들이 등용되어 포털의 성장과 성공을 함께 하며 1990년대를 거쳐 2000년대 중반까지 한국형 서비스 기획자의 전성시대를 누리게 됐다. 그리고 이들은 개발 및 디자인 업무를 제외한 데스크 리서치, 유저 리서치, 벤치마킹 등의 상위 기획부터 서비스 정책 기획과 함께 와이어프레임을 포함한 스토리보드 작성, 프로덕트 매니지먼트, QA 진행, 서비스 고도화 등 웹 서비스의 A부터 Z까지 다양한 업무에 참여하며 IT 산업에서 핵심 직군으로 자리 잡게 됐다.

스마트폰이 쏘아 올린 스타트업 전성시대, 린 스타트업 문화와 애자일 개발 방법론의 확산으로 등장한 프로덕트 매니저

2009년 11월 국내에 아이폰이 등장하면서 스마트폰이 빠르게 보급되었고, 스타트업들이 우후죽순 등장했다. 이들은 간단한 계산기, 카메라, 게임 앱 등을 앱스토어에 출시하며 대성공을 거두었고, 이로써 회사를 떠나 창업하기 시작했다. 그리고 이를 옆에서 지켜본 수많은 IT 종사자가 부푼 꿈을 안고 회사를 떠나 창업하거나 스타트업에 뛰어들었다. 바야흐로 스타트업 전성시대가 시작된 것이다.

그러나 초기 스타트업에서는 부족한 리소스로 인해 포털이나 대기업에서 일하고 있던 서비스 기획자를 채용하기가 쉽지 않았다. 어렵게 워터폴 방식에 익숙한 서비스 기획자를 채용해 3개월, 6개월에 걸쳐 제품을 개발했지만, 그 사이 시장 상황과 사용자의 요구사항이 변하고, 경쟁사들도 빠르게 등장하면서 많은 실패를 경험했다. 대규모로 성장한 포털 기업은 여러 서비스를 런칭하고 실패하더라도 그중 하나의 서비스가 성공하면 회사가 크게 성장할 수 있었지만, 리소스가 턱없이 부족한 스타트업은 열심히 준비한 한 개의 제품이 실패하면 결국 폐업할 위기에 처할 수밖에 없었다. 이런 실패를 경험한 기획자들이 다시 포털이나 대기업으로 돌아갔으며, 이를 지켜본 동료 기획자들이 스타트업에 참여하는 것을 꺼리는 건 당연하지 않았을까!

그에 따라 스타트업 문화가 먼저 등장한 미국에서 이러한 문제를 어떻게 해결했는지 살펴보고, 실패에 따른 리스크를 줄이기 위해 가설을 세우고 실험을 통해 빠르게 검증하며 작게 프로젝트를 진행하는 린(Lean) 이론이나 디자인 싱킹, 애자일 개발 방법론[2] 등이 국내에 도입 및 확산되기 시작했다. 애자일 문화에서 칸반 보드[3]를 통해 백로그(Backlog)와 태스크(Task) 기반의 프로덕트 매니지먼트를 하며 빠르게 가설의 검증 및 실행에 집중하는 프로덕트 매니저의 역할이 기획자에게 강조되기 시작한 것이다.

그리고 서비스 기획 및 개발의 복잡도와 대응해야 할 단말기와 운영체제가 증가함에 따라 한 명의 서비스 기획자가 모든 업무를 감당하기 어려운 상황이 발생했다. 요구하는 지식도 방대하고 업무 범위도 넓어져 이를 모두 커버하기가 어려워진 것이다. 이런 상황에서 웹과 모바일 경험이 모두 있는 서비스 기획자를 채용하는 것도 쉽지 않았다. 결국 사수도 없이 신입이나 경험이 부족한 주니어 기획자를 채용하여 기획부터 프로덕트 매니지먼트까지 맡기는 일이 빈번했으며, 한편에서는 잊을 만하면 기획자 무용론이나 잡부설을 이야기하고 있다. 이는 기획자의 잘못이라기보다는 나 홀로 신입이나 주니어 기획자를 채용한 회사와 경영진의 잘못이다. 그래서인지 기획자 무용론을 주장하는 사람들의 경력이나 재직 중인 회사를 찾아보면 왜 무용론을 언급하는지 이해가 된다. 앞으로는 혼자서 고군분투하는 기획자를 탓하기보다는 그런 판단과 채용을 할 수밖에 없었던 회사와 그 회사에서 일하고 있는 자신을 탓하길 바란다.

따라서 스타트업이 성장하면서 한 명의 서비스 기획자가 처리해야 했던 업무가 세분화됐다. 일부 업무는 전략 기획자 또는 사업 기획자라고 일컫는 직군에게, 와이어프레임이나 목업 등을 만드는 업무는 UX 디자이너 또는 프로덕트 디자이너에게 맡기게 됐다. 또한, 애자

---

2 디자인 싱킹(Design Thinking)과 애자일 스크럼(Agile Scrum) 방법론, 린 이론(Lean Theory)은 모두 고객의 니즈를 파악하고, 이를 만족시킬 수 있는 제품을 개발하기 위한 방법론으로 상호 보완적인 관계지만, 모두 다른 개념이다. 디자인 싱킹은 고객의 관점에서 문제를 파악하고, 고객이 원하는 해결책을 찾아내는 데 초점을 맞춘 문제 해결 방법론이다. 반면, 애자일 스크럼은 개발 방법론이라고 이야기하는 것처럼 기업 내 조직 관점에서 제품을 작은 단위로 나눠 각 단위를 빠르게 개발하고 이를 통해 고객의 피드백을 빠르게 반영하기 위한 프로젝트 관리 방법론이다. 린 이론은 기업의 관점에서 자원을 효율적으로 사용하며 불필요한 비용을 줄이고, 고객의 피드백을 빠르게 반영하며 실패 가능성을 낮추기 위한 이론으로 디자인 싱킹이나 애자일 스크럼 개발 방법론 등을 활용한다.

3 칸반 보드는 프로젝트의 진행 상황을 시각화하고 진행 중인 작업을 제한하며 효율성을 극대화하기 위한 애자일 프로젝트 관리 도구이다. 기획자가 프로덕트 매니지먼트를 하는 데 중요한 툴로, 8장 프로덕트 매니지먼트에서 자세히 설명한다.

일 개발 방법론을 도입하며 프로덕트 매니지먼트에 집중하는 프로덕트 매니저의 역할이 중요해지면서 서비스 기획자의 역할과 책임이 변화하기 시작했다.

애자일의 실패를 겪으며 성장한 스타트업에서 등장하고 있는 프로덕트 오너

일부 성공한 스타트업들은 사업 규모가 커짐에 따라 제품과 인력이 확대되며 업무와 직군이 더욱 세분화되면서 조직 구조가 더 복잡해졌다. 그런데 애자일 스크럼과 같은 개발 중심 문화로는 복잡하고 거대해진 제품과 조직 규모에서 효율적이고 빠른 의사 결정이나 업무 진행이 어렵다. 이에 따라 비즈니스 환경의 변화나 회사의 전략에 빠르게 대응하기 위해 제품 개발 프로세스에는 여전히 애자일 스크럼을 적용하더라도 의사 결정과 매니지먼트는 워터폴 방식으로의 회귀가 필요했다. 이러한 필요성으로 인해 프로덕트 오너라는 새로운 직군이 등장하기 시작했다. 이들은 강력한 의사 결정 권한을 가지며, 그 권한에 따른 책임을 진다는 특징이 있다.

스타트업이 성장함에 따라 조직은 커지며 부서와 직군은 늘어나고 제품과 업무 외 프로세스는 점점 더 복잡해지는 데다 부서 간의 이해관계 때문에 합의를 빠르게 이끌지 못하다 보니 속도는 계속 느려지고 경쟁력을 잃어갈 수밖에 없다. 애자일 스크럼 개발 방법론이 제품 개발에는 최적화된 방법론이지만, 제품 개발이 완료되어 운영을 위한 비 IT 직군이 늘어난 시점에서는 모든 직군에 애자일 방법론을 적용하기가 어렵다. 이렇게 비 IT 직군과의 유기적인 협업이 필요한 상황에서 빠른 의사결정과 실행에 대한 비즈니스적인 요구가 프로덕트 오너를 등장시킨 것이다.

그래서 프로덕트 오너의 등장은 개발 중심의 스타트업 문화가 규모가 커짐에 따라 발생한 여러 실패를 경험하고 축적하며, 이를 해결하기 위한 방안으로 워터폴 방식으로 회귀하는 과정이라 할 수 있다.

또한, 성장이 정체된 기존 비즈니스에 많은 자원을 투입하는 것이 비효율적이기 때문에 남는 리소스를 효율적으로 활용하고 새로운 성장 동력을 찾기 위해 여러 신규 비즈니스를 시도하게 되는데, 이러한 신규 비즈니스를 시작하고 성공시키기 위해서는 초기 스타트업의 창업자와 비슷한 역할을 수행할 사람이 필요하다. 이 역할을 프로덕트 오너에게 위임하게 된 것이다. 그래서 몇몇 회사에서는 프로덕트 오너를 mini-CEO라고 부르며, 많은 권한과 책임을 부여하고 있다.

특정 방법론이 확산되어 일반화되면 일부 문제들이 반복되고 재생산되면서 무용론적인 입장이나 이러한 문제를 개선하려는 노력이 등장하기 마련인데, 프로덕트 매니저의 등장이 스타트업 환경에서 서비스 기획자의 워터폴 방법론의 실패에 기인했다면, 프로덕트 오너의 등장은 성장한 스타트업이 경험한 애자일 방법론의 실패에 영향을 받았다고 볼 수 있다.

그러나 어떤 방법론이 일방적으로 좋거나 나쁘다고 이야기할 수는 없다. 워터폴이든 애자일이든 모든 방법론에는 장단점이 있으며, 이는 회사의 도메인, 조직의 구성, 구성원의 성향 등에 맞게 적절한 방법론을 선택하고 적용하며 최적화하는 것이 중요하다.

그리고 회사는 어떤 조직 문화와 개발 방법론을 채택하고 있으며, 입사한 기획자가 어떤 업무를 맡게 될지에 대한 구체적이고 명확한 설명이 필요하다. 또한, 구직자들은 자신이 원하는 역할이나 어떠한 역량에 강점이 있는지 파악하여 회사와 핏(Fit)이 맞는 구직을 하는 것이 중요하다.

다수의 서비스 기획자와 함께 포털로 성장한 네이버와 카카오는 여전히 화면 기획을 중심으로 A부터 Z까지 모든 측면을 다루는 서비스 기획자의 전통과 문화를 가지고 있다. 반면 쿠팡과 토스와 같이 모바일 시대에 크게 성공한 스타트업에서는 화면 기획보다는 데이터 중심의 의사 결정과 판단을 통해 프로덕트의 성장을 이끄는 프로덕트 오너 문화가 강하다. 그리고 제품 개발에 집중하며 시장 적합성(PMF, Product Market Fit)을 찾아야 하는 대다수의 스타트업에서는 제품 개발을 매니지먼트하는 프로덕트 매니저의 역할이 중요하다. 물론 리소스가 부족한 스타트업에서는 프로덕트 매니저가 말 그대로 디자인과 개발을 제외한 모든 역할을 다 수행해야 하는 것이 현실이다.

이제 당신의 장점이나 강점이 무엇인지 파악하고 어떤 유형의 기획자로 성장하고 싶은지 고려하여, 무작정 지원하기보다는 자신과 적합한 회사를 찾아보기 바란다.

1.2 _ 서비스 기획자의 역할

사람들을 만나면 나를 '서비스 기획자'라고 소개하는데, 정작 상대방은 IT 회사에서 기획자가 정확히 어떤 역할을 하는지 이해하지 못하는 경우가 많다. 결국 쉽게 이해할 수 있게 건축에서 설계도를 작성하는 건축가와 같이 IT 서비스를 개발하기 위한 설계도와 같은 기획서를 작성하는 사람이라고 설명하곤 한다.

그런데 과연 기획자가 기획서만 작성하는 사람일까?

웃프게도 기획자 스스로도 자신의 직무를 정확하게 설명하기 어렵다 보니 제품의 개발과 관련하여 디자인과 개발을 제외한 모든 업무를 담당하고 있다며 자조 섞인 목소리로 잡부라고 이야기한다는 것이다. 멋지게 소개하면 프로덕트 오너 또는 프로덕트 매니저이고, 현실은 잡부인 걸까?

도대체 기획자는 어떤 역할을 맡고 어떤 일을 하는 사람인지 자세히 살펴보자.

그림 1.3 기획자는 사용자와 프로젝트 구성원을 연결하며 세상에 가치 있는 제품을 만드는 사람이다.

문제 정의

기획자는 관심과 호기심이 풍부해야 한다. 주변과 사회, 나아가 인류에 대한 관심과 호기심이 중요한데, 이를 통해 무엇이 문제이고, 어디에서 불편을 겪는지 파악할 수 있다. 이러한 문제와 불편을 공감하는 과정에서 아이템이나 아이디어를 도출할 수 있다. 물론 아이디어가 경영진이나 동료, 주변 사람들로부터 나올 수도 있지만, 이를 구체적으로 개발하기 위해 문서로 정리해야 하는 기획자가 문제 인식과 공감 능력을 갖추어야 가치 있는 서비스를 기획할 수 있다.

그 때문에 기획자들은 관심과 호기심, 문제의식을 유지하고 키우기 위해 수많은 서비스를 사용하고 글을 읽거나 여행하는 등 직 · 간접적인 경험을 다양하게 쌓으려고 노력한다.

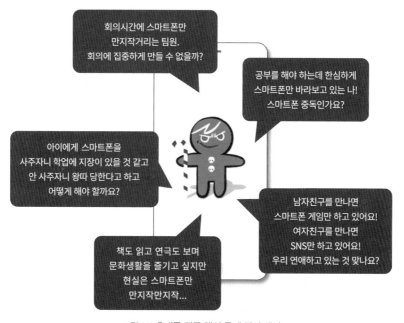

그림 1.4 휴대폰 잠금 앱의 문제 정의 예시

시장조사

시장조사는 서비스 기획의 중요한 단계 중 하나다. 문제를 정의한 다음 시장조사를 통해 서비스의 타깃 고객, 시장의 규모, 비즈니스 생태계, 경쟁사, 서비스 경쟁력 등을 파악하며 시장성을 검토하게 된다. 이를 바탕으로 서비스의 경쟁력을 강화하고 성공 가능성을 높일 수 있다. 시장조사는 다양한 방법으로 수행할 수 있으며, 데스크 리서치, 유저 리서치, 경쟁사 분석 등을 통해 진행된다.

데스크 리서치는 인터넷 검색, 기사, 통계, 논문 등을 활용하여 시장 정보를 수집하는 방법이다. 유저 리서치는 설문조사, 인터뷰, FGI(Focus Group Interview) 등을 통해 고객의 요구사항을 수집하고 문제를 파악하며 고객을 이해하기 위한 방법이다. 그리고 경쟁사 분석은 경쟁사의 제품, 서비스, 마케팅 전략 등을 분석하는 과정을 포함한다.

대다수 서비스가 실패하는 가장 큰 이유는 시장조사를 제대로 하지 않았거나 왜곡된 데이터를 기반으로 결과를 도출했기 때문이다. 시간과 인력이 부족한 스타트업에서는 부족한 리소스를 핑계로 시장조사를 제대로 수행하지 않는 경우가 많고, 수직적인 위계질서를 가진 기업에서는 고객의 요구보다는 경영진이나 상사가 요구한 아이템이 진행될 수 있도록 데이터를 왜곡하여 사업 계획서를 작성하거나 프로젝트를 진행하는 경우가 있다. 애초 첫 단추가 잘못 끼워졌는데 과연 제품이 성공할 수 있을까? 그러면서 실패하게 되면 담당자나 실무자에게 책임을 묻는다.

벤치마킹

기획자는 시장조사 과정에서 경쟁사를 찾아보고 서비스의 경쟁력을 향상시키기 위해 경쟁사 서비스를 벤치마킹한다. 이를 위해 경쟁 서비스를 찾아보고 직접 사용하며 화면을 캡처하기도 하며, 때로는 경쟁사를 직접 방문하기도 한다. 경쟁사를 찾아가 본다고 하면 이상하게 생각하는 사람들도 있겠지만, 이렇게 방문하면 해당 서비스를 운영하며 겪은 어려움과 여러 노하우 등을 솔직하게 이야기해 주기도 한다. 다만, 주의할 점은 관련 서비스를 만들기 위해 궁금한 점이 있다고 솔직하게 이야기하고 찾아가야 한다는 점이다. 솔직하게 이야기하지 않고 방문하는 경우에 법적인 문제가 발생할 수 있으니 유의해야 한다. 짧은 시간에 놀라운 인사이트를 얻을 수 있는 가장 쉬운 방법 중 하나는 경쟁사를 직접 찾아가는 것이다.

그림 1.5 하나의 서비스를 기획하기 위해 수 개의 서비스를 벤치마킹하다 보면
단말기 저장 용량에 압박받고 내 개인정보는 포기하게 된다.

사업 계획서 및 고객 여정 지도 작성

시장조사가 마무리되고 시장성과 사업성 검토가 완료되면, 이를 바탕으로 사업 계획서를 작성하게 된다. 사업 계획서는 프로젝트의 필요성과 가치를 동료나 제삼자에게 설명하고 설득하기 위해 작성하는 중요한 문서다. 기획자에게 이 문서가 중요한 이유는 프로젝트의 진행과 서비스의 존재 가치를 담은 문서이기도 하고 실제 프로젝트의 진행 여부와 방향이 이 사업 계획서에 달려있기 때문이다.

시장조사 결과와 벤치마킹 자료 등을 바탕으로 페르소나(Persona)와 고객 여정 지도(User Journey Map)를 작성하게 된다. 페르소나는 서비스의 타깃 고객을 대표하는 가상의 인물을 나타내며, 고객 여정 지도는 고객이 서비스와 상호 작용하는 과정에서 경험하는 다양한 단계를 지도로 시각화한 것이다. 페르소나와 고객 여정 지도를 작성하는 것은 서비스의 타깃 고객을 이해하고, 고객의 요구사항을 파악하는 데 도움이 된다. 이 정보를 기반으로 서비스의 기능과 경쟁력을 설계하고, 서비스의 사용자 경험을 개선할 수 있다. 고객 여정 지도를 작성하는 것은 서비스 기획 과정에서 매우 중요한 단계이며, 자세한 내용은 2장 상위 기획에서 살펴보겠다.

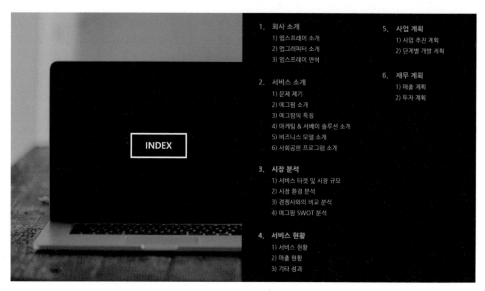

그림 1.6 수차례 수정하며 작성했던 사업 계획서지만, 그래도 사업은 실패하고 망할 수 있다.

서비스 기획 – 서비스 정책 결정 및 스토리보드 작성

프로젝트의 진행이 결정되면 이제 서비스 정책 결정과 기획서를 작성해야 한다. 기획자와 떼려야 뗄 수 없는, 애증의 작업물로 불리는 기획서 또는 스토리보드를 작성하거나 프로토타이핑 툴을 사용해 목업을 만드는 것이다. 이 작업은 서비스의 규모와 선택한 프로토타이핑 툴에 따라 다르겠지만, PPT를 기준으로 수십 장에서 수백 장에 이르는 문서를 작성하는 어렵고 힘든 작업이다. 또한, 기획자의 능력을 가장 쉽게 평가할 수 있는 작업물 중 하나이다 보니 기획자들에게는 애증의 관계라고 할 수밖에 없다. 여하튼 기획서를 작성하면서 서비스 운영에 대한 기본적인 정책을 규정한 서비스 정책서와 알고리즘 등을 정의한 다수의 문서가 작성되며, 이 문서들을 기반으로 디자인과 개발이 진행된다. 서비스 정책과 스토리보드의 작성과 관련된 자세한 내용은 3장과 4장에서 살펴보겠다.

그러나 기획서 작성이 끝났다고 해서 기획자로서의 크고 중요한 업무가 모두 끝났다고 생각한다면 당신은 현업 기획자가 아닐 것이다. 이제 기획자로서 가장 피곤하고 힘든 작업이 기다리고 있으니까 말이다.

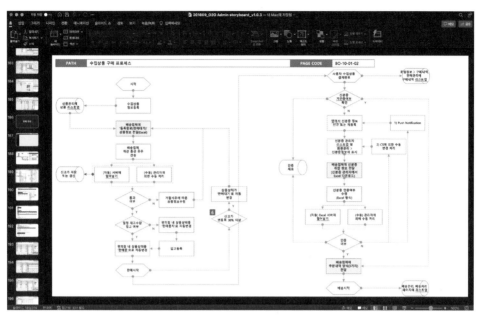

그림 1.7 기획자와 떼려야 뗄 수 없는 애증의 기획서

프로덕트 매니지먼트

기획서 작성을 마치면, 기획자는 디자이너, 개발자 등 다양한 파트와 협력하여 서비스를 개발하고 성공적으로 출시할 수 있도록 서비스의 목적, 목표, 타깃 고객, 기능, 일정, 예산 등을 관리하고 매니지먼트해야 한다.

이를 위해 기획자는 서비스 기획뿐만 아니라 개발, 디자인, 마케팅, 운영 등 다양한 분야에 대한 지식이 필요하며 커뮤니케이션 능력, 협업 능력, 문제 해결 능력, 리더십 능력, 의사 결정 능력 등 다양한 역량을 갖추고 있어야 한다.

기획자는 디자이너, 개발자 등 프로덕트 팀원들과 기획서를 공유하고 설명하며 각 파트와 우선순위, 작업 범위, UI/UX, 기능 구현 등 여러 가지 사항에 대해 커뮤니케이션하고 협의해야 한다. 기획자로서 문서 작성뿐만 아니라 다양한 분야의 직군과 커뮤니케이션을 통해 협의하고 결정하며 업무를 진행해야 하는데, 이것이 기획자의 역할에서 가장 어렵고 힘든 부분 중 하나다.

한 프로젝트에 기획자는 고작 한두 명이므로 가끔은 사방이 적인 것 같고 외로움을 느끼기도 하지만, 여러 파트 사이에서 협의와 중재를 통해 일을 원활히 진행하는 것이 기획자 역할이다. 따라서 커뮤니케이션과 매니지먼트에 자신이 없거나 두렵다면 기획자가 아닌 다른 직업을 고려해 보길 추천한다.

매뉴얼 및 가이드 문서 작성

디자인과 개발이 진행되면 기획자는 상담창구를 개설하고 동료들을 맞이하며 수많은 의사 결정을 해야 하며, 때로는 변경된 내용을 반영하고 정책서 및 기획서 등을 수정해야 한다. 이 과정에서 서비스나 기능의 출시를 준비하며 서비스 정책과 도움말 등의 운영 매뉴얼을 작성해야 한다. 아무리 정신없이 바쁘다지만, 누구 하나 매뉴얼을 작성해 주지 않다 보니 이 또한 기획자의 몫이 되는 경우가 많다.

매뉴얼 및 가이드 문서는 서비스 사용자에게 서비스의 이용 방법과 정책 등을 알려주는 문서다. 사용자의 눈높이에 맞게 잘 작성된 매뉴얼 및 가이드 문서는 사용자가 서비스를 쉽게 이해하고, 서비스 정책을 준수할 수 있도록 도와준다.

마케팅 기획

가끔 기획자가 마케팅 기획을 해야 한다고 하면 이상하게 생각하는 경우가 있다. IT 회사에서 서비스 기획을 하는 사람들이 마케팅 활동에 참여할 수밖에 없는 이유는 전반적인 마케팅 기획은 마케터가 담당하더라도 서비스에 반영해야 하는 작업이 필요한 경우에는 기획자의 도움이 필요하기 때문이다. 따라서 서비스의 출시 전에는 마케터를 지원하며 오픈 이벤트 등을 준비하게 된다.

테스트

디자인과 개발이 진행될 때 기획자가 운영 매뉴얼과 함께 작성하는 것이 있다. 바로 QA (Quality Assurance)를 위한 테스트 시나리오(또는 테스트 케이스)다. 요즘은 애자일 문화에서 촌각을 다투는 스타트업이 많다 보니 별도의 테스트 시나리오를 작성하지 않고 주먹구구식으로 QA를 진행하는 경우가 많다. 하지만 완성도 높은 서비스를 런칭하려면 테스트 시나리오를 활용한 체계적인 테스트를 진행해야 한다. 그렇게 테스트가 완료되면 서비스를 출시하게 된다.

경로	Test No.	동작 & 과정	상태 & 전제 조건	개발팀 요청	기대 결과	테스트 결과	재현경로 및 현상
전 페이지 공통	1	단말기의 날짜와 시간을 미래 또는 과거로 변경해봅니다.	설정) 일반) 날짜와 시간		날짜가 현재 시간으로 표시됩니다. (서버 시간으로 표시하여 현재 시간을 유지합니다.)		
	2	서체 및 언어, 지역을 바꿔봅니다.	설정) 일반) 서체, 언어 및 지역		서체를 바꾸면 서체로 변경됩니다. 언어를 바꾸면 다른 국어로 표시됩니다.		
	3	디스플레이 및 밝기에서 텍스트 크기를 아주 작게/아주 크게로 변경하여 테스트해봅니다.	설정) 디스플레이 및 밝기		텍스트를 아주 크게 또는 크게로 변경하더라도 콘텐츠를 정상적으로 확인할 수 있습니다.		
	4	모바일 접근성이 제대로 작동하는지 확인합니다.	설정) 손쉬운 사용		VoiceOver 활성화를 통한 컨트롤이 가능한지 확인합니다.		
회원가입 페이지	1	이름 텍스트 박스 입력 시			문자만 입력 가능		
	2	이름 형식 오류 시					
	3	이메일 인풋 박스 입력 시					
	4	이메일 형식 오류 시					
	5	이미 사용 중인 이메일 주소 입력 시	이미 사용중인 이메일 입력				
	6	탈퇴 처리 중인 이메일 입력 시					
	7	비밀번호 인풋 박스 입력 시					
	8	비밀번호 형식 오류 시					
	9	비밀번호 재확인 인풋 박스					
	10	비밀번호와 비밀번호 확인이 일치하지 않는 경우					

그림 1.8 기획서를 작성한 기획자가 아니라면 누가 이런 테스트 시나리오를 작성할 수 있을까?

서비스 분석

서비스나 기능이 릴리즈되면, 이제 사용자로부터 수집되는 사용자 의견(VOC, Voice of Customer)과 쌓이는 데이터를 분석하며 그로스 해킹(Growth Hacking)[4]을 해야 한다. 이를 위해 구글 애널리틱스와 같은 분석 툴을 사용하기도 하고, 보다 정확한 데이터를 수집하기 위해 개발자에게 로그를 추가해달라고 요청하기도 한다. 데이터의 중요성이 부각되면서 다양한 분석 도구와 솔루션이 등장하고 있으며, 퍼널 분석[5], 코호트 분석, A/B 테스트 등 다양한 분석 방법론을 활용하고 있다. 하지만 많은 스타트업이 인력 부족, 시간 제약, 우선순위, 이해관계 등 다양한 이유로 데이터 분석을 제대로 수행하지 못하거나 설령 분석을 하더라도 실제 서비스에 인사이트를 반영하지 못하고 있다.

---

4   그로스 해킹(Growth Hacking)은 정량적인 목표를 가장 효율적으로 달성하기 위한 방법으로, 목표까지의 인과관계를 데이터로 분석하여 서비스의 성과를 개선하거나 목표를 달성하는 행위를 말한다. 그로스 해킹을 위해 기획자는 퍼널 분석과 A/B 테스트 등을 진행한다.

5   퍼널 분석(Funnel Analysis)은 고객이 유입되어 전환에 이르기까지 주요 단계(Critical Path)를 수치적으로 분석하는 방법으로, 퍼널 분석을 통해 고객의 행동을 이해하고 고객이 구매 등을 포기하는 이유를 파악하여 개선하는 등에 목적이 있다. 기획자는 퍼널 분석을 통해 주요 단계의 전환율(CVR, Conversion Rate)을 측정하고, 이 전환율을 높이기 위해 A/B 테스트를 진행한다.

앞서 살펴본 바와 같이 IT 서비스 기획은 단순히 예쁘고 사용하기 편한 웹사이트나 모바일 앱 등의 IT 서비스를 디자인하고 개발하기 위해 와이어프레임을 포함한 기획서나 프로토타이핑 툴을 사용해 목업을 만드는 것이 아니다. 서비스 기획은 사람들이 겪는 특정 문제나 불편을 IT 기술을 활용하여 해결하기 위해 시장과 생태계, 인프라, 경쟁사 등을 고려하는 '시장조사 및 벤치마킹', 현행법과 정책을 준수하며 인력, 일정, 예산 등의 가용한 리소스 내에서 정책을 결정하는 '정책 결정 및 요구사항 정의', 이를 서비스로 구현하기 위한 '스토리보드 및 목업 작성', 이러한 일련의 과정을 관리하는 '프로덕트 매니지먼트' 등이 포함된다. 그리고 서비스 정책의 반영 및 사용자가 실제로 서비스를 이용하는 환경에서 겪을 수 있는 불편을 최소화하기 위해 사용자가 이해하기 쉽고 사용하기 편한 UI/UX, 메시지, 플로우, 프로세스 등을 고민하는 것도 중요한 부분이다. 이러한 이유로 기획자는 단말기나 운영체제, 브라우저 등 IT 기술에 대한 이해와 함께 IT 환경에서 서비스를 구현하거나 제공하다 보니 디자인과 개발에 대한 지식도 필요하다.

또한, 서비스 정책 및 기획서 등을 작성한 기획자는 디자이너, 개발자를 비롯한 동료들에게 기획의 의도를 설명하고 동기부여를 하며 공통의 목표를 달성하기 위해 끊임없이 커뮤니케이션을 수행해야 한다.

결국 IT 서비스 기획은 디자인과 개발은 물론이거니와 역사와 문화, 법, 정책, 환경, 인프라, 생태계, 뇌과학, 심리학 등 다양한 영역을 융합한 결과물이자 나아가 리소스와 일정, 동료들의 역량과 수준, 고도화 및 확장성, 데이터의 수집과 분석, 사회와 업계에 미치는 긍정적 영향까지 고려해야 하는 통섭의 영역이다. 기획자가 너무 많은 역할과 업무를 담당하고 있고 지식을 요구받는다고 생각할 수도 있겠지만, 어쩌겠는가? 이것이 서비스 기획자가 존재하는 이유이자 숙명인 것을.

그러나 여기서 끝이 아니다. 서비스 오픈 이후에도 서비스를 운영하면서 수집되는 사용자 의견(VOC)을 반영하거나 데이터를 분석하며 서비스를 개선하고 성장시켜야 한다. 이를 위해 다시 한번 서비스의 문제를 정의하고 가설을 세우며, 퍼널 분석과 A/B 테스트 등의 실험을 진행하고, 이로부터 도출된 인사이트를 서비스에 반영하며 서비스의 성장을 이끄는 그로스 해킹 역량이 요구된다. 데이터 분석이야 데이터 분석가가 수행할 수 있지만, 문제를 정의하고 실험을 통해 도출된 인사이트를 서비스에 반영하기 위한 정책을 만들고 기획서를 작성하는 작업은 기획자의 몫이다.

따라서 꼭 컴퓨터 공학이나 디자인과 같은 IT 관련 학과 출신이 아니더라도, 역사와 문화, 법, 정책, 사회, 생태계 등에 관심이 많고 이해도가 높은 문과생에게도 많은 기회가 열려 있는 직군이다.

R&R마저 기획해야 하는 기획자

오늘도 기획자 커뮤니티에는 잡부로 전락했다는 하소연이나 이 업무가 기획자의 업무인지 의문이라며 이직을 고민하고 있다는 글들이 올라온다. 그리고 해당 글에는 자기 일이라면 그렇게 쉽게 이야기하지 못했을 텐데, 하루빨리 퇴사하라는 댓글이 달린다. 그러나 이 문제에서만큼은 퇴사가 기획자에게 근본적인 해결책이 될 수 없다. 프로덕트 매니저이자 프로덕트 오너인 서비스 기획자로서의 숙명에서 벗어나겠다고? 그렇다면 이직을 위한 퇴사가 아니라 직군을 바꾸는 편이 나을 것이다.

필자는 서비스 기획자로 일하면서 기획자의 역할과 업무를 정의하는 것이 참으로 부질없는 일이었다는 것을 뒤늦게 깨달았다. 여러 회사에 다녀 봤지만, 회사마다 기대하거나 요구하는 역할과 업무가 너무 달랐기 때문이다. 그러므로 기획자의 역할과 업무를 스스로 정의하고, 그 제한된 역할과 업무에 매몰되기보다는 회사와 동료들이 요구하거나 필요로 하는 역할과 업무를 수행하면서 동시에 자신만의 강점을 발휘해 기획자의 영역을 공고하게 넓혀가는 것이 더 중요하다.

여기서 핵심은 회사에서 시킨 업무를 수동적으로만 처리하면 기획자로서의 역량을 인정받기보다는 잡부로 전락할 가능성이 크다는 점이다. 따라서 능동적이고 적극적으로 필요한 일을 찾아 처리하려는 자세를 갖고, 동시에 자신만의 강점을 살릴 수 있는 업무와 역할을 찾아 수행하며 기획자로서의 위치를 더욱 굳고 단단하게 다져야 한다는 것이다. 즉, 주도적이고 능동적으로 서비스 기획자의 상(像)을 스스로 만들어 가야 한다.

그러므로 자신의 강점이 무엇인지 파악조차 안 된 주니어 기획자가 스타트업에서 나 홀로 기획자의 상을 직접 만들어 가야 한다면 힘들고 어려울 수밖에 없다. 아니면 잘못된 상을 만들어 결국 잡부로 전락할 수밖에 없다. 그래서 주니어 시기에는 많은 것을 보고 배울 수 있는 기획자가 다수인 회사에서 시작하라고 이야기하는 것이다.

회사나 조직, 동료들마다 기획자에게 요구하고 기대하는 능력과 역할이 다르기 때문에 사실 협업을 하는 동료들조차 기획자가 하는 일을 한 문장으로 정의하기 어려워한다. 따라서 서비스 기획자로서 단순히 주어진 역할과 업무를 수행하는 것보다 기획자의 상을 직접 만들어 갈 수 있는 주도적이고 능동적인 자세가 중요하다. 기획자는 상황을 탓하기보다는 역할과 업무마저도 스스로 기획하고 수행해야 한다. 그게 기획자로서의 운명이자 숙명이다.

1.3 _ 서비스 기획자에게 필요한 자질과 역량

"서비스 기획을 공부하고 싶은데 무엇부터 공부해야 하나요?"

"서비스 기획을 잘하고 싶은데 어떻게 해야 하나요?"

"서비스 기획자로서 기획을 잘하고 있는지 모르겠어요!"

서비스 기획자가 되기를 희망하는 취업준비생이나 후배 기획자들이 나에게 자주 묻는 말이다. 그런데 20년 가까이 기획자로 일을 하고 있지만, 여전히 나도 이 질문에 대한 좋은 답변이나 해답을 찾고 있다. 정말 서비스 기획을 잘하고 싶은데 어떻게 해야 잘하는 걸까?

기획자의 역할과 업무가 매우 다양하고 광범위하기 때문에 무엇을 잘해야 기획을 잘하는 것인지 회사마다, 프로젝트마다, 동료마다, 그리고 개개인의 기준에 따라 다르다. 이렇다 보니 과연 정답이 있을까 싶다. 창의적이고 번뜩이는 아이디어로 엄청난 아이템을 발견하는 기획자, 시장조사나 FGI와 같은 리서치를 잘하는 기획자, 스토리보드나 와이어프레임을 잘 작성하는 기획자, 동료들과 커뮤니케이션이나 협업을 잘하는 기획자, 프로덕트 매니지먼트를 잘하는 기획자, 비즈니스 모델을 잘 설계하는 기획자, 서비스 분석이나 운영을 잘하는 기획자와 같이 기획자마다 잘하는 분야가 다를 수 있는데 과연 어떤 기획자가 뛰어난 기획자라고 말할 수 있을까?

동료들도 지금까지 만난 기획자들과 나를 비교하며 상대평가를 할 텐데, 기획자의 모든 업무와 역할을 모두의 기대 수준 이상으로 잘 해내기란 사실상 쉽지 않다. 모든 것을 잘하는 기획자가 되어야 하는 걸까?

게다가 서비스 기획자라는 직업은 TV 프로그램인 '생활의 달인'에서나 볼 수 있는 장인은커녕 전문가도 될 수 없는 직업인 것 같다. 20년 가까이 서비스 기획을 해왔지만, 이직하면서 도메인을 바꾸기라도 하면 이직한 회사에서 먼저 일하고 있던 주니어 기획자에게 도메인 지식을 묻거나 인수인계를 받아야 하기 때문이다. 이런 상황에서 과연 누가 주니어이고 누가 시니어일까? 또한 나보다 늦게 입사한 주니어 기획자라 할지라도 밝고 유쾌한 성격 덕분에 동료들과의 관계가 좋아 협업이나 커뮤니케이션을 더 잘할 수도 있고, 컴퓨터공학이나 통계학을 전공하여 개발에 대한 이해도가 높거나 데이터 분석을 잘할 수도 있다. 그래서 기획자라는 직업은 평생 공부해야 하는 겸손할 수밖에 없는 직업이다.

그런데도 어떻게 해야 기획을 잘할 수 있는지 묻는다면, 관심과 호기심을 갖고 꾸준히 공부해야 한다고 답변한다.

관심과 호기심

필자가 만난 기획자 중에서 기획을 잘한다 싶은 기획자들에게는 공통점이 있었다. 바로 관심과 호기심이 많다는 것이다. 관심과 호기심이 많다 보니 사람들이 어디에서 불편을 느끼고 어떤 문제를 겪고 있는지 문제 인식을 잘한다. 이런 관심과 호기심으로부터 좋은 아이템이나 아이디어를 찾고, 쉽고 편한 UI/UX를 기획하며, 때로는 데이터 분석으로도 발견하기 어려운 인사이트를 찾아내기도 한다. 또한, 동료들에게도 관심이 많다 보니 동료들의 기분 상태를 잘 살피고 업무에 영향을 미치지 않는지 판단하는 등 팀의 퍼포먼스를 유지하고 동기부여를 하며 제품 개발에 집중할 수 있는 분위기를 만들기 위해 노력한다. 서비스 기획자는 사용자의 대변인이지만, 프로덕트 매니저로서 좋은 제품을 개발하려면 동료들과의 신뢰와 협업이 중요하다.

그러나 관심과 호기심은 갑자기 공부하거나 노력한다고 해서 곧바로 키울 수 있는 것은 아니다. 관심과 호기심은 인생을 살아오면서 자연스레 형성되는 능력이자 소양이다. 따라서 기획자가 되고 싶거나 기획을 잘하고 싶은 사람이라면 자신이 평소에 관심과 호기심이 많은 사람인지 생각해 보면 된다. 자신이 관심과 호기심이 다른 사람보다 많고 뛰어나다고 생각되면 기획자로서 커리어를 시작해도 좋다.

익숙함을 경계해야 하는 기획자

습관이나 관성이 얼마나 무섭냐 하면, 누구도 이해할 수 없을 것 같은 비효율적인 업무 프로세스도 몸에 익숙해지면 그 프로세스가 편한 것처럼 느껴진다는 것이다. 즉, 불편함조차 몸에 배어 익숙해지면 더 편한 것을 쥐어줘도 그 편한 것을 익히는 데 따른 노력이나 거부감 때문에 불편한 것을 고수하려 든다. 당사자가 아니라면 도통 왜 그러는지 이해할 수 없겠지만, 그게 인간의 본성이다.

그런데 시장의 실패(Pain Point)를 분석하고, 사용자에게 더 쉽고 편한 UI/UX를 기획하며, 서비스를 끊임없이 개선하고 혁신해야 하는 기획자는 인간의 본성을 역행하며 그 익숙함을 항상 경계해야 한다. 그러니 항상 괴롭고 힘들 수밖에 없다.

게다가 나이를 먹으며 성향이 보수적으로 변하고, 새로운 것을 시도하고 도전하며 배우는 것이 귀찮고 두려워지다 보니 그 익숙함을 탈피하기가 갈수록 힘들어진다. 이는 기획자로서의 성장을 막는 요인이 된다.

그러므로 기획자가 습관과 관성에 빠져 일상이나 자신의 서비스에 너무 익숙해지는 것을 경계하려면 끊임없이 새로운 것을 보고, 읽고, 느끼고, 경험해야 한다. 특히 이슈가 되는 새로운 서비스가 출시되면 반드시 사용해 봐야 한다. 이슈가 된다는 것은 무언가 새롭고 신선한 UI/UX나 기능, 비즈니스 모델을 제공할 가능성이 높기 때문이다. 그렇지 않고, 서비스가 너무 형편없는 경우라면 그 형편없는 서비스에서도 배울 것이 많기 때문에 어찌 됐든 이슈나 논란이 되는 서비스는 사용해 봐야 한다. 그렇게 새로운 서비스를 보고 경험하며 익숙함에 빠지는 것을 경계할 수 있다.

익숙함에 빠지지 말고, 항상 새로운 것에 도전하고 배우며 성장할 수 있는 기획자가 되기를 바란다.

경험을 통한 라이브러리 구축

개발자들은 개발을 쉽고 빠르게 하기 위해 오픈 소스 라이브러리나 Open API, SDK[6] 등을 활용하고, 디자이너들은 디자인 리소스 및 디자인 시스템을 만들어 공유하고 이를 활용해 디자인 작업을 한다. 그러나 안타깝게도 기획자들에게는 그런 라이브러리나 서비스 기획에 필요한 관련 법령이나 정책 등을 정리하여 공유한 자료가 많지 않다. 설령 있다고 하더라도 회사의 대외비 자료로 여겨 공개하지 않는다. 이러한 기획의 특성상 기획자를 위한 라이브러리는 직간접적으로 경험하며 자신의 머릿속에 차곡차곡 쌓아 올린 지식과 노하우뿐이다.

기획자는 각 OS의 디자인 가이드라인을 숙지하는 것은 물론, 다양한 서비스를 경험하며 머릿속에 최대한 많은 UI/UX와 기능, 플로우, 프로세스, 비즈니스 모델, 정책, 관련 법령 등의 라이브러리를 구축해야 한다. 이를 통해 서비스 기획 시 라이브러리에서 가장 적절한 것을 선택해 사용할 수 있어야 한다.

3개의 레퍼런스에서 1개를 선택하는 기획자와 50개의 레퍼런스에서 1개를 선택하는 기획자 중에서 누가 더 좋은 기획을 할 수 있을까? 우연히 3개와 50개 중에서 선택한 것이 같을 수도 있지만, 선택을 반복하면 반복할수록 50개의 레퍼런스를 활용하는 기획자가 더 좋은 기획을 할 수 있는 건 분명하다.

셜록 홈즈가 기억을 정리해 머릿속의 궁전 서랍에 기억을 보관하고, 사건 해결을 위해 관련 서랍을 열어보는 것처럼 기획자들도 머릿속에 다양한 자료로 라이브러리를 구축해 놓고 기획하고자 하는 서비스에 가장 적합한 자료를 찾아 활용할 수 있어야 한다.

폭넓은 어휘력이 인간의 상상력을 넓히는 것처럼 기획자도 천재가 아닌 이상 수많은 레퍼런스를 눈으로 보고 직접 경험하며 자신의 라이브러리를 채워야 더 좋은 UI/UX를 적용하거나 혁신적인 UI/UX를 기획할 수 있다. 기획자에게 가장 좋은 라이브러리는 결국 자기 머릿속에 있는 라이브러리다.

---

6 오픈소스 라이브러리는 다른 개발자들이 자유롭게 활용할 수 있도록 공유한 코드를 말하며, Open API는 특정 서비스의 기능을 외부 서비스에서 사용하거나 빠르게 연동할 수 있도록 제공하는 인터페이스다. 그리고 SDK는 특정 플랫폼을 개발하는 데 필요한 라이브러리와 API, 빌드 도구 등을 포함한 도구 모음으로 플랫폼의 기능을 쉽게 사용할 수 있도록 도와준다.

결국 관심과 호기심을 키우고, 익숙함을 경계하며, 풍부한 라이브러리를 구축하려면 의도적으로 새로운 환경에 노출해야 한다. 새로운 사람들을 만나고 배우며 반복되는 일상과 주변에서 벗어나야만 익숙함에 빠지지 않을 수 있다. 마찬가지로 새로운 서비스를 사용해 보면서 자신의 서비스에만 너무 익숙해지면 안 된다. 익숙해지면 불편함마저 편하다고 여기며 더 이상의 발전을 기대할 수 없다. 기획자는 업무의 특성상 익숙함을 항상 경계해야 하는 직군이다.

1.4 _ 서비스 기획자의 위기와 영향력

'왜 유독 스타트업에서는 디자이너와 개발자가 기획자를 필요 없는 존재로 여기는 경우가 많을까?'

'왜 스타트업 기획자는 잡무를 처리하는 존재가 되었을까?'

앞으로 이야기할 내용은 내가 기획자임에도 불구하고 왜 스타트업에서 기획자의 필요성을 회의적으로 생각하는지에 대한 괜찮은 답변이 될지도 모르겠다. 아니 불편한 답변이라고 해야 할까?

Top 10 Best Jobs in America for 2022

Rank	Job Title	Median Salary	Overall Rating	Active Job Openings
1	Enterprise Architect	$144,997	4.1	14,021
2	Full Stack Engineer	$101,794	4.3	11,252
3	Data Scientist	$120,000	4.1	10,071
4	Dev Ops Engineer	$120,095	4.2	8,548
5	Strategy Manager	$140,000	4.2	6,977
6	Machine Learning Engineer	$130,489	4.3	6,801
7	Data Engineer	$113,960	4.0	11,821
8	Software Engineer	$116,638	3.9	64,155
9	Java Developer	$107,099	4.1	10,201
10	Product Manager	$125,317	4.0	17,725

그림 1.9 글로벌 기업 평가 사이트인 '글래스도어'에서 선정한
2022년 미국 내 유망직업 10위이자 평균 연봉 4위 직업인 프로덕트 매니저

그림 1.9가 미국 내 리서치이기 때문에 한국의 현실과는 차이가 날 수도 있지만, 국내 현실을 고려해도 서비스 기획자로서 느끼는 직업적 만족도나 급여 수준은 좋은 편이라고 생각한다.

디자이너와 개발자는 고등학교나 대학교를 통한 정규 교육 과정이나 사설 학원, 부트캠프를 통해 꾸준히 배출되고 있고 때로는 국가 정책을 통해 부족한 공급을 채워 나갔지만, 기획자는 이제야 몇몇 사설 학원이 등장했을 정도로 양질의 공급을 떠나 항상 수요에 비해 공급이 부족했다.

게다가 산업 전반에 걸쳐 IT 기술을 도입하고 디지털화를 추진하는 디지털 트랜스포메이션[7]이 트렌드로 자리 잡다 보니 기획자의 수요는 갈수록 늘고 있다. 그러나 이런 수요에 비해 기획자의 공급은 턱없이 부족해 기획자에 관한 관심과 인기는 꾸준히 높아지고 있다.

그런데 10년 이내에 이 유망 직업인 서비스 기획자가 사라질지도 모르겠다.

필자가 기획자로 첫 사회생활을 시작했을 때만 해도 스마트폰도 없고, PC의 웹 브라우저만 고려하면 되는 환경이었다. 또한, 웹 서비스 회사들의 규모도 커서 다수의 기획자가 길드처럼 사수와 부사수의 관계를 맺고 가르치고 배우며 지식과 전문성을 쌓고 성장할 수 있었다. 그러나 스타트업 전성시대가 되면서 기획자들이 처한 상황과 환경이 나빠지기 시작했다.

스마트폰의 등장과 함께 리소스가 부족한 스타트업들이 우후죽순 등장했으나 웹 서비스 회사에서 경력을 쌓은 시니어 기획자들의 몸값은 더욱 치솟아 초기 스타트업에서는 그들을 고용하기 어려웠으며, 웹 환경뿐만 아니라 모바일 환경도 고려해야 하는 등 기획의 복잡도와 난이도가 증가했지만, 수평적인 조직 문화의 확산과 주 52시간제의 도입으로 사수와 부사수의 관계뿐만 아니라 자신의 시간을 할애하며 애써 후배를 육성할 이유도 사라졌기 때문이다.

또한 많은 스타트업에서 경험과 전문성이 부족한 주니어 기획자들이 사수도 없이 홀로 기획을 하다 보니 어느 순간 잡무나 처리하는 잡부로 전락해 버렸다. 대학교에서 비싼 학비

---

7 디지털 트랜스포메이션(DT, Digital Transfomation)이란, 기업 경영의 디지털화를 뜻한다. 최신 IT 기술을 적극 활용해 회사가 진행하던 기존 사업과 업무 절차를 혁신하고 이를 바탕으로 새로운 고객 가치를 창출해 회사의 이익을 극대화하는 일련의 과정을 말한다.

를 내고 4년 동안 전공 과정을 이수하거나, 비싼 수강료를 지불하며 수개월에 걸쳐 학원이나 부트캠프를 수료한 디자이너와 개발자들이 경험과 전문성도 없는 주니어 기획자가 작성한 정책서나 기획서를 가지고 디자인과 개발을 하며 협업해야 한다니 서로에게 비극도 이런 비극이 있을 수 없다. 그러니 기획자가 잡부로 전락했다는 이야기나 기획자 무용론이 끊이지 않고 흘러나오는 것이다.

안타깝게도 관련 학과나 커리큘럼이 없는 데다 기획자들의 지식과 정보, 노하우가 공유되거나 축적되지 않는 현 상황이 지속된다면 서비스 기획자라는 직군은 사라질 것이고 대신실력 있는 디자이너와 개발자가 이들의 역할을 대체할 것이다. 모바일 시대의 등장과 함께 이런 악순환이 반복되다 보니 이를 해결하기 위해 수많은 도구와 솔루션이 등장했고 디자이너와 개발자들이 기획자의 부족한 역량을 보충하며 기획 역량을 키워왔기 때문이다.

갈수록 기획자들의 입지는 줄어들고 지금과는 다른 스킬들이 요구될지도 모르겠다. 아니이미 데이터를 기반으로 한 의사 결정과 커뮤니케이션 역량이 중요해지는 등 서비스 기획자라는 표현이 점차 줄어들고 매니지먼트에 중심을 둔 프로덕트 매니저 또는 프로덕트 오너라는 표현이 늘어나는 것만 봐도 웹 마스터처럼 서비스 기획자도 이미 사라지고 있는지모르겠다.

기획자도 개발을 공부해야 할까?

후배 기획자들에게 서비스 기획을 공부하라고 하면 대다수는 무엇을 공부해야 할지 몰라 프로토타이핑 툴[8]이나 SQL, 파이썬 등을 공부한다. 게다가 주변에서도 개발을 공부해야 한다는 이야기를 심심치 않게 듣다 보니, 기획을 공부한다면서 개발을 공부하고 있다. 기획자가개발을 알아야 한다는 논란은 기획자가 출현했을 때부터 시작하여 개발자와 디자이너 사이에서는 물론이거니와 기획자들 사이에서도 논쟁이 끊이지 않았다. 이는 기획자들이 개발자나 디자이너와 달리 중세 길드처럼 도제식으로 배우는 경우가 많았기 때문에 발생한 문제로, 학문적 발전이 전무하여 기획자들조차 어떻게 기획을 공부해야 하는지 모르는 상황에

---

8 프로토타이핑 툴은 제품의 아이디어를 시각적으로 표현하고, 사용자와의 상호 작용을 테스트하기 위한 도구로 피그마, Adobe XD, 스케치, 프로토파이, 프레이머 등이 있다.

서 타 직군과 비교했을 때 체계적이고 집중적으로 학습하지 못하기 때문에 발생하는 문제라고 생각한다. 지금 바로 서점에 가서 기획과 관련된 서적을 찾아보면 이해가 될 것이다. 개발이나 디자인 서적과 비교했을 때 기획과 관련된 서적은 부족하다 못해 매우 처참한 수준이다. 개발자들은 컨퍼런스와 세미나도 참여하고 개발 서적을 읽으며 공부하는 척할 수 있지만, 기획자들은 컨퍼런스도 책도 턱없이 부족해 결국 인터넷 검색을 하며 글을 읽거나 휴대전화로 여러 서비스를 경험하는 경우가 많다. 이렇다 보니 공부도 일도 열심히 안 하고 놀고 있다고 생각하는 사람들이 많은 것 같다.

그럴 일은 없겠지만, 서비스 기획 관련 컨퍼런스나 세미나가 자주 열리고 서점에 서적들이 즐비하며 강의가 넘쳐난다면 과연 개발자와 디자이너들이 개발을 공부하라, 디자인을 공부하라는 이야기를 할 수 있을까? 물론 그렇다고 하여 개발을 공부하면 기획에 도움이 된다는 걸 부정하는 것은 아니다.

기획자가 개발을 할 줄 알면 개발자 및 디자이너와 원활하게 소통할 수 있고, 오해가 줄며 업무 속도도 빨라진다. 그 때문에 나를 비롯하여 많은 기획자가 개발을 공부하면 좋다고 이야기한다. 그러나 다른 한편에서는 개발을 공부한 기획자에 대한 개발자들의 불평과 불만도 흔하게 들을 수 있다. 서당 개가 풍월을 읊었을 때 발생하는 문제는 직군을 떠나 어디서든 심심치 않게 듣거나 볼 수 있지 않은가!

그러므로 기획자가 개발을 아느냐 모르느냐의 문제가 아니라 개발과 개발자를 이해하려고 하는 노력과 자세, 사람과 사람과의 관계, 즉 본질은 사람에 대한 문제라는 것이다.

그렇다면 디자인과 개발을 공부하지 않고도 어떻게 디자이너, 개발자와 원활하게 소통하고 설득하며 협업할 수 있을까?

정보 허브로서의 기획자

내가 주니어 기획자일 때 경영진과 동료들 사이에서, 개발자와 디자이너를 비롯한 다양한 직군 사이에서 종종 사실과 다른 정보를 전달하며 설득이나 의사결정을 하곤 했다. 프로젝트의 빠르고 원활한 진행을 위해서든, 자신의 능력을 인정받거나 일을 편하게 하기 위해서든 기획자로서 어느 정도 이런 행위는 필요하고 이 또한 능력이라고 생각했다. 그런데 시니어 기획자가 되어서는 사실과 다른 정보를 전달하며 설득이나 의사결정이 더 이상 필요하지 않았고, 내가 주니어 기획자 시절에 왜 이런 행동을 했는지 정확히 이해할 수 있었다.

여러 동료에게 합리적이고 논리적으로 설득할 역량이 부족해서였다는 사실을 뒤늦게 인정한다. 기획자는 경영진과 비즈니스를, 개발자와 개발을, 디자이너와 디자인을, 마케터와 마케팅을 주제로 협의하고, 때로는 설득해야 한다. 각 분야의 전문가들과 그들의 전문 지식에 대한 협의와 설득이 필요한 것이다.

개발을 할 줄 모르는데 개발자와 개발을 이야기하고, 디자인을 할 줄 모르는데 디자이너와 디자인을 이야기하며 그들을 설득해야 한다니 웃기지 않은가?

그런데 이것이 불가능한 일은 아니다. 실제로 기획자가 개발자와 디자이너를 설득하는 빈도수를 보면 빈도가 높은 편이다. 어떻게 이게 가능한 것일까?

서비스 기획자는 모든 정보 흐름의 중간에 위치하면서 정보의 수집 및 정리, 공유를 담당하며 정보의 허브 역할을 하고 있기 때문이다. 그래서 설령 무능한 기획자라고 하더라도 조직 내에서 영향력이 뛰어난 것이고, 이에 따라 정치질도 할 수 있는 것이다.

기획자는 개발자와 개발을 놓고 이야기하지만, 그 기능은 사용자가 사용해야 하므로 사용자의 요구나 의견이 반영돼야 한다. 또한, 경영진이 생각하는 전략과 일정, 비용을 고려하고 UI와 UX를 고민하며, 관련 법령이나 규제도 검토해야 한다. 비즈니스 모델과 협력사 또한 고려해야 하고 운영자와 고객센터 역시 신경 써야 한다. 이러한 다양한 측면을 고려해야 하다 보니 개발자가 미처 생각하지 못하거나 생각할 수 없었던 다차원적인 시각과 이유로 직접 개발은 못 하지만, 기술에 대한 이해를 바탕으로 충분히 설득할 수 있다. 이 또한 서비스 기획자가 정보의 흐름 중간에서 정보를 수집 및 정리, 공유하고 있기 때문에 가능한 것이다.

개인적인 인성 문제를 제외하고 설득이 안 된다면 이유는 세 가지다.

당신이 정말 바보 같은 이야기를 했거나, 합리적이고 논리적인 이유를 근거로 설득할 지식이나 능력이 부족했거나, 상대방이 합리적이고 논리적인 근거를 이해할 지식과 역량이 부족한 경우다.

따라서 기획자는 각 직군과 대화하며 협의하고 설득하기 위해서라도 그들의 언어에 익숙해져야 한다. 또한 서비스 기획은 물론이거니와 비즈니스, 도메인, 개발, 디자인, 마케팅, 광고, 데이터 분석, 관련 법령, 시장, 사용자 등 다양한 분야에 관심이 있어야 한다.

기획자는 한 사건, 한 방향, 한 시각만으로 사물과 현상을 바라보고 판단해서는 안 된다. 이런 이유로 기획을 통섭의 예술이라고 할 수 있다. 과학과 인문학, 기획과 개발, 비즈니스와 기술을 잇는 통섭의 영역이 기획인 것이다.

기획자의 힘은 어디서 나올까?

기획자의 존재 목적이자 이유가 사용자를 대변하는 것이다. 따라서 사용자로부터 그 힘이 기획자에게 전달된다면 좋겠지만, 안타깝게도 사용자는 내 옆에서 나에게 힘을 주기는커녕 VOC를 통해 불평과 불만을 전달한다. 사내에서 기획자의 힘은 옆에서 프로덕트를 함께 만들고 있는 동료들, 즉 디자이너와 개발자에게서 나온다. 이들이 기획자를 믿고 신뢰하며 좋은 퍼포먼스로 성공적인 프로덕트를 만들었을 때 사내에서 기획자의 영향력이 커지고, 이런 영향력을 통해 경영진과 여러 부서를 설득할 힘이 생긴다. 그러므로 기획자는 프로덕트 팀으로부터 절대 신뢰를 잃어서는 안 된다. 프로덕트 팀이 효율적으로 업무에 집중할 수 있도록 지원하고, 장애물을 만났을 때 그 장애물을 제거해 주며 신뢰를 쌓아가고 이를 통해 함께 성장하고 성공하는 경험을 하나둘 만들어 가는 것이 중요하다. 그래서 프로덕트 팀과 비즈니스 팀 사이에서 사실과 다른 정보를 전달하거나 왜곡하며 설득이나 의사결정을 하고 이런 행동이 들통나 신뢰를 잃기 시작하면 기획자는 문서 작성 이외에는 더 이상 할 수 있는 것이 없어져 결국 잡부로 전락하거나 퇴사할 수밖에 없다.

그래서 실리콘밸리에서도 프로덕트 매니저를 프로덕트 팀을 위해 똥 우산(Shit Umbrella)을 받쳐 드는 사람이라고 표현하지 않는가! 결국 기획자는 프로덕트 팀을 관리하고 감독하는 역할이 아니라 이들을 서포트하는 사람이고, 이를 통해 프로덕트 팀과의 신뢰 자산을 쌓아가는 것이 중요하다.

서비스 기획자는

- 때론 사용자의 눈으로 제품을 바라보며 사용자를 대변해야 하고,

- 때론 개발자와 디자이너, 경영진과 사용자, 광고팀과 운영팀 사이에서 합리적이고 논리적인 판단을 해야 하며,

- 때론 리서처가 되어 시장을 조사하고 분석해야 하며,

- 때론 기획자, 설계자, 디자이너가 되어 와이어프레임을 그려야 하고,

- 때론 사업가가 되어 비즈니스 모델을 설계해야 하며,

- 때론 법률가가 되어 법규를 살펴보고 정책을 결정해야 하며,

- 때론 사용자와 개발자, 디자이너의 입장에서 의사를 결정하고 커뮤니케이션하며 협의를 진행해야 하며,

- 때론 UX 라이터가 되어 사용자가 이해하기 쉽고 읽기 쉬운 문장과 문구를 작성해야 하며,

- 때론 선생님이 되어 내가 기획한 내용을 설명하고 이해시켜야 하며,

- 때론 문서를 작성하고 또 작성하고 또 작성하며 내가 인간인지 타자기인지 헷갈릴 때도 있으며,

- 때론 기획서를 작성할 수 없는 마케터와 운영자, 고객지원 부서를 대신하여 기획서를 작성하기도 하며,

- 때론 네 머릿속에서 나온 거니 네가 가장 잘 알지 않냐며 테스트도 해야 하고,

- 때론 우리 회사에는 그로스 해커나 데이터 분석가가 없으니 툴이라도 써서 데이터 분석이란 걸 좀 해보란 이야기를 들어야 하며,

- 때론 이게 어느 파트의 업무인지 구분이 모호해 아무도 신경을 쓰지 않아 프로덕트의 오너로서 처리해야 하는 등

- 말 그대로 개발과 디자인을 제외한 모든 업무를 도맡아 해야 할 수도 있다.

그래서 가끔은 내가 잡부가 되어 있는 느낌이 들지도 모르겠다.

02

상위 기획

이번 장에서는 시장조사 및 벤치마킹을 통해 아이디어를 사업화하고,
목표 고객 선정 및 페르소나를 도출하며 고객 여정 지도를 작성하는
상위 기획에 대해 살펴보자.

이를 통해 시장 및 경쟁사, 사용자를 분석하고 서비스의 목표 및 방향성을 설정한다.

2.1 _ 서비스 기획자의 상위 기획

대다수 서비스가 실패하는 이유는 기획자와 디자이너가 UI/UX를 잘못 설계해서도 아니고, 개발자가 개발을 잘못해 오류나 장애가 자주 발생해서도 아니다. 지금은 수억 명 이상이 쓰는 구글과 페이스북, X도 초기 제품을 찾아보면 예쁘지도 않았고 오류와 장애도 많았다. 인터넷에서 이들의 초기 제품 사진을 검색해 보면 형편없는 디자인에 깜짝 놀랄 것이다. 그렇게 형편없음에도 불구하고 어떤 서비스는 크게 성공을 하고, 대다수 서비스는 실패한다. 서비스가 실패하는 가장 큰 이유는 시장조사를 제대로 하지 않았거나 왜곡된 데이터를 기반으로 결과를 도출하여 PMF를 찾지 못했기 때문이다.

따라서 PMF를 찾아야 하는데, 많은 기업이 인력과 시간, 자금 등이 부족하다며 적은 리소스를 핑계 삼아 시장조사를 제대로 수행하지 않는다. 또한 수직적인 위계질서를 가진 기업에서는 고객의 요구보다는 경영진이나 상사가 요구한 아이템이 진행될 수 있도록 데이터를 왜곡하여 사업 계획서를 작성하거나 프로젝트를 진행시킨다. 애초 첫 단추가 잘못 끼워졌는데 제품이 과연 성공할 수 있을까?

이러한 문제를 해결하기 위해 고객의 요구를 정확히 이해하고, 고객의 문제를 해결하기 위한 혁신적인 아이디어를 모색하며, 빠르게 테스트를 진행하여 효과적으로 문제를 해결하기 위한 프로세스가 필요하다. 제품에 대한 성공의 열쇠는 고객이 쥐고 있다. 따라서 기획자를 포함한 프로덕트 팀의 고객에 대한 이해와 집착이 서비스의 성공의 가능성을 높인다.

사업 계획은 왜 해야 할까?

스타트업에서 작성되는 사업 계획 문서를 살펴보면, 사업의 미션과 비전을 설명하고 내부 현황이나 외부 환경을 분석한 자료가 포함되며, 핵심 사업 전략과 이를 실행하기 위한 세부 추진 및 재무 계획을 수일에 걸쳐 수십 장씩 작성한다. 내가 주니어 기획자일 때는 언제나 계획대로 되지도 않는데 오랜 시간 공들여 사업 계획서를 작성해야 하는 이유를 이해하지 못했다. 단지 스타트업이 엔젤투자자나 VC(벤처 캐피털) 등으로부터 투자받거나 타사와 사업 제휴 등을 목적으로 작성하는 문서라고 생각했다. 물론 이런 목적으로 작성하는 경우도 심심치 않게 볼 수 있다.

그런데 창업하면서 왜 사업 계획서를 공들여 작성해야 하는지 이해할 수 있었다. 언제나 사업은 계획대로 되지 않는다. 그런데도 사업 계획을 하는 이유는 사업 계획이 사업 활동의 기준이 되고, 계획대로 되지 않았을 때 원인을 찾기 위함이다. 마치 기획자가 서비스의 성장을 위해 A/B 테스트를 하듯이, 사업 계획을 통해 실제 사업의 결과와 비교할 수 있는 데이터를 만듦으로써 사업의 성과를 비교하고 분석할 수 있는 기준을 마련하는 것이다.

디자인 싱킹 방법론

기획자가 사업 계획을 준비할 때 '상위 기획'이라는 과정을 거치게 되는데, 최근에는 이 상위 기획 과정에서 '디자인 싱킹(Design Thinking)' 방법론을 활용한다. 디자인 싱킹은 스탠포드 대학교의 디자인 스쿨에서 학문적 기반을 다지고, 세계적인 디자인 기업 아이디오(IDEO)를 통해 확산된 사용자 중심의 문제 해결 방법론이다. 이 방법론은 고객에 공감하며 문제(Pain Point)를 찾아내고, 이를 해결하기 위해 혁신적인 아이디어를 모색하며, 빠르게 테스트를 진행하여 효과적으로 문제를 해결하는 프로세스로, 실행에 의한 학습과 놀랄 만큼 효과적인 결과를 얻을 수 있는 민첩하고 반복적인 해결책이다.

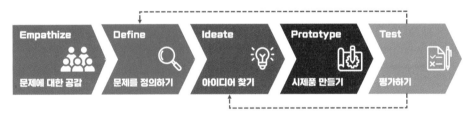

그림 2.1 디자인 싱킹(Design Thinking) 프로세스

디자인 싱킹을 활용한 기획자의 상위 기획은 다양한 활동으로 이뤄진다. 데스크 리서치, 유저 리서치 등의 시장조사와 벤치마킹 등을 통해 아이디어를 사업화하고, 페르소나(Persona)를 도출하며 목표 고객을 선정하고 고객 여정 지도(User Journey Map 또는 Customer Journey Map)를 작성한다. 이러한 활동으로 시장과 경쟁사, 사용자를 조사하고 분석하여 서비스의 목표와 방향성을 설정한다. 물론 이렇게 설정된 목표와 방향성은 고객을 통해 검증되지 않은 가설에 지나지 않는다. 따라서 고객을 통해 가설을 검증하기 위해 최소한의 기능을 구현한 제품인 최소 기능 제품(MVP, Minimum Viable Product)을 개발하여 유

저 테스트(UT, User Test)를 진행하고, 시장 적합성(PMF, Product-Market Fit)을 찾기 위해 고군분투하게 된다.

즉, 서비스의 목표 및 방향성을 설정하고 가설을 검증하며 PMF를 찾아가는 이 모든 과정이 기획자의 상위 기획 과정이라고 할 수 있다.

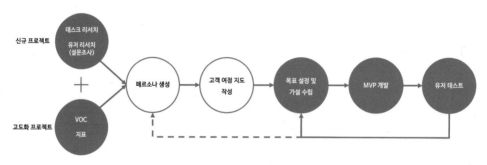

그림 2.2 디자인 싱킹을 활용한 기획자의 상위 기획 과정

2.2 _ 페르소나와 고객 여정 지도

PMF를 찾기 위해서는 우선 해당 서비스를 이용할 대상, 즉 타깃 고객이 누구인지 파악하고 타깃 고객의 행태를 이해해야 한다. 그리고 서비스가 해결하고자 하는 고객의 요구나 문제를 타깃 고객이 일상에서 어떻게 해결하고 있는지 살펴볼 필요가 있다. 또한 경쟁 서비스가 존재한다면 이를 어떻게 이용하고 있고, 경쟁 서비스에서는 또 어떤 문제(Pain Point)를 겪고 있는지 파악할 필요가 있다. 따라서 기획자는 타깃 고객을 이해하고 고객 관점에서 경쟁사를 분석하기 위해 페르소나를 설정하고 고객 여정 지도를 작성한다.

페르소나 설정

페르소나(Persona)란 특정 제품을 사용할 만한 목표 인구 집단 안에 있는 다양한 사용자 유형을 대표하는 구체화된 가상의 인물이다.

강의에서 만나는 기획자들에게 맡고 있는 제품의 페르소나를 어떻게 설정했냐고 물어보면, 대부분은 페르소나를 제대로 설정해 본 경험이 없다. 페르소나가 타깃 유저를 대표하는 가상의 인물을 설정하는 것이라고 하니 가상의 인물에만 집중한 나머지 내부 구성원들이 생각하거나 목표하는 타깃 유저층을 대표하는 유저를 정말 가상으로 설정하는 것에 그치는 경우가 많다. 이렇게 서비스를 개발하고 막상 데이터를 살펴봤더니 실제 서비스를 사용하는 고객과 페르소나 사이에 큰 차이가 있고, 잘못된 페르소나 설정으로 서비스를 사용하는 고객을 만족시키지 못해 부랴부랴 전략과 서비스를 수정하거나 실패를 경험하게 된다.

그럼 페르소나는 어떻게 설정해야 할까?

페르소나를 제대로 설정하려면 우선 제공하고자 하는 제품과 관련하여 타깃 유저의 특성을 판단할 수 있는 주요 사용자 특질(Critical Characteristics)을 추출해야 한다. 사용자 특질은 설문조사나 인터뷰 등을 통해 매우 나쁨에서 매우 좋음 또는 매우 낮음에서 매우 높음 등의 기준으로 1–5점 또는 1–10점의 점수로 점수화하여 정량적으로 측정하거나 평가할 수 있어야 한다. 그다음 유저 리서치나 유저 테스트를 진행하며 타깃 유저로부터 설문조사를 수행하거나 관찰을 통해 특질에 대한 점수를 기록한다. 다수의 타깃 유저로부터 점수를 받다 보면 사용자 특질에 일정한 패턴(Behavior Pattern Mapping)이 생기는데, 이 패턴을 기반으로 생성된 가상화된 한 명 또는 여러 명의 유저가 바로 페르소나다.

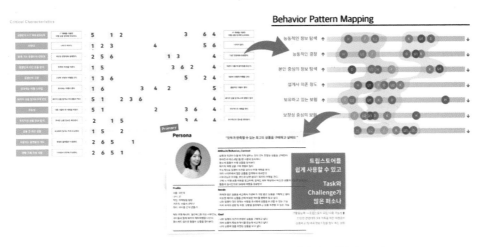

그림 2.3 여행 상품 비교 및 예약 플랫폼, '트립스토어'에서 공개한 페르소나

제품에 대한 주요 사용자 특질을 추출하려면 기획자가 해당 도메인과 서비스에 대한 높은 이해가 필요하며, 이러한 이해를 바탕으로 적절한 설문을 작성할 수 있어야 한다. 타깃 유저들로부터 어떤 공통된 특성을 추출한다는 건 우리가 알고 싶어 하는 사용자의 특질에 대

해 설문지를 작성하고, 이 설문을 통해 사용자에게 답변을 요구하는 행위이기 때문이다. 따라서 최대한 설문에 응답하는 사용자나, 사용자를 관찰하고 이를 점수로 기록해야 하는 관찰자들이 오해하거나 주관적인 답변을 하지 않도록 명확하고 구체적인 질문과 함께 답변을 점수화하여 객관식 문항으로 설문지를 작성하여 제공하는 것이 좋다.

그래서 패턴을 시각적으로 확인하기 위해 그림 2.4와 같은 형태로 작성했지만, 사실 원안은 설문지의 형태로 작성되고, 가로 한 줄이 하나의 설문과 이 설문에 응답한 사용자들의 답변이라고 이해하면 된다.

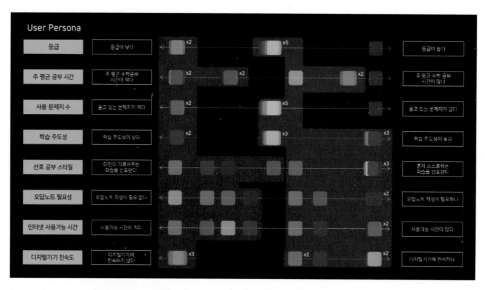

그림 2.4 맨 왼쪽에 있는 등급부터 디지털 기기 친숙도 항목이 에듀테크 서비스에서
페르소나를 생성하기 위해 추출된 사용자 특질 중 일부이고, 가운데 색상 카드는 사용자를,
동일 색상의 카드 그룹은 한 명의 사용자가 각 특질과 관련된 설문에 대해 응답한 결과값을 의미한다.

인터넷에 공개된 페르소나 관련 자료를 보고 "페르소나는 반드시 1명이어야 하는 것 아닌가요?"라는 질문을 받고는 하는데 꼭 그렇지는 않다. 그림 2.4와 같이 에듀테크 서비스의 경우에는 1~2등급의 학업 상위권과 3~9등급의 하위권 두 개의 패턴 매핑이 생성될 수 있는데, 비즈니스 전략에 따라 두 페르소나를 함께 공략할지, 아니면 하나의 페르소나에 집중할지 선택할 수 있다. 한 페르소나에 집중하더라도 상위권 타깃은 소수이기 때문에 마켓 사이즈 및 풍부한 리소스를 통한 매스 마케팅[9]을 진행하기 위해 하위권 타깃에 집중할지, 부족한 리소스를 고려해 상위권 타깃을 공략한 다음 '1~2등급 학생들이 이용하는 서비스'라고 홍보하며 하위권 타깃으로 빠르게 확대해 나갈지 선택할 수 있다.

따라서 주요 사용자 특질을 추출하고 이를 측정할 수 있는 설문지를 작성하거나, 페르소나를 통해 인사이트를 얻고 전략을 결정하기 위해서는 결국 기획자의 높은 서비스 이해도가 중요하다.

고객 여정 지도 작성

고객 여정 지도란 고객이 서비스를 경험하는 과정이나 단계, 즉 고객이 처음 정보를 탐색하는 단계에서부터 서비스 제공이 완료되는 순간까지를 그림이나 사진, 도표 등으로 시각화한 도구다.

고객 여정 지도를 작성하는 과정을 통해 고객이 서비스를 어떻게 받아들이고 사용하는지를 고객 관점에서 파악할 수 있으며, 새로운 기회나 문제점 등을 발견할 수 있다.

그림 2.5 여행 예약 플랫폼, '마이리얼트립'에서 공개한 고객 여정 지도

---

9   매스 마케팅(Mass Marketing)은 대중을 대상으로 한 마케팅 방식으로, 제품이나 서비스 특성을 고려해 특정 타깃을 설정하지 않고 대중의 일반적인 요구를 충족시키는 데 초점을 맞춘다. 때문에 매스 마케팅은 대중에게 제품이나 서비스를 알리고 인지도를 높이는 데 효과적인 TV 광고, 신문 광고 등과 같은 대중 매체를 이용한다.

그림 2.5와 같은 고객 여정 지도의 작성은 기획자가 시장 및 경쟁사, 사용자를 조사하는 상위 기획 과정에서 작성하기 시작하여 서비스를 릴리즈하여 분석하고 고도화하는 과정에서도 지속적으로 업데이트해야 하는 작업이다. 즉, 고객 여정 지도는 서비스의 전체 생애 주기 동안 계속되는 매우 중요한 작업이다.

일반적으로 고객 여정 지도는 가로를 기준으로 3단으로 나뉜다. 상단에는 시장과 경쟁사와 관련된 내용을 작성하고, 중간에는 사용자가 시장이나 경쟁사를 통해서 느끼는 감정(만족도)을 곡선으로 표현하며, 하단에는 자사 서비스와 관련된 내용을 작성한다. 그리고 세로를 기준으로는 사용자가 서비스를 경험하게 되는 과정이나 단계를 표시한다.

그림 2.6 고객 여정 지도 양식

내가 주로 사용하는 고객 여정 지도의 양식은 그림 2.6과 같다.

가로를 기준으로 상단은 시장과 관련된 영역으로, 직접적인 경쟁 서비스 중 상위 1~3위 서비스와 직접적인 경쟁 서비스는 아니더라도 대체 시장의 경쟁자를 다룬다. 여기서 대체 시장은, 중고등학생 대상의 에듀테크 서비스를 예로 들면, 오프라인 학원이나 시중 교재는 직접적인 경쟁 서비스는 아니지만, 방과 후 한정된 학습 시간을 놓고 경쟁해야 하므로 경쟁자로 고려하는 것이다.

그리고 중간에는 경쟁 서비스를 통해 사용자가 느끼는 감정 곡선을 그린다. 이는 타깃 유저들의 대표인 페르소나(조사한 타깃 유저들의 평균치)가 고객 여정(Critical Path)에 따라 경쟁 서비스별로 느끼는 감정, 즉 만족도를 1점(나쁨)에서 5점 또는 10점(좋음)으로 점수화하여 곡선으로 표시한 것이다. 따라서 조사한 경쟁 서비스 수에 따라 여러 개의 곡선으로 표시할 수 있다.

하단에는 상단의 시장 조사 결과와 감정 곡선을 통해 자사 서비스에 어떠한 기회 요소(Opportunity, 즉 시장의 실패를 이야기한다)가 있고, 이를 자사 서비스는 어떻게 해결할 것인지(To do 또는 Solution을 이야기한다)와 관련된 내용을 작성한다. 보통 중간의 경쟁 서비스에 대한 사용자의 감정 곡선이 낮은 단계가 시장의 실패(Pain Point)이므로 이 단계의 문제 해결이 자사 서비스가 시장에서 강점이나 차별성을 가질 수 있는 지점이다. 다만, 일정이나 리소스 등의 이유로 동시에 MVP를 만들어 테스트하거나 해결하지 못할 수 있기 때문에 기회 영역 중에서 중요도에 따라 3점이나 5점 만점의 별점으로 우선순위를 표시한다. 그리고 맨 아래에는 이 기회 영역에서 우리가 무엇을 해야 할지, 즉 시장의 페인 포인트에 대한 솔루션을 작성한다.

세로 기준인 사용자가 서비스를 경험하게 되는 과정이나 단계는 도메인이나 서비스마다 다를 것이다. 작성해야 하는 주요 고객 여정(Critical Path)은 서비스 인입 전과 인입 후(앱 서비스의 경우, 설치 전과 설치 후를 말한다)로 나뉘는데, 서비스 인입 전은 보통 마케터가 작성하고, 서비스 인입 후는 기획자와 디자이너가 함께 작성한다. 인입 후 고객 여정에서 보통 터치 포인트(Touch Point)가 서비스 화면이므로 경쟁사 서비스를 벤치마킹하는 과정에서 캡처한 화면을 출력해 붙여놓고, 그 옆에 화면별 SWOT 분석[10]과 관련 지표를 추가하는 방식으로 작성한다. 이후 함께 작성하는 동료들과 협의하여 정한 주기에 따라 정보를 업데이트한다. 보통은 한 달마다(애자일 문화에서 보통 2주 1 스프린트 주기로 스크럼을 진행하기 때문에 정확히는 4주마다 업데이트한다) 경쟁사 화면 캡처와 정보를 업데이트하는데,

---

10 SWOT 분석이란 조직이나 제품의 내부 및 외부 환경을 분석하여 강점(Strengths) 및 약점(Weaknesses), 기회(Opportunities)와 위협(Threats)의 요소를 도출하여 전략 수립 및 의사 결정에 도움이 되는 분석 방법이다. 나의 경우, 한 화면마다 서로 다른 색상의 포스트잇 4장을 붙여가며 SWOT 분석 결과를 기록하고 자사 서비스가 이와 관련하여 경쟁력을 갖추거나 요소를 제거하면 포스트잇을 제거하는 방식으로 활용하고 있다.

이 작업은 많은 리소스가 들어가는 귀찮고 힘든 작업이다 보니 고객 여정 지도의 작성을 포기하거나 업데이트 없이 회의실 한쪽 벽면에 흉물스럽게 방치되는 경우가 많다. 그러므로 고객 여정 지도를 관리하고 업데이트하는 데 지속적인 관심과 노력이 필요하다.

그런데 인터넷에서 접할 수 있는 그림 2.5와 같은 고객 여정 지도에는 경쟁 서비스나 자사 서비스에 대한 지표들이 누락되어 있을 수밖에 없다. 이런 자료만 접하다 보니 기획자들에게 고객 여정 지도를 작성해 보라고 하면 서술형의 정성적인 내용으로만 작성하는 경우가 많다. 그러나 정성적인 내용으로는 경쟁 서비스와 비교 분석하거나 서비스가 성장하고 있는지 측정하기가 어려우므로 수치나 지표를 활용해 정량적으로 작성하는 것이 중요하다.

그러므로 경쟁 서비스의 사용자 지표를 최대한 찾아 표시하기 위해 기사나 앱스토어 정보 등을 활용한다. 또한, 고객 여정은 각 과정이나 단계에서 사용자가 지불하는 비용, 즉 돈이나 시간, 노력 등을 정량적으로 측정하여 표시하고 이를 비교 분석해야 한다. 예를 들어, 특정 서비스 화면에서 다음 화면으로 이동하는 데까지 걸리는 평균 체류 시간(Avg. Duration Time)이나 평균 클릭 수, 로딩 시간(Loading Time) 등 사용자가 해당 화면에서 지불하는 비용이나 중요한 지표가 무엇인지 판단하고, 이를 측정하며 경쟁 서비스를 비교 분석해야 한다.

또한 자사 서비스를 출시하여 데이터가 쌓이기 시작하면, 하단의 솔루션 영역에 체류 시간, 클릭 수, 로딩 시간 등의 수치를 비롯하여 재방문율(Retention Rate), 전환율(CVR, Conversion Rate) 등 주요 서비스 지표도 함께 기록한다. 그리고 세로축으로는 경쟁 서비스들과 주요 화면별로 비교 분석하고, 가로축으로는 평균 전환율(Avg. CVR) 대비 전환율이 낮은 화면부터 다시 문제를 정의하고 가설을 설정하며 실험을 통해 수치와 지표를 개선해 나가야 한다. 즉 세로축과 가로축을 함께 비교 분석하며 서비스를 개선해 나가다 보면 경쟁에서 승리할 수 있다.

고객 여정 지도는 작성하는 데 시간이 많이 걸릴 수도 있지만, 고객의 입장에서 서비스를 이해하고, 고객의 요구사항을 충족시키는 서비스를 개발하는 데 도움이 되는 도구다. 따라서 상위 기획 시에만 작성하고 폐기하는 것이 아니라 서비스 생애 주기와 함께 하며 주기별로 업데이트해야 하는 매우 중요한 작업이다.

지금까지 고객 여정 지도를 작성하지 않았다면, 이제 회의실 한쪽 벽면을 고객 여정 지도로 가득 채워보자!

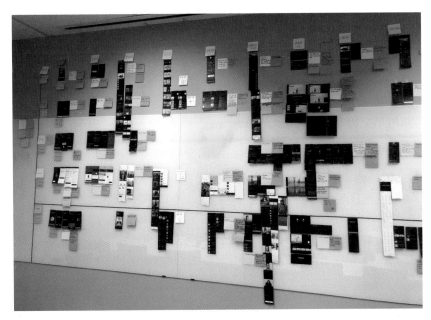

그림 2.7 회의실 한쪽 벽면을 가득 채운 고객 여정 지도. 지표가 누락된 상태이므로
지표까지 병기하면 얼마나 많은 정보가 기록될지 상상해 보자!

2.3 _ 시장 적합성과 최소 기능 제품

최소 기능 제품(MVP, Minimum Viable Product)은 고객에게 제품의 가치를 검증하는데 필요한 최소한의 기능을 구현한 제품을 말한다. 고객 여정 지도의 하단에 작성된 To do 리스트나 솔루션 중에서 우선순위가 높은 안을 선택하고, 애자일 스크럼 개발 방법론을 채택하는 스타트업에서는 스프린트(Sprint) 주기에 따라 다를 수 있겠지만, 보통 2주를 1 스프린트로 정했을 때 1 스프린트 내에 개발할 수 있는 범위로 MVP를 개발한다.

그런데 내가 MVP, 린(Lean) 등의 용어가 잘못 사용되고 있다고 느끼는 이유는 동료나 회사, 나아가 업계에서 낮은 서비스 완성도에 대한 변명으로 이러한 용어가 자주 언급되기 때문이다.

"MVP잖아요! 어떻게 MVP 때 완벽해요?"

"MVP니까 오픈하고 사용자 반응이나 데이터 보면서 수정해요!"

"MVP 몰라요? MVP잖아요!"

MVP = 최소한의 기능을 구현한 제품 ≠ 낮은 완성도의 제품

리소스가 부족한 스타트업에서는 사업에 대한 리스크와 비용을 줄이기 위해 아이디어를 빠르게 검증하는 것이 무엇보다 중요하다. 따라서 린 이론이나 MVP 등이 왜 등장했고, 왜 중요해졌는지 모르는 바는 아니다. 하지만 MVP는 최소한의 기능을 구현하라고 한 것이지, 그 최소한의 기능이 완성도가 낮아도 괜찮다는 의미는 아니다. 왜 MVP라며 구현한 기능의 완성도가 낮아도 된다고 생각하는지 모르겠다.

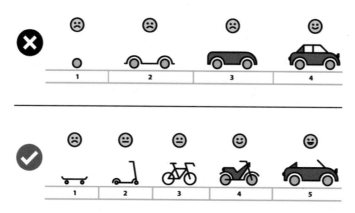

그림 2.8 MVP를 설명하는 이미지. 너무나 유명해서 굳이 설명이 필요 없는 이미지지만, MVP를 가장 잘못 설명한 이미지가 아닐까 싶다.

시장에는 이미 완성도 높은 스케이드보드뿐만 아니라 킥보드, 자전거, 오토바이, 자동차까지 다양한 이동수단이 있다. 그리고 도시와 도시를 편하게 이동하기 위한 새로운 이동수단을 개발하고 싶은데, 스케이트보드로 테스트를 할 수는 없지 않을까? 게다가 백 번 양보하더라도 유저 테스트를 위해 만들어진 기능의 완성도는 높아야 한다. 낮은 완성도의 스케이트보드로 유저 테스트를 한 번이라도 진행해 본 경험이 있는가?

MVP를 가지고 유저 테스트를 진행하기 위해 테스터를 모집하고, 모집한 테스터를 통해서 페르소나와 고객 여정 지도를 업데이트하거나 인사이트를 추출하기 위해 사전·사후 설문지를 준비하고, MVP를 사용하는 사용자의 행태를 통해 인사이트를 추출하기 위해 실시간 촬영과 녹화를 하고, 사용자와 분리된 방에서 그 행동을 유심히 관찰하며 기록해야 하는 관찰자 입장에서 완성도 낮은 MVP로는 제대로 된 유저 테스트를 진행할 수가 없다. 기획자는 물론이거니와 MVP를 개발하고 유저 테스트를 준비하기 위해 여러 동료가 많은 시간과 노력, 비용을 투입한다. 그런데 완성도 낮은 MVP로 유저 테스트를 진행하면 계속되는 테스터들의 질문과 불만을 처리하다 제대로 된 분석이나 인사이트를 얻지도 못하고 정해진 시간이 지나버린다. 그리고 이렇게 작성된 유저 테스트 결과를 서로 신뢰하고 공감하기는 어렵다.

사용자에게 검증하고자 하는 기능을 구현한 MVP를 가지고 유저 테스트를 진행하는데, 회원가입, 로그인, 마이페이지, 고객센터 등 검증에 필요 없는 페이지와 기능을 개발할 필요는 없다. 하지만 검증하고자 하는 기능은 높은 완성도로 개발해야 한다. 일정이나 개발 난이도 때문에 어려움이 있다면 완성도를 낮추기보다는 차라리 검증하고자 하는 개발의 범위나 공수를 줄이자고 이야기하는 것이 보다 합리적인 판단이자 선택이다.

MVP는 최소한의 기능을 구현한 제품이지만, 가설을 검증하고자 하는 기능의 완성도는 높아야 한다. 완성도가 낮은 MVP로는 유저 테스트를 제대로 진행할 수 없으며, 이런 테스트의 결과를 모든 동료가 공감하고 신뢰하기는 어렵다.

단, 린 이론이 실패를 통해 배운나는 것을 선제로 하기 때문에 실험을 반복해야 하며, 스타트업이 제한된 리소스로 실험을 반복하려면 실험의 속도가 중요할 수밖에 없다. 따라서 기획자는 실험을 빠르게 반복하기 위해 가능한 리소스 내에서 가설을 검증하는 데 필요한 최소한의 기능으로 실험의 범위를 제한해야 한다.

도대체 언제까지 MVP를 제공할 것인가?

사용자가 아무런 제약 없이 서비스에 접근 가능한 시점부터는 더 이상 MVP가 아니다. 그런데 최초 오픈 후에 사용자가 별로 없는 기간까지도 MVP 기간이라며 낮은 서비스 완성도가 당연하다고 이야기하는 경우가 있다.

그러면 3개월, 6개월, 1년이 지난 후에도 사용자가 적으면 MVP인 것인가? 일반적으로 서비스가 오픈했지만, 완성도가 낮을 때는 해당 버전을 MVP가 아닌 BETA라고 부른다.

MVP는 최소한의 기능을 구현한 제품을 말하며, 즉 완성된 제품을 의미하지 않는다. MVP는 PMF나 가설을 검증하기 위해 사용되는 도구이며, MVP를 개발한 후에는 고객의 피드백을 반영하여 제품을 만들어야 한다.

기획자라는 이유로 동료들에게 부족한 인력과 일정 안에서 무리한 요구를 하고 싶지는 않다. 그러나 사용자에게 제공하는 화면이나 기능의 완성도는 트레이드오프(Trade-off)의 대상이 될 수 없다.

협의를 통해 우선순위를 정하고 중요도가 낮은 화면이나 기능을 개발하지 않을 수는 있다. 하지만 MVP라는 이유로, 빠르게 기능을 구현하고 개선해 나가자며 서비스를 대충 만들어 사용자에게 공개하자고 하면 기획자가 어떻게 수용할 수 있을까? 한 번 떠나간 고객은 다시 돌아오지 않는다.

그리고 다수의 프로젝트를 경험한 바에 따르면 서비스나 화면 단위라면 일정이나 인력 등의 리소스에 크게 영향을 받지만, 개별 기능의 구현이나 완성도는 리소스보다는 프로젝트 팀원들의 실력, 자세, 의지 등에 더 영향을 받는 경향이 있다.

정말 일정이 짧고 인력이 부족해서 낮은 완성도의 서비스를 사용자에게 제공할 생각이라면 차라리 중요도가 낮은 화면이나 기능을 제거하여 완성도를 높이자는 제안이 오히려 설득력이 있지 않을까?

용어는 잘못이 없다. 다 사람이 문제지!

성공적인 유저 테스트를 진행하려면 어떻게 해야 할까?

유저 테스트는 제품의 가설을 검증하고 리스크를 줄이기 위해 필수적인 과정이다. 유저 테스트를 위해 MVP를 개발하고 유저 테스트를 진행하는 과정도 힘들지만, 유저 테스트를 준비하고 정리하는 과정도 생각보다 많은 시간과 노력이 필요하다. 적절한 테스터를 모집하고, 사전·사후 설문지 및 각종 동의서 등을 작성해야 하며, 진행한 결과를 문서로 작성하고 공유하는 작업에 생각보다 많은 시간과 노력이 투입되기 때문이다.

따라서 유저 테스트를 효율적으로 진행하는 방법은 유저 테스트를 1회성으로만 진행하지 않고, 정례화하는 것이다. 정례화하면 이 모든 과정을 프로세스로 구현해야 하기 때문에 처음에는 프로세스를 구축하는 데 많은 시간과 노력이 필요할 수 있지만, 한 번 설정을 완료하면 이후 유저 테스트를 진행하는 과정이 보다 수월해진다.

그리고 유저 테스트를 진행한 결과물을 더 많은 동료들과 공유하며, 그 과정에 참여한 동료들에게 고마움을 전하는 시간을 갖는 것도 중요하다. 이렇게 함으로써 동료들이 유저 테스트에 적극적으로 참여하고자 하는 동기를 부여할 수 있기 때문이다. 그래서 유저 테스트가 종료되면 전사 직원이 모여서 결과와 인사이트를 공유하는 시간을 갖는다.

03

정책 기획

이번 장에서는 서비스 정책의 중요성을 이해하고,
서비스 정책 기획에 필요한 지식과 서비스 정책서를 작성하는 방법을 살펴보자.

3.1 _ 기획자에게 인문학적 지식과 접근이 필요한 이유

서비스 기획은 디자인, 개발과 달리 인문학적인 접근과 지식이 필요하다. 단말기와 OS 환경에서 단순히 예쁘고 사용하기 편한 UI/UX를 기획하는 것에 그치지 않고, 관련 법과 규제를 준수하고, 지역이나 문화적 특수성 등을 고려해야 하기 때문이다. 또한 화면이나 기능 등의 나무만 살펴보지 않고 동료, 회사, 경쟁사, 생태계 등의 숲도 돌아보며 기획에 반영해야 한다. 나아가 서비스가 제공하고자 하는 사회적 가치와 사회에 미치는 영향까지도 고민해야 한다.

서비스 기획은 단순히 UI/UX를 기획하는 것이 아니다

서비스 기획은 디자인과 개발뿐만 아니라 역사, 문화, 법, 정책, 환경, 인프라, 생태계, 뇌과학, 심리학 등 다양한 영역이 융합한 결과물이다. 더 나아가 리소스, 일정, 동료들의 역량과 수준, 고도화 및 확장성, 데이터의 수집과 처리 및 분석, 사회와 업계에 미치는 영향까지 고려해야 하는 통섭의 영역이다. 따라서 기획자에게 다양한 지식과 고민을 요구한다. 그런데 UI/UX를 강조하는 최근의 마케팅이나 트렌드 탓인지 서비스 기획을 너무 UI/UX에 초점을 맞추려는 경향이 있다. 그 결과 예쁘고, 쉽고 편한 UI/UX를 가진 서비스가 좋은 서비스이고, 이런 UI/UX를 기획하고 디자인하는 것이 서비스 기획과 디자인의 목적이자 목표라는 인식이 업계에 퍼져 있는 것 같다. 그러다 보니 기획자들이 잘못된 UI/UX를 가진 서비스를 기획하고 있다.

UI/UX를 쉽고 편하게 만들어야 한다며 관련 법과 규제를 준수하지 않는다

어떤 기업에서 매출 증대를 목표로 문자와 이메일 등으로 고객에게 광고성 메시지를 발송하고 싶어 한다. 광고성 메시지를 보내려면 관련 법에 따라 사용자로부터 인증과 함께 수신 동의를 받아야 한다. 그런데 이 과정이 사용자에게는 UI/UX 측면에서 불편함이 생기고, 회사 입장에서는 가입률과 수신율이 떨어질 수 있다며 인증이나 동의 없이 정보만 입력받아 처리하기로 한다. 그렇게 인증되지 않은 개인정보가 서버에 쌓이고, 수신 동의 여부와 관계없이 메시지를 보내게 됐다.

그런데 동의하지 않은 사용자뿐만 아니라 정보를 잘못 입력하거나 정보를 업데이트하지 않아 가입하지 않은 비회원에게까지 광고성 메시지를 발송하는 등 개인정보 관리와 운영에 문제가 발생하게 된다. 이런 회사가 얼마나 있을까 싶지만, 생각보다 너무 많아 놀라울 정도다.

UI/UX가 트렌드라며 지역적, 문화적 특수성을 고려하지 않는다

사례 1 웹사이트에서 페이지를 이동하는데 탭이 마구 늘어난다면?

웹 사이트에서 페이지 이동 시 새 창을 띄운다면 사용자들의 반응은 어떨까? 쇼핑몰을 기획하는 데, 상품 상세 페이지 하단에 있는 추천 상품을 클릭했을 때 페이지를 전환하지 않고 새 창을 띄워 달라고 요청한다면 아마도 그 동료는 기획자로서의 내 실력을 의심할 것이다. 국내에서는 사이트 내에서의 이동인 딥 링크(deep link)는 페이지 전환으로 처리하고, 사이트 밖으로의 이동인 아웃 링크(out link)는 새 창으로 열어야 한다는 것이 상식처럼 받아들여지기 때문이다.

중국에서 O2O 전자상거래를 기획할 때, 중국의 경쟁사 사이트를 벤치마킹했는데, 자사 웹 사이트에서 페이지 이동을 할 때 페이지를 전환하지 않고 새 창을 띄우는 것을 보며 이상하다고 생각했다. 하지만 나를 포함한 한국인 동료들은 조금의 망설임도 없이 사이트 내 이동을 창 전환으로 개발했다. 그런데 테스트 과정에서 중국인 동료들이 새 창으로 열리지 않는다며 개발이 잘못됐다고 수정을 요청했다. 나는 한국이나 미국의 유명 전자상거래 사이트를 보여주며 브라우저의 뒤로 가기 버튼이나 페이지 내의 뒤로 가기 버튼으로 페이지를 전환하는 것이 더 편하지 않겠냐고 설득했다. 하지만 모두 한목소리로 불편하다며 수정해야 한다고 주장했다. 친한 중국인 동료들마저 합리적인 이유를 설명하기보다는 습관인 것 같다며 모든 중국인의 습관이 이러한데 어쩌겠냐고 변경을 요청했다. 결국 모든 링크를 수정할 수밖에 없었다.

이후 중국의 외진 시골에서 테스트를 진행할 일이 있었는데, 낙후된 인프라와 느린 인터넷 속도 때문에 여러 상품을 보고 비교하려면 새 창으로 여는 방법이 사용자 입장에서 편하다는 사실을 알게 됐다. 인터넷 속도가 빨라진 현재에도 이 습관이 계속되면서 중국 사용자에게는 새 창을 띄우는 것이 편한 UX로 자리 잡은 것이다. 인터넷 속도가 빠른 나라에서 태어나고 자란 한국인 입장에서는 이해할 수 없는 UX인 것이다.

이러한 경험을 통해 사용자의 역사적·환경적 배경을 고려하지 않은 UX는 실패할 수 있다는 것을 배웠다. 또한 사용자 입장에서 편한 UX를 제공하려면 사용자의 요구를 세심하게 관찰하고 이해하는 것이 중요하다는 것을 알게 됐다.

사례 2 중국의 QR 코드 신화와 AI의 성장

수년 전의 일이다. 한국이나 미국과 같은 다른 나라에서는 실패했던 QR 코드가 유독 중국에서는 크게 성공했다. 이러한 성공을 보며 너도나도 성공한 원인을 QR 코드의 접근성과 편의성에서 찾았다. 중국에서 QR 코드를 활용한 위챗페이, 알리페이 등의 모바일 페이먼츠가 성공하자, 훨씬 더 사용하기 편한 신용카드가 전 국민에게 보급된 한국 사회에서도 소위 언론과 전문가라고 일컫는 사람들이 QR 코드의 편리한 UX를 강조하며 연신 중국의 IT를 공부해야 한다고 이야기한 것이다. 물론 몇 년 전부터 후배 기획자들에게 미국의 서비스뿐만 아니라 중국의 서비스에도 관심을 가져야 한다고 이야기할 정도로 중국의 IT 서비스가 급격하게 발전한 것은 사실이다.

그런데 과연 QR 코드는 접근성과 편의성이 좋을까?

그림 3.1 신용카드를 가시고 있는 사람이 NFC도 아니고 QR 코드로 결제하는 모습은 본 적이 없다

중국어는 상형 문자로 이뤄져 있어서 문맹률이 높고, 모바일 환경에서 한자를 입력하기가 힘들고 불편하다. 이런 이유로 텍스트 검색보다는 QR 코드 검색이 중국에서는 더 편리한 선택이었을 뿐이다. 다른 나라와 비교했을 때, 텍스트 문자 대신 보이스톡과 보이스챗, 보이스 검색 등이 대중화되고 QR 코드뿐만 아니라 이미지와 음성을 활용한 다양한 기능이 함께 발전한 것만 봐도 언어적인 영향이 크다고 보는 게 정확한 분석일 것이다.

스마트폰에서 한자로 '天(하늘 천)'을 입력해 보면 쉽게 이해할 수 있다. 天을 입력하려면 天의 병음인 'tian'을 입력한 다음 해당 음에 해당하는 여러 한자 중에서 天을 선택해야 한다. 하지만 문맹률이 높은 상황에서 동음인 한자가 여러 개 표시된다면 적절한 한자를 선택하는 것조차 어려울 수 있다.

그렇다고 모든 스타트업이 음성을 활용한 기능을 제공할 수도 없다. 음성을 활용하려면 높은 기술력과 상당한 리소스가 필요하기 때문이다. 게다가 지하철과 같이 사람들이 많은 공공장소에서도 QR 코드를 스캔할 수 있는 중국인의 외향적인 성향도 한몫했다.

또한, 저신용 사회로 신용카드가 널리 보급되지 않은 데다 위폐 문제가 심각한 상황에서 스마트폰의 보급과 함께 QR 코드를 채택한 모바일 페이먼츠가 빠르게 확산할 수 있었다. 노점상에서 열심히 물건을 팔아 번 돈을 은행에 입금하려고 하는데, 위폐라며 입금할 수 없다고 한다. 위폐 감별기를 구매하자니 기기도 비쌀뿐더러 배터리를 자주 교체해야 하는 번거로움도 있어서 위폐인지 알면서도 다른 매장에서 돈을 사용한다. 그런데 모바일 페이먼츠의 등장으로 은행에 돈을 입금하고 스마트폰을 통해 주고받을 수 있게 된 것이다. 또한 저신용 사회로 신용카드가 보편화되지 않다 보니 모바일 페이먼츠가 등장하기 전까지는 전기나 가스, 수도 등을 사용하기 위해 선불카드에 충전해서 사용해야 했다. 그 결과 라면을 끓이다가 가스가 떨어지고, 샤워하다가 물이 끊기는 등 일상에서조차 불편한 점이 한둘이 아니었다. 이런 상황에서 모바일 페이먼츠를 통해 스마트폰에서 관리하고 충전할 수 있게 된 것이다.

사실 QR 코드는 기획자 입장에서 생각할 때 UX가 상당히 복잡하고 불편하다. 오히려 오프라인 사용성은 신용카드가, 모바일에서의 사용성은 NFC가 훨씬 더 뛰어나다고 생각한다. 하지만 중국에서는 어렵고 불편한 중국어와 저신용 사회, 위폐 문제 등으로 QR 코드를 채택한 모바일 페이먼츠가 대중화되었고, 보이스챗과 보이스 검색, 이미지와 음성을 활용한

다양한 기능이 일찍부터 발전했다. 이렇게 발전한 기술과 공산당 일당 정치체제, 개인정보 보호 및 관리에 민감하지 않은 문화와 환경 탓에 중국이 AI 강국이 될 수 있었으며, 현재는 전 국민을 AI와 데이터로 감시하고 관리하는 빅 브라더 국가가 된 것이다.

사례 3 해외에서는 잘 나간다는데 국내에서는 보기 어려운 듀얼 유심폰과 선불 유심칩

국내에서도 최근 eSIM이 등장했지만, SIM 카드 슬롯이 2개인 듀얼 유심폰을 구경하기란 쉽지 않다. 이는 한국인들의 소득 수준이 높고, 다른 통신사 고객끼리 통화하거나 문자하는 비용이 동일 통신사 간 비용과 같기 때문이다. 가끔 IT 종사자들이 테스트를 위해 아이폰과 안드로이드폰을 2개씩 가지고 다니긴 하지만, 듀얼 유심폰을 쓰는 사람은 매우 드물다.

하지만 가까운 중국과 필리핀에서는 소득 수준이 낮아 통신비 부담이 크고, 다른 통신사 고객 간의 통화나 문자 비용이 동일 통신사 사이의 비용보다 비싸기 때문에 저가폰 2개를 들고 다녔다. 그런데 스마트폰이 등장하면서 기기 자체의 가격이 비싸지다 보니 스마트폰 1개와 저가폰 1개를 들고 다니기 시작했다. 그러나 이는 휴대도 불편하고 분실 위험도 높아 듀얼 유심폰이 등장하게 된 것이다.

소득 수준이 낮아 통신료에 큰 부담을 느끼는 동남아 시장에서 해당 국가의 통신사들과 제휴해 페이스북 접속을 무료로 제공하거나, 페이스북만 접근할 수 있는 핫스팟 존을 대규모로 확대해 서민들이 모두 페이스북으로 커뮤니케이션하게 만들어 결국 동남아를 페이스북 공화국으로 만든 것만 봐도 얼마나 통신비에 민감한지 알 수 있다. 물론 이런 제로레이팅(zero-rating) 마케팅 방법은 정부와 네트워크 사업자가 인터넷에 존재하는 모든 데이터를 동등하게 취급하고, 사용자, 콘텐츠, 플랫폼, 장비, 전송 방식 등에 따른 어떠한 차별도 하지 않아야 한다는 망 중립성 원칙을 위협하는 방식으로 논란이 있다.

통신료에 부담을 느끼는데, 타 통신사 간 통화나 문자 비용이 비싸기 때문에 이를 해결하기 위해 듀얼 유심폰이 인기를 끌게 됐다. 그 때문에 선불 유심칩을 꽂은 듀얼 유심폰 사용자가 많다 보니 서비스에 2개 이상의 계정을 만들어 사용하거나 이를 통해 어뷰징하는 체리피커들이 많다는 것을 염두에 두고 서비스 기획을 해야 하는데, 한국에서만 기획 경험이 있는 기획자가 사전에 이를 파악하고 기획하기란 쉽지 않다.

사례④ 일본에서 핀테크는 안 되는데 블록체인은 잘 나가는 이유

10년 전만 하더라도 일본의 피처폰[11]과 모바일 인터넷은 우리나라보다 월등하게 앞서 있었다. 피처폰에서 WAP 기반으로 돌아가는 서비스를 보고 있자면 감탄할 정도였는데, 스마트폰 시대가 되면서 한국보다 뒤처지기 시작했고, 특히나 핀테크 분야에서는 그 차이가 더욱 컸다.

게다가 불과 몇 년 전만 하더라도 지하철에서 인터넷이 잘 터지지 않아 스마트폰을 사용하기보다는 신문이나 잡지, 책 등을 읽는 사람이 많았고, 지하철 노선 간 환승이 되지 않아 불편함을 느껴 일본인 친구들에게 불평과 불만을 털어놓은 기억도 있다.

그런데 일본에서 일했던 후배 기획자의 이야기를 듣고 2011년에 발생한 일본 대지진을 떠올리니 일본의 그런 상황이 충분히 이해가 됐다. 2019년 11월, KT 아현지사의 화재 사건으로 서울 강북 일대 KT 망을 사용하는 매장의 인터넷 연결이 끊기는 일이 있었다. 그 때문에 POS가 동작을 멈췄는데, 그로 인해 현금이 없으면 음료수 하나 사 먹지 못하는 상황이 펼쳐졌다. 매년 크고 작은 지진과 홍수 등의 자연재해를 겪는 일본에서는 통신망이 끊겼을 때 발생하는 아비규환을 자주 겪다 보니 핀테크 육성을 통한 현금 없는 사회를 지향하는 것이 조심스러울 수밖에 없을 것 같다. 이러한 이유로 모바일 페이먼츠가 빠르게 성장하기 어려웠다는 점은 이해가 된다. 반면 암호화폐는 상대적으로 빠르게 성장했는데, 이는 암호화폐의 특성 때문이다. 암호화폐는 블록체인을 기반으로 한 분산 원장을 통해 자연재해로 인해 소실될 위험이 적고, 전 세계에서 통용될 수 있는 글로벌 안전 자산이라는 기대가 있었기 때문이다.

이러한 경험을 통해 미국의 영향을 크게 받는 한국이지만, 미국에서 성공한 제품이나 UI/UX가 한국의 환경과 문화, 언어를 고려할 때 좋은 제품이나 UI/UX가 아닐 수도 있다는 것을 배울 수 있었다. 오랜 시간에 걸쳐 형성된 역사, 문화, 관습, 습관 등의 지역적 특수성을 글로벌 UI/UX가 트렌드라며 무시하거나 간과해서는 안 된다. 미국에서 성공한 사례나

---

11 피처폰은 스마트폰이 대중화되기 이전인 1990~2000년 대에 2G와 3G 통신망을 사용하여 통화나 문자 등의 통신 기능과 함께 게임, 음악 재생, TV 시청, 인터넷 등의 기능을 제한적으로 사용할 수 있는 휴대전화였다. 당시에는 WAP(무선 애플리케이션 프로토콜, Wireless Application Protocol)을 통한 인터넷 연결이 느리고 비싼 데다 단말기 성능이 좋지 않아 인터넷 연결은 유명무실한 기능이었고, 스마트폰과 같이 앱 스토어를 통한 다양한 애플리케이션을 설치하고 사용할 수는 없었다. 이후 스마트폰이 등장하면서 빠르게 사라졌다.

UI/UX라 할지라도 비판적 시각으로 접근하고 판단해야 하는 것이다. 여기는 미국이 아니고 한국이며, 우리는 영어가 아닌 한국어를 사용하고 있음을 잊지 않아야 한다.

UI/UX에 집중한 나머지 나무만 보고 숲은 보지 않는다

한 프로덕트 디자이너가 있다. 이 디자이너는 예쁘고 쉽고 편한 UI/UX가 디자인의 핵심이라 믿고, 이러한 디자인을 구현하려고 노력한다. 그래서 디자인 작업물을 공유하는 핀터레스트(Pinterest)[12]나 드리블(Dribbble)[13]과 같은 플랫폼에 매일 방문하며 마음에 드는 작업물을 즐겨찾기 하거나 벤치마킹한다. 하지만 어찌 된 영문인지 이 디자이너가 만든 디자인 결과물을 본 개발자들은 매번 불만을 표출하거나 좌절한다.

기획서를 꼼꼼하게 살펴보지 않고 디자인했는데, 디자인 결과물에 필요한 기능이나 프로세스, 예외 처리 등이 구현되거나 설명되지 않았기 때문이다. 또한 사용자의 입력이나 액션 등의 인풋을 통해 데이터 수집 및 분석을 해야 하는데, 이러한 고려가 모두 사라져 버렸다.

UI/UX 디자인은 단말기 환경에서 사용자 중심의 기획과 디자인, 그리고 개발과의 협업의 결과물이다. 협업은 커뮤니케이션과 설득의 과정인데, 이를 예술로 착각한 나머지 제품뿐만 아니라 프로젝트마저도 엉망이 됐다.

디자이너를 예로 들었을 뿐, 많은 직군에서 다른 직군을 배려하거나 고려하지 않고, 자신의 입장에서 고집을 피우는 경우를 많이 보게 된다. 그러니 남 탓을 하기 전에 먼저 자신을 돌아보자.

UI/UX도 사회적 가치와 선한 영향력을 고려해야 한다

무한 스크롤(infinite scroll)은 더 많은 콘텐츠를 보고 싶어 하는 사용자에게 페이징 버튼(pagination)보다 매우 쉽고 편한 UX를 제공했다. 그러나 이 기능은 인류가 콘텐츠 소비에 수억 시간을 낭비하는 데도 크게 기여했다. 무한 스크롤이 개발되기 전에는 페이지 버튼을 통해 다수의 페이지를 보는 것이 상당히 불편했기 때문에 보통 한두 페이지를 보고 창을

---

12 https://www.pinterest.co.kr/

13 https://dribbble.com/

껐다. 그런데 무한 스크롤이 개발된 이후에는 끝없이 연결되는 콘텐츠를 넋 놓고 바라보고 있는 자신을 마주하게 된다. 유튜브나 틱톡, 인스타그램을 하루 종일 보고 있는 사람들을 보라! 그렇게 인류가 낭비한 시간을 생각해 보면 이 기능을 개발한 개발자는 인간에게 불을 주고 영원한 형벌에 처한 프로메테우스와 같이 끝없이 이어지는 콘텐츠를 시청해야 하는 형벌에 처해야 할지도 모르겠다.

재미없는 글에 우스갯소리로 해본 이야기지만, 꼭 좋은 UI/UX가 사용자나 인류에게 긍정적이고 좋은 결과만을 가져오지 않을 수도 있다.

앞서 이야기한 여러 사례를 통해 UI/UX가 중요하지 않다고 이야기하려는 것은 아니다. 다만, 서비스 기획자는 UI/UX만 고려하거나 챙겨서는 안 된다는 이야기를 하고 싶었다. 서비스 기획은 사용자의 편의성, 사용성, 안전성, 효율성, 경제성, 지속 가능성, 긍정적 가치 등 다양한 요소를 고려해야 하는 통섭의 영역이기 때문이다.

3.2 _ 기획자를 위한 법령 및 직업윤리 교육의 필요

국내에서 IT 서비스를 기획하는 기획자에게 법령 교육이 반드시 필요한 이유는 국내법의 특성 때문이다. 법은 사전에 법을 제정하고 이를 성문으로 기록한 법전을 중심으로 한 대륙법 체계와 법관의 판결인 판례가 쌓여 법을 이룬 판례법 중심의 영미법 체계로 구분할 수 있다.

독일과 프랑스를 중심으로 발전한 대륙법 체계는 성문법의 형태를 띠고 있기 때문에 법전에 모든 법이 열거된 열거주의의 특성을 가지고 있다. 따라서 법을 제정하고 이를 성문으로 기록한 법에 따라 판결하기 때문에 법적 안정성을 확보할 수 있다는 장점이 있다. 그러나 빠르고 복잡하게 발전하는 현대 사회에서 사건이 발생한 이후에 법의 제정이 이뤄지다 보니 혁신적인 서비스가 등장하기 어렵거나 이 서비스를 통해 피해가 발생한 다음에 뒤늦게 법을 제정하기 때문에 다수의 피해자가 발생할 수 있다는 단점이 있다. 예컨대 암호화폐의 등장으로 여러 문제가 발생했지만, 이를 규제할 관련 법이 부재해 다수의 피해자가 등장할 수밖에 없었다. 그리고 이를 규제하기 위해 특금법(특정 금융거래 정보의 보고 및 이용 등에 관한 법률)이 개정된 이후에는 대다수 거래소가 시장에서 퇴출됐다.

반면, 영국과 미국을 중심으로 발전한 영미법 체계의 판례법은 법관의 판결인 판례들이 쌓여 법을 이루기 때문에 혁신적인 서비스가 등장하여 문제나 피해가 발생하더라도 소송을 통해 판결이 나오기 전까지는 사업 행위를 영위할 수 있다. 따라서 혁신적인 서비스가 등장하기 쉬운 법적 토대를 갖추고 있다. 그러나 미국을 소송국가라고 이야기할 정도로 조금만 피해나 손해를 보더라도 소송을 남발하다 보니 소송으로 낭비되는 사회적 비용과 시간이 천문학적이라는 단점이 있다.

일제 강점기 당시 조선의 많은 지식인이 동경제대 법학부 등 일본 내 대학으로 유학을 갔고, 이후 해방과 함께 일본에서 법학을 공부한 이들에 의해 제헌이 이뤄졌다. 그로 인해 국내법은 대륙법 체계의 독일법의 영향을 받은 일본법에 영향을 받을 수밖에 없었다. 그래서 국내법도 대륙법 체계를 기반으로 하고 있다. 따라서 앞서 이야기한 바와 같이 대륙법 체계인 국내법 환경에서는 혁신적인 서비스가 등장하고 성장하기 어렵다.

예컨대, 당장 자율주행 AI를 개발해 이를 테스트하기 위해 도로 주행을 하고 싶어도 관련 법이 없다면 현행 도로교통법상 불법으로 테스트할 수 없다. 이 문제를 해결하기 위해 2019년 4월부터 규제 샌드박스 제도[14]를 도입하여 운영하고 있다. 하지만 이를 인허가해 주는 공무원들이 문제가 발생했을 때 사회적 논란이나 책임에서 자유로울 수 없기 때문에 여전히 보수적으로 판단할 수밖에 없어 혁신적인 서비스가 등장하는 데에 한계가 있다.

따라서 대륙법 체계의 국내법 환경에서 서비스를 기획하려면 법령 교육이 필요하다. 서비스 기획이 법의 테두리 안에서 현행법을 준수하며 수많은 정책을 만들고 의사결정을 해야 하는 과정의 연속이기 때문이다.

서비스 기획자는 이용 약관 및 개인정보 처리 방침, 청소년 보호 정책 등을 비롯하여 수많은 서비스 정책을 만들고 이를 문서로 작성해야 한다. 따라서 기획하는 서비스가 어떠한 법률에 적용을 받는지 이해하고 이를 반영할 수 있어야 한다.

---

14 규제 샌드박스 제도는 사업자가 신기술을 활용한 새로운 제품과 서비스를 일정 조건(기간·장소·규모 제한) 하에서 시장에 우선 출시해 시험·검증할 수 있도록 현행 규제의 전부나 일부를 적용하지 않는 제도를 말한다. 이는 2016년 영국 정부가 처음으로 도입해 현재 우리나라를 비롯한 60여 개국에서 운영 중이며 아이들이 모래 놀이터에서 안전하게 뛰어놀 수 있는 것처럼 시장에서의 제한적 실증을 통해 신기술을 촉진하는 동시에 이 기술로 인한 안전성 문제 등을 미리 검증하는 것을 목적으로 하고 있다.

그러나 많은 기획자가 서비스 기획 시 관련 법령을 잘 알지 못하거나 찾아보는 데 소홀하다. 법학을 전공하고 IT와 관련된 입법이나 개정과 관련된 뉴스나 정보를 접하면 꼭 찾아보는 나조차도 관련 법을 모두 알고 있지도, 또 개정 정보를 실시간으로 업데이트하지도 못한다. 매번 살펴보는 것도 힘들다 보니 사실 간과하고 지나치기 일쑤다. 그리고 뒤늦게 문제가 발생한 후에야 땅을 치고 후회한다.

표 3.1 열거주의를 채택한 국내법 환경에서 서비스 기획은 법을 준수하며 정책을 만들고, 이 정책을 단말기와 OS 환경에서 사용하기 쉽고 편한 UI/UX로 구현하는 행위에 가깝다.

내용	적용 대상	관련 법령
이용약관 등의 작성	약관 작성 시	약관의 규제에 관한 법률
개인정보의 보호와 관련된 여러 규정 : 개인정보의 수집 및 이용 동의, 수집 및 이용 제한, 관리 및 파기 방법 등	모든 서비스 운영 시	개인정보 보호법
전자상거래 운영과 관련된 여러 규정 – 사이버몰의 운영, 소비자에 관한 정보의 이용, 통신판매업자의 신고, 청약 확인, 재화 등의 공급, 청약철회, 소비자 권익의 보호 등	전자상거래 운영 시	전자상거래 등에서의 소비자보호에 관한 법률
개인정보보호 관련 손해배상책임보험 또는 공제 가입	연간 매출액 5천만 원 이상, 개인정보를 저장 및 관리하고 있는 사용자수가 일 평균 1천명 이상	개인정보 보호법 제39조의9(손해배상의 보장)
(상품판매대금에 관한)이행보증보험 또는 에스크로 가입	상품의 배송 트래킹이 되지 않거나 일정기간 내 상품이 제공되지 않는 경우	전자상거래 등에서의 소비자보호에 관한 법률 제 24조(소비자피해보상보험계약 등)
상품 상세 페이지 내 상품 정보 고시	통신판매업자가 소비자에게 재화 등을 판매할 시	전자상거래 등에서의 상품 등의 정보 제공에 관한 고시
잡지 발행 시 등록 및 신고, 관련 정보 고시	동일한 제호로 연 2회 이상 정기간행물(전자간행물 포함) 발행 시 등록 및 신고 필요	잡지 등 정기간행물의 진흥에 관한 법률

몇 가지 예를 들었지만, IT 서비스는 수많은 법과 조항을 적용 받게 되는데 기획하는 서비스에 필요한 모든 법을 알거나 찾아보며 기획을 하기란 쉽지 않다. 국내법은 복잡한 현대 사회에서 발생하는 수많은 사건을 규제하기 위해 여러 조항과 이를 담고 있는 약 2천여 개

의 법을 가지고 있다. 법률의 하위 법령인 대통령령과 총리령, 부령, 기타 규칙까지 합하면 5천 여개가 넘는다. 따라서 타임머신과 같이 세상에 없는 혁신적인 서비스가 아니라면, 대다수 서비스는 이미 지키고 준수해야 할 수많은 법과 규제가 이미 성문으로 존재한다. 예컨대, 한 스타트업이 전자상거래 서비스를 개발한다고 하자. 국내 IT 관련 법은 사업자와 사용자의 끊임없는 다툼과 분쟁의 역사를 담고 있다. 1996년 6월 우리나라 최초의 전자상거래가 등장한 이래 현재까지 수많은 전자상거래 업체가 등장하고 사라졌다. 그러면서 수익을 내기 위한 사업자와 이들에게 피해를 입은 사용자 사이에서 다툼과 분쟁이 발생하며 이를 중재 또는 해결하기 위해 입법 과정을 통해 여러 법률이 제정되었다. 그래서 재화의 공급이나 청약철회 등을 규정한 전자상거래법을 살펴보면, 그 규제의 촘촘함에 놀라게 된다. 약 30년 간의 다툼과 분쟁의 역사라고 생각하면, 그 촘촘한 이유를 충분히 이해할 수 있을 것 같다. 하지만 전자상거래를 기획하고 개발해야 하는 기업과 직원들이 관련 법을 살펴보거나 공부하는데 소홀하다. 물론 법률 용어가 어렵고 공부하기 쉽지 않다는 것은 충분히 이해를 하지만, 어쩌겠는가? 국내 법률 체계가 그렇고, 관련 법을 따르지 않으면 불법 서비스를 개발하여 사회적 논란의 대상이 되거나 벌금형이나 회사가 사라질 수도 있으니 따를 수밖에 없지 않은가?

기획자는 관련 법의 테두리 안에서 기획해야 하는데, 과연 IT 관련 법에 대해서 얼마나 알고 기획을 할까?

표 3.2 IT와 관련된 법령들

입법 목적	관련 법령
인터넷 산업 진흥·촉진 관련	정보통신산업 진흥법, 전자문서 및 전자거래 기본법, 전자금융거래법, 전자무역 촉진에 관한 법률, 콘텐츠산업 진흥법, 이러닝(전자학습)산업발전법, 게임산업 진흥에 관한 법률, 신문 등의 진흥에 관한 법률, 인터넷 멀티미디어 방송사업법, 위치정보의 보호 및 이용 등에 관한 법률, 유비쿼터스도시의 건설 등에 관한 법률, 정보통신 진흥 및 융합 활성화 등에 관한 특별법, 공공데이터의 제공 및 이용 활성화에 관한 법률 등
인터넷 서비스 기반 조성 관련	전기통신사업법, 전기통신기본법, 인터넷주소자원에 관한 법률, 국가정보화 기본법, 정보통신망 이용촉진 및 정보보호 등에 관한 법률, 전자서명법, 정보통신 진흥 및 융합 활성화 등에 관한 특별법 등
인터넷 정보보호 관련	정보통신기반 보호법, 정보통신망 이용촉진 및 정보보호 등에 관한 법률, 전자정부법, 산업기술의 유출방지 및 보호에 관한 법률 등

입법 목적	관련 법령
인터넷 이용자보호 관련	정보통신망 이용촉진 및 정보보호 등에 관한 법률, 국가정보화 기본법, 통신비밀보호법, 개인정보 보호법, 신용정보의 이용 및 보호에 관한 법률, 저작권법, 위치정보의 보호 및 이용 등에 관한 법률, 전자상거래 등에서의 소비자보호에 관한 법률, 소비자보호법, 약관의 규제에 관한 법률, 전자정부법, 전자금융거래법, 특정 금융거래정보의 보고 및 이용 등에 관한 법률, 전기통신금융사기 피해금 환급에 관한 특별법 등

그러나 법은 최소한의 도덕이라고 말하는 것처럼 세상의 모든 일을 규제하기는 어렵다. 게다가 IT 산업은 파괴적 혁신을 추구하는 산업이다 보니 관련 법이 부재한 경우도 있다. 때문에 소프트웨어가 세상을 집어삼키는 시대에 IT 서비스를 기획하는 기획자에게는 올바른 가치관과 직업윤리가 매우 중요하다. 해당 서비스에 대한 법적 · 제도적 장치가 미비하여 자칫 잘못하면 큰 사회적 혼란과 피해를 가져올 수 있기 때문이다.

최근 블록체인이나 AI 등의 혁신적인 기술의 등장과 함께 잘못된 가치관을 가진 소수의 사람이 이 기술을 악용했을 때 얼마나 많은 사회적 문제를 일으키고 피해를 줄 수 있는지 확인할 수 있지 않았는가? 때문에 관련 법의 제정도 중요하지만, IT 기술의 특성상 기획자의 가치관과 직업윤리가 중요할 수밖에 없다.

그리고 서비스 기획자의 올바른 가치관과 직업윤리와 더불어 이를 든든하게 지지해 줄 수 있는 회사의 철학과 규범, 그리고 동료들의 공감대가 필요하다. 서비스 기획자가 제아무리 올바른 가치관과 직업윤리를 가지고 있다고 하더라도 회사와 동료들이 삐뚤어진 목표와 가치관을 따르고 있다면 해당 서비스는 삐뚤어질 수밖에 없기 때문이다.

서비스 기획자가 한 서비스를 기획하려면 관련 법령에 대한 지식, 그리고 올바른 의사결정을 할 수 있는 가치관과 직업윤리가 요구된다. 그리고 이를 위한 교육과 함께 엄격한 윤리강령의 제정 및 준수 의무가 필요하다.

기획자가 관련 법령을 모르면 불법 서비스를 기획하고, 불법 서비스를 개발하여, 불법적으로 운영하다 결국 회사가 문을 닫거나 다수의 피해자가 발생할 수 있다. 따라서 기획자는 관련 법령을 찾아보며 숙지하고, 올바른 가치관과 직업윤리를 가지고 있어야 한다. 그리고 회사는 기획자들에게 관련 법령을 교육하고, 엄격한 윤리강령을 제정하여 준수할 수 있게 해야 한다.

이러한 노력을 통해 IT 산업이 사회에 긍정적인 영향을 미칠 수 있는 산업으로 발전할 수 있는 것이다.

3.3 _ 서비스 정책서 작성하기

많은 기획자가 화면 기획을 하기에 앞서 정책 기획의 과정을 거치지 않는다. 정책 기획의 과정 없이 화면 기획을 하다 보니 기획서를 작성하는 와중이나 기획서의 작성을 완료한 이후에도 기획을 수차례 수정한다. 그나마 기획서를 작성하는 과정에서 수정하고 있으면 다행인데, 기획서를 넘겨 디자인이나 개발이 진행되는 과정에서도 기획을 수정한다. 그리고 그 피해는 고스란히 디자이너와 개발자가 떠안게 되고, 이런 과정이 반복되면서 동료들로부터 신뢰를 잃게 된다. 따라서 정책 기획의 과정을 거치며 정책서를 작성하고, 이를 공유하여 서비스 정책을 확정한 다음에 화면 기획을 시작해야 한다.

서비스 정책서 작성 시 고려 사항

강의에서 만나는 실무 기획자들에게 서비스 정책서를 작성하거나 사내에 정리된 서비스 정책 문서가 있는지 묻곤 한다. 놀랍게도 대다수 회사가 정리된 정책서를 가지고 있지 않다. 기획자가 다수인 규모가 큰 회사에서도 정리된 정책서가 없다 보니 서비스를 기획하면서 필요한 정책을 그때그때 작성하고 이 정책들이 파편화된 상태로 존재하거나 관리되고 있다고 한다. 그러다 보니 하나의 플랫폼을 여러 기획자가 함께 기획하는데, 서로 다른 정책을 반영하는 것은 물론이거니와 사용자와 운영자, CS 담당자들조차도 혼란을 겪는다. 그리고 정책이 파편화된 상태로 존재하다 보니 중복으로 작성하거나 신규 기획자가 입사했는데 정책 문서의 부재로 인수인계나 서비스를 파악하는 데 오랜 시간이 걸린다.

기획자에게 있어 서비스 정책서는 헌법과 같다. 회사에서 CPO나 시니어 기획자의 중요한 역할 중 하나는 사내의 모든 기획자가 기획 시 준수하거나 구성원들이 참고할 수 있는 서비스 정책 문서를 작성하고 이를 지속해서 관리하고 업데이트하는 것이다.

그런데 서비스 정책을 기획하고 이를 문서로 작성해야 한다고 하면, 작성해 본 경험이 없다 보니 무엇을 고려해야 하고 어떻게 작성해야 하는지 묻는다.

그림 3.2 서비스 정책 기획 시 고려 사항과 그 순서

서비스 정책을 기획할 때는 우선 불가항력적인 요소를 고려해야 한다. 따라서 서비스를 기획하기 위해 참고해야 할 관련 법령을 먼저 검토한다. 스타트업에서 혁신적인 서비스를 개발하기 위해 관련 법을 개정하거나 제정하는 건 사실상 불가능에 가깝다. 예를 들어, 암호화폐로 인해 수많은 사람이 피해를 봤지만 기존 금융 관련 법으로 규제할 수 없었고, 이를 규제하기 위해 특금법이 개정되기까지는 수년이 걸렸다. 그리고 해당 법의 개정과 함께 수많은 거래소가 시장에서 사라졌다.

관련 법을 검토한 다음에는 관련 산업의 생태계나 인프라 등의 외부 환경을 고려해야 한다. 스타트업에서 상품을 판매하기 위해 전자상거래를 기획하는데, CJ대한통운이나 우체국 등의 배송 요금이나 정책이 마음에 들지 않거나, SKT나 KT 등의 통신망이 느리고 장애가 많다며 기존 물류나 통신 인프라를 이용하지 않을 수는 없기 때문이다. 물론 쿠팡과 같이 물류 배송 인프라의 비효율성을 혁신하는 것이 관련 산업에서 소비자들이 느끼는 중요한 페인 포인트라고 인식하고 이를 개선하고자 노력할 수도 있다. 하지만 대다수 스타트업이 생태계나 인프라를 혁신하는 것은 어렵기 때문에 기존 생태계와 인프라를 활용할 수밖에 없다. 따라서 외부 환경을 고려하며 서비스 정책을 기획해야 한다.

또한 벤치마킹 과정을 통해 경쟁사를 고려해야 한다. 관련 법령이나 인프라처럼 경쟁사도 외부 요소이기 때문이다. 벤치마킹 과정에서 모든 경쟁사가 비효율적이지만 그렇게 개발을 한 데는 보통 그럴 만한 이유가 있다. 물론 외부 환경을 고려할 때처럼 이 부분이 고객의 페인 포인트라고 인식하고, 이를 혁신하여 차별성이나 경쟁력의 요소로 가져갈 수도 있다. 하지만 대다수 경쟁사에서 일하는 동종 업계의 사람들이 바보가 아닌 이상 그렇게 개발한 타당한 이유가 있을 가능성이 크니 반드시 그 이유를 찾아봐야 한다.

마지막으로 내부 환경과 리소스를 고려해야 한다. 필자가 주니어 기획자일 때 개발자는 10명도 채 되지 않는 소수였는데, 나의 기획 실력을 자랑하고 뽐내고 싶었는지 수백 장의 기획서를 작성한 경험이 있다. 경영진은 내 기획의 방향이나 내용이 마음에 든다며 이렇게 개발을 진행하자고 결정을 했다. 그러나 방대한 기획량과 짧은 일정 탓에 몇몇 개발자들은 퇴사를 했고 인력이 오고 나가기를 반복하며 어렵사리 서비스를 오픈했으나 결국 실패했다. 기획자인 내가 내부 환경과 리소스를 고려하지 않고 기획한 잘못이 컸다. 그리고 사내 요구사항 중 향후 반복적이고 지속적으로 제품에 반영해야 하는 요구사항은 정책에 반영해야 한다. 보통 비즈니스 팀이 기능의 구현이나 업데이트가 필요한 경우에 요구사항을 개괄적으로 설명하는 문서인 제품 요구사항 정의서(PRD, product requirements document)를 작성하고, 이를 제품을 개발하는 프로덕트 팀에게 전달한다. 이 요구사항 중에서 제품에 반복적이고 지속적으로 적용하게 되는 내용은 당장의 이해 관계자뿐만 아니라 전체 프로젝트 구성원이 앞으로 참고해야 하기 때문에 정책서에 포함되어 공유되어야 한다. 칸반 보드를 사용하는 애자일 조직에서는 칸반 보드에 이슈 생성으로 PRD를 대체하기 때문에 8장 프로덕트 매니지먼트에서 자세히 살펴보도록 하겠다.

서비스 정책서 작성하기

서비스 정책서는 고객의 회원가입부터 회원 탈퇴까지 서비스를 기획하는 데 필요한 모든 정책을 정리한 문서다. 따라서 해당 도메인에서 서비스 정책을 여러 차례 작성해 본 경험이 없다면, 시니어 기획자라 하더라도 서비스에 필요한 모든 서비스 정책을 정리하고 작성하는 것은 매우 힘들고 어려운 일이다.

그림 3.3 서비스 정책서는 회원가입부터 탈퇴까지 기획에 필요한 정책을 정리한 문서다.

서비스 정책을 작성하려면 모두가 관련 도메인 및 법령 전문가가 아니기 때문에 시장 조사와 벤치마킹 과정에서 경쟁사의 이용약관 및 개인정보 처리 방침, 서비스 정책 등을 읽으며 관련 법령을 최대한 찾아보고 해당 법령을 살펴봐야 한다. 필자 또한 이직하면서 새로운 도메인이나 서비스를 기획하게 되면, 경쟁사를 벤치마킹하며 위 과정을 똑같이 거친다. 경쟁사 서비스를 벤치마킹하기 위해 회원가입을 하는 과정에서 가장 먼저 보게 되는 것이 이용 약관이나 개인정보 처리 방침 등의 서비스 약관이다. 특히 개인정보 처리 방침을 읽어 보면 해당 서비스를 운영하기 위해서 수집하는 개인정보나 제휴사, 솔루션 등을 확인할 수 있다. 그리고 경쟁사 서비스를 이용하면서 접하게 되는 모든 법조문 등은 직접 해당 조문을 찾아봐야 한다. 또한 IT 관련 법이 개정됐다는 기사나 소식을 들으면 해당 내용을 반드시 찾아봐야 한다.

전 세계가 AI 주도권을 놓고 치열한 경쟁을 하고 있다. AI 발전을 위해서는 빅데이터를 적극적으로 활용하는 것이 중요한데, 개인정보 보호를 위해 제정된 기존 법령으로는 데이터의 활용이 제한돼 있었다. 그래서 빅데이터의 이용을 활성화하기 위해 2020년 1월에 '데이터 3법'이라고 불리는 개인정보 보호법, 정보통신망법, 신용정보법 개정안이 국회에서 통과됐다. 이 법령 개정으로 수많은 금융기관과 IT 기업이 마이데이터 사업을 추진할 수 있었다. 금융 서비스 기획자가 해당 법령이 개정됐다는 사실조차 모르거나 내용을 이해하지 못했다면 경쟁사에 비해 마이데이터 사업 준비나 진출이 늦을 수밖에 없을 것이다.

또 다른 예로, 구독 결제 서비스가 증가함에 따라 구독 경제로 인한 소비자 피해 사례가 늘어나자, 2021년 8월 여신전문금융업법 시행령이 개정됐다. 이 시행령의 개정을 통해 무료 이용 제공 후 유료 전환 시 7일 전 사전 통지를 하고, 해지 시 사용일 수에 따라 환불해야 하는 등 소비자를 보호하기 위한 여러 규제가 시행됐다. 당시 구독 결제 서비스를 기획하던 필자 또한 시행 일자 전에 개정 내용을 살펴보고 이를 서비스에 반영했다. 그런데 기획자가 해당 개정 사실을 모르고 있었다면 어떻게 됐을까?

이처럼 기획자는 새로운 서비스 아이템을 찾거나 관련 법령을 준수하기 위해서라도 IT 관련 법의 제정 및 개정 소식에 관심을 가져야 한다.

필자는 브라우저 즐겨찾기에 다음과 같은 사이트를 추가해 두고, 빈번하게 법령 정보를 찾아본다.

- **찾기쉬운 생활법령정보**: https://www.easylaw.go.kr/

- **국세 법령 정보 시스템**: https://txsi.hometax.go.kr/

- **개인정보 포털**: https://www.privacy.go.kr/

그림 3.4 정책 기획 시 관련 법령을 찾아보기 위해 자주 방문하는 '찾기쉬운 생활법령정보' 사이트

처음 정책서를 작성한다면, 회원가입부터 회원 탈퇴까지 필요한 모든 정책을 한 번에 작성하기는 어렵고, 오랜 시간이 걸릴 수밖에 없다. 그렇다고 프로젝트를 진행하는데, 갑작스레 정책서가 필요하다며 이를 작성하기 위해 많은 시간을 들인다면 회사와 동료들에게 그 피해가 고스란히 돌아갈 것이다. 따라서 서비스 정책서는 경험이 많거나 관련 템플릿을 가지고 있는 시니어 기획자가 빠르게 작성하는 경우가 많다. 그리고 주니어 기획자라면 한 번에 작성할 수 없기 때문에 프로젝트를 진행하면서 기획서 작성 전후에 필요한 정책을 틈틈이 작성하고, 다수의 프로젝트를 진행하며 그 문서를 지속해서 관리하고 업데이트해야 한다. 이런 과정을 반복하다 보면 어느 순간 완성된 정책서 템플릿을 소유하게 될 것이다. 예전에는 PPT 형식으로 정책서를 작성했는데 최근에는 그림 3.5와 같이 컨플루언스 등의 위키에 서비스 정책을 작성하여 공유한다. 그리고 대다수 서비스가 비슷한 정책을 적용하는 경우가

많으므로 조금씩 수정해서 사용하면 된다. 그렇게 반복해서 정책서를 작성하는 연습을 하면 신규 서비스를 기획하더라도 템플릿을 활용해 정책서를 빠르게 작성할 수 있을 것이다.

반면 정책서를 작성하는 데는 며칠이면 충분하겠지만, 이 정책서를 가지고 유관 부서나 담당자와 협의하고 확정하는 데는 꽤 오랜 시간이 필요할 수 있다.

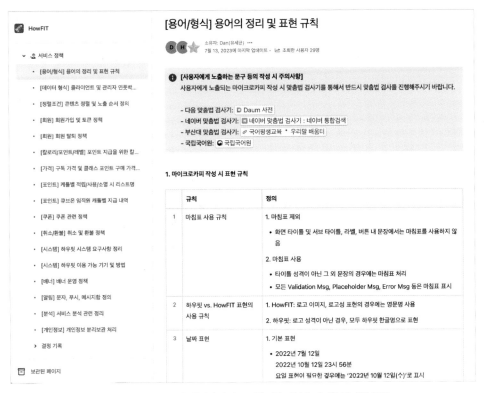

그림 3.5 서비스 정책을 확정하지 않고 기획서를 작성해 디자인 및 개발 중에
기획서를 여러 차례 수정하는 실수를 하지 않기 바란다.

서비스 정책 확정 및 공유하기

서비스 정책서에 포함된 내용 중 일부는 경영진이나 비즈니스 팀의 요구사항이거나 협의가 필요한 사항이 있을 것이다. 따라서 최초로 정책서를 작성하거나 해당 정책이 새로 추가되는 내용이라면 초안을 만든 후 유관 부서나 담당자, 경영진과 공유하며 합의에 이를 때까지 피드백과 수정을 반복하게 된다. 정책서를 여러 차례 작성하다 보면 정책서를 작성하는 데는 며칠 걸리지 않는데, 협의하는 과정이 꽤 오래 걸리는 것을 알 수 있다. 한 번은 정책서 초안을 작성하는 데 일주일밖에 걸리지 않았는데 유관 부서들이 많다 보니 협의하고 확정하기까지 한 달이 걸렸던 적도 있다. 그렇게 한 달이 걸렸음에도 몇몇 사안은 끝까지 합의가 이뤄지지 않아 결국 경영진이 최종 결정을 했다. 이는 프로젝트가 너무 지연되는 것을 막고, 그 정책으로 인해 발생할지 모를 문제에 대한 책임을 경영진에게 지우기 위해서다. 보통 이렇게 끝까지 협의가 이뤄지지 않는 경우는 프로젝트의 일정이나 비용에 큰 영향이 가는 의사결정일 가능성이 크기 때문이다.

그리고 확정된 정책서는 유관 부서 및 담당자, 프로덕트 팀에 공유하게 된다. 이렇게 힘든 과정을 거치며 정책서를 작성하고 협의하는 이유는 기획서나 목업을 작성하거나 디자인과 개발을 하는 과정에서 정책의 변경이나 수정을 최소화하기 위해서다. 정책 수준의 변경이 아니더라도 기획과 디자인, 개발 과정에서 이런저런 이유로 수많은 변경과 수정을 하게 된다. 단순한 기능이나 디자인의 변경은 시간이 크게 소요되지 않을 수도 있지만, 정책의 변경은 프로세스와 같이 여러 페이지나 기능에 영향을 미치는 큰 변경일 가능성이 크다.

프로덕트 팀에서 업무에 따라 소요되는 시간을 단순 비교하기는 어렵지만, 하나의 기능을 구현하기 위해 기획자가 1시간을 소요했다면, 디자이너는 2시간, 개발자는 4시간이 필요할 수 있다. 그런데 기획자나 디자이너는 보통 1~2명인데 반해 개발자는 다수이기 때문에 4시간 x N명이라고 가정하면 기획자가 정책서를 작성하고 이를 협의하여 확정하는 것이 얼마나 중요한지 알 수 있다. 따라서 한번 작성되어 확정된 정책서는 제품 개발이 완료되기 전까지 최대한 변경되지 않도록 해야 한다. 그 때문에 서비스 정책 기획은 기획자에게 매우 중요한 업무이고, 프로덕트 매니저로서 프로덕트 팀으로부터 신뢰를 쌓을 수 있는 중요한 역량이다.

너무 중요하기 때문에 다시 한번 강조하자면, 서비스 정책서는 기획자에게 헌법과 같은 문서다. 특히 다수의 기획자가 하나의 플랫폼을 기획하고 있다면 CPO나 시니어 기획자는 서비스 기획자 모두가 참고하고 준수하며 기획할 수 있도록 서비스 정책서를 만들고, 이를 공유하고 관리해야 한다. 신규 서비스나 기능 기획 시 기존 정책서에 필요한 정책이 없다면 담당 기획자가 정책 기획을 하고 유관 부서의 협의를 거친 다음 CPO나 시니어 기획자 또는 전체 기획자 그룹에 검토를 받아 서비스 정책서에 추가하는 과정을 거치며 전사 정책서를 업데이트하고 관리해 나가야 한다. 그리고 개발자와 디자이너가 소스 코드 및 디자인 결과물을 공개하고 공유하며 함께 성장하듯 이런 문서들을 외부로 공개하고 공유하여 기획자들도 함께 성장할 수 있는 문화가 확산했으면 하는 바람이다.

이제 서비스 정책서를 작성했으니 이 정책을 기반으로 와이어프레임과 상세 설명을 포함한 스토리보드 또는 목업을 작성할 차례다. 다음 장에서는 이러한 화면(상세) 기획을 하는 방법을 살펴보자.

04

화면(상세) 기획

이번 장에서는 화면(상세) 기획을 위한 스토리보드를 작성하는 방법과
스토리보드를 작성할 때 주의해야 할 사항을 알아보자.
또한, 서비스 구현의 최소 단위인 컴포넌트와 기타 서비스 구현에 필요한 요소들을 살펴보자.

4.1 _ 기획서 작성 시간과 프로젝트 기간과의 상관관계

기획자로서 프로젝트를 진행하다 보면 짧은 프로젝트 일정 때문에 경영진이나 동료들로부터 기획서를 빨리 작성해 달라는 압박과 재촉을 받곤 한다. 그러나 기획서를 충분히 작성할 수 있는 시간이 주어져 기획서의 완성도가 높아지면 프로젝트 기간이 늘어나기보다는 그렇지 않은 경우가 많다. 즉, 기획서 작성 시간과 프로젝트 기간과의 상관관계는 비례하기보다는 반비례하는 경우가 많다.

물론 여러 번 손발을 맞춰 내 기획 스타일에 익숙해진 동료들과 간단한 서비스를 만드는 데 완성도 높은 기획서를 그리겠다고 몇 주를 소비하는 것은 어리석은 짓이니 이런 경우는 예외로 하자.

기획자의 실력이 좋을수록, 프로젝트가 거대할수록, 프로젝트 팀원이 많을수록, 프로젝트 팀원들의 평균 연차가 낮을수록, 동료들과 손발을 맞춰 본 횟수가 적을수록, 높은 서비스 완성도가 요구되면 요구될수록 충분한 기획서 작성 시간이 주어져야 프로젝트 기간이 짧아지고 그 반비례의 기울기가 가파르다.

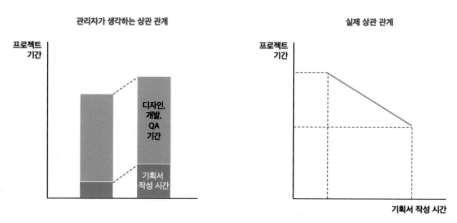

그림 4.1 대다수 매니저는 기획서 작성 시간이 길어지면 길어질수록 프로젝트 기간도 그만큼 늘어난다고 생각하지만, 그렇지 않은 경우가 많다.

기획자는 기획서를 빨리 작성해 달라는 압박과 재촉을 받게 되면 기획서의 완성도를 조정하여 작성 일정을 쉽게 단축할 수 있다. 디자이너와 개발자는 일정 단축을 위해 기획자나 매니저와의 협의를 통해 화면이나 기능을 줄이거나 일정을 조정하고, 그것도 여의치 않으면 결국 야근과 주말 근무로 시간을 갈아 넣을 수밖에 없다. 하지만 기획자는 기획서의 완성도를 포기해 일정을 쉽게 줄일 수 있기 때문에 일정 조정의 여지가 상대적으로 많다.

그러나 기획자가 기획서의 완성도를 포기하는 순간 자연스레 그 부족한 부분을 디자이너와 개발자가 메꿔가며 디자인과 개발을 해야 한다. 그렇게 수정 이슈와 버그도 늘어나며 테스트 기간도 길어져 결국 전체 프로젝트 일정이 늘어나게 된다. 기획서 작성 시간을 줄여 프로젝트 일정을 줄이거나 맞춰보겠다는 의사 결정이 결국은 프로젝트를 혼돈으로 빠뜨린 것이다.

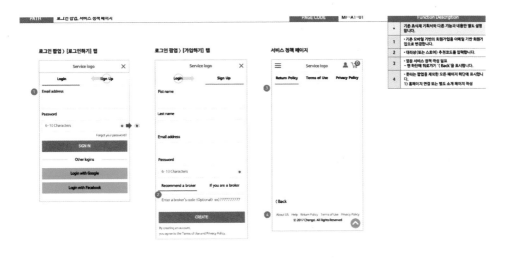

그림 4.2 시간에 쫓겨 기획서를 작성하다 보면 기능 설명, 엣지 케이스(edge case) 정의 및 처리,
메시지 정리 등에 소홀해질 수밖에 없다. 그 피해는 고스란히 디자이너와 개발자, 회사, 그리고 사용자들이 지게 된다.

그림 4.3 기획서를 작성하는 데 충분한 시간이 주어진다면 완성도 높은 기획서를 작성할 수 있다.
프로젝트가 거대하고 팀원이 많으며 그들의 연차와 경험, 커리어의 편차가 크면 일정한 서비스 완성도를 유지하고
수정과 버그를 줄이기 위해서라도 꼼꼼한 기획서가 필요하다.

기획서를 작성하는 데 충분한 시간이 주어진다면 디자이너와 개발자가 디자인과 개발에만
집중할 수 있다. 또한 수정 횟수나 QA 시간을 크게 단축할 수 있다. 그런데 그 충분한 시간
이 2~3배의 시간을 요구하는 것이 아니라 고작 며칠 차이라는 것이다. 필자는 보통 모바일
앱 기획서를 작성하면 60~100장 정도를 작성한다. 평균 80장의 기획서를 작성한다고 가
정했을 때, 그림 4.2와 같이 작성하는 경우에는 약 10일이 소요된다. 반면 그림 4.3과 같이
꼼꼼하게 작성하는 경우에는 약 15일 정도가 소요되니 5일 정도밖에 차이가 나지 않는다.

따라서 디자인과 개발 시간이 부족하다는 이유로 기획자에게 기획서를 빨리 작성해 달라고
압박하거나 재촉하지 않았으면 좋겠다. 충분한 시간을 주어야 정확한 프로세스와 플로우를
설계하고, 더욱 좋은 UI/UX를 작성하며, 기능 설명 및 예외 처리(success case와 edge
case[15])를 꼼꼼히 정의할 수 있다. 그리고 서비스 내 메시지 등을 잘 정리하여 전체 프로젝
트 일정을 단축할 수 있다.

---

15 성공 케이스(success case)는 시스템이나 서비스가 정상적으로 작동하는 경우를 의미하며, 반면 엣지 케이스(edge case)는 시스템이나
　　서비스가 정상적으로 작동하지 않는 경우를 의미한다. 그로 인해 성공 케이스는 정의하기 어렵지 않지만, 엣지 케이스는 매우 다양한 상황에서
　　발생하기 때문에 정의 및 발생 시 이를 어떻게 처리할지 기획하는 게 쉽지 않다.

그런데 여전히 IT 프로젝트를 이해하지 못하는 매니저들이 쪼는 것도 실력이자 능력이라며 프로젝트와 제품을 망치고 있다. 그리고 그 피해를 프로덕트 팀과 고객이 고스란히 받고 있다.

4.2 _ 스토리보드(storyboard) 작성하기

프로젝트 진행이 결정되고 요구사항 정의서(PRD, Product Requirements Document)[16]나 서비스 정책서를 작성하는 등의 요구사항과 정책이 확정되면 이제 화면 기획을 하게 된다(또는 상세 기획이라고 한다). 기획자라면 떼려야 뗄 수 없는 애증의 기획서 또는 스토리보드라고 부르는 문서를 작성하거나 프로토타이핑 툴을 이용해 목업을 만드는 것이다.

필자가 처음 서비스 기획을 시작했을 때는 대다수 기획자가 파워포인트를 활용해 와이어프레임과 상세 설명을 포함한 기획서를 작성했다. 몇몇 프로토타이핑 툴이 존재했지만, 파워포인트보다 범용성이나 확장성 면에서 불편했기 때문에 파워포인트는 최선의 선택이었다.

최근에는 많은 기획자가 여러 프로토타이핑 툴을 활용해 쉽고 빠르게 목업을 만들고 있다. 그러나 여전히 많은 기획자가 파워포인트를 활용해서 기획하기 때문에 파워포인트를 기준으로 작성 방법을 설명하겠다.

여담이지만, 좋은 프로토타이핑 툴이 많이 등장했음에도 필자가 여전히 파워포인트를 선호하는 이유가 있다. 신입이나 주니어 기획자가 빠르게 기획서를 작성하려면 템플릿을 기본으로 제공하는 프로토타이핑 툴을 활용해 목업을 만들고, 정책이나 회의록을 컨플루언스(Confluence)나 노션(Notion) 등을 활용해 작성하는 것이 효율적일 수 있다. 하지만 파워포인트로 작성한 다수의 포트폴리오를 가지고 있는 필자로서는 그 포트폴리오를 활용해서 기획서를 작성하는 것이 프로토타이핑 툴을 사용하는 것보다 더 빠르고 효율적이기 때문이다. 그래서 함께 협업하는 기획자들에게도 특정 툴을 강요하지 않는다.

---

16 PRD(Product Requirements Document)와 RFP(Request For Proposal)를 혼동하는 경우가 있는데, 모두 제품 개발에 사용하는 문서 양식이지만 그 목적과 내용이 다르다. PRD는 제품의 기능이나 디자인, 사용자 경험 등 제품의 요구사항을 문서화한 것으로 한 기업 내에서 비즈니스 요구사항을 개발하기 위해 작성하는 개발 요청 문서. 반면 RFP는 개발 용역 계약에서 제품 개발을 위한 제안을 요청하는 문서로 제품의 요구사항, 예산, 일정, 평가 기준 등 제품 개발에 필요한 정보가 포함된 문서로 기업 간의 관계에서 작성된다.

다만 서로 다른 툴을 사용했음에도 이를 읽고 디자인 및 개발을 해야 하는 디자이너와 개발자가 쉽고 빠르게 이해할 수 있도록 해야 한다. 따라서 칸반 보드에 이슈를 등록할 때는 같은 양식으로 작성하는 것이 중요하다. 자세한 설명은 8장 프로덕트 매니지먼트의 칸반 보드 활용법에서 이야기하겠다.

UI는 연습장에, UX는 프로토타이핑 툴에

기획서를 작성하거나 목업을 만들어야 한다고 하면 바로 파워포인트나 피그마(Figma), 프로토파이(ProtoPie) 등의 프로토타이핑 툴을 여는 기획자들이 있다. 정책서와 요구사항 정의서 등을 작성하고 경영진이나 비즈니스 유관 부서와 협의나 정책 확정을 하지도 않는다. 그렇다 보니 어떤 문서도 프로덕트 팀에게 공유하지 않은 상황에서 기획서를 빠르게 작성하겠다며 화면을 그려 나가기 시작한다. 그러면 디자인과 개발 과정에서 기획서는 물론이거니와 디자인과 개발을 여러 차례 수정하고 변경하게 될 것이다. 앞서 이야기했듯이 기획서를 수정하는 데는 1의 노력이 들어가지만, 디자인과 개발을 수정하는 데는 N의 노력이 들어간다. 그런데 정책 및 요구사항을 확정하지 않아 디자인 및 개발을 진행하는 와중에 디자인 및 코드를 수정하고 변경하는 일이 여러 차례 반복된다면 기획자는 프로덕트 팀으로부터 신뢰를 잃을 수밖에 없다.

게다가 시니어 기획자라면 개발 중에 기획의 오류로 인해 개발을 변경해야 하는 횟수가 적을 수 있겠지만, 신입이나 주니어 기획자라면 어떨까?

필자는 비즈니스 팀과 프로덕트 팀에게 정책서나 요구사항 정의서를 공유했음에도 기획서를 작성하기에 앞서 A4 이면지를 활용해 주요 화면의 UI를 빠르게 스케치한다. 그리고 이 스케치를 가지고 프로덕트 팀과 공유하는 시간을 갖는다. 벤치마킹과 정책서를 작성하는 과정을 거쳤다면 어떻게 화면 기획을 할 것인지 대략의 구상을 마쳤을 것이고, 모든 화면을 작성하기보다는 서비스의 주요 화면만 스케치하기 때문에 보통 이런 스케치는 한두 장 정도로 하루 이틀 정도면 충분히 작성할 수 있다.

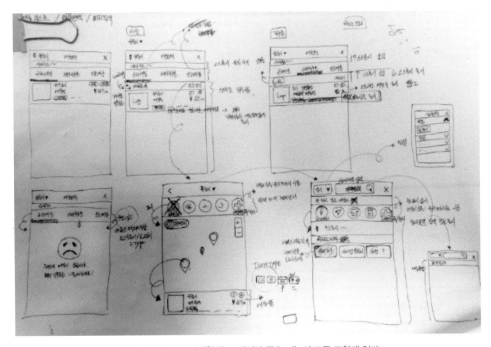

그림 4.4 조악하게 낙서한 듯 보이지만 주요 기능이 모두 포함돼 있다.

이 스케치 과정이 중요한 이유는 프로덕트 팀이 서술형의 텍스트로 작성된 정책서나 요구 사항 정의서를 잘 읽지 않을 때도 있고, 목업이 이해하기가 빠르기 때문이다. 그리고 프로덕트 팀의 의견이나 아이디어를 반영하는 과정 없이 기획서를 작성해 전달하게 되면 수동적인 자세로 프로젝트에 임하거나 동기 부여가 떨어질 수 있다.

또한 최근에는 오픈소스 라이브러리나 Open API, SDK 등을 활용하여 개발하기 때문에 이를 찾고 분석하는데, 즉 R&D에 많은 시간을 할애한다. 따라서 사전에 스케치를 통해 공유하는 시간을 갖고 기획서를 작성하면 기획자가 기획서를 작성하는 동안에 개발자들은 개발에 필요한 라이브러리나 API, SDK 등을 찾고 분석하는 등의 워밍업을 하며 프로젝트 일정을 단축할 수 있다. 특히 신입이나 주니어 기획자는 논리적 오류가 있는 기획을 할 수 있는데, 스케치를 공유하는 과정에서 사전에 실수를 줄일 수 있다. 게다가 이런 과정 없이 기획서를 완성도 높게 작성한 다음 공유했는데, 디자이너와 개발자들로부터 계속 잘못됐다는 이야기를 듣거나 공격을 받게 되면 기획서를 수정할 생각에 짜증도 나고 자존감도 떨어지게 된다. 하지만 스케치를 통해 공유하면 기획자도 투입한 시간이 적기 때문에 디자이너와 개발자들의 의견을 반영하거나 기획을 수정하기 쉽고, 자존감 하락을 겪지 않을 수 있다.

그러니 기획을 한다며 파워포인트나 목업 툴부터 띄우지 말자. 기획은 와이어프레임을 그리는 행위가 아니다.

변동성과 확장성을 고려해야 한다

스토리보드는 여러 상황과 환경의 변화, 논리적 오류, 동료와의 협의 등에 의해 수시로 수정되거나 변경될 수 있다. 세상에 완벽한 기획서는 있을 수 없기 때문에 항상 수정과 추가, 삭제를 고려하며 작성해야 한다. 그리고 이를 위해 스토리보드에는 다음과 같은 장치가 필요하다.

변경 이력의 제공

프로젝트 구성원들이 스토리보드의 변경 사항과 그 이유를 쉽게 확인할 수 있도록 문서의 버전을 관리하며 변경 이력을 제공해야 한다. 이를 위해 문서가 수정될 때마다 변경 이유를 기록하고 버전 정보를 업데이트한다. 필자의 경우에는 변경에 따라 생성되는 다수의 파일을 관리하기 위해 파일명을 '연월일_파일명_버전 정보'의 형태로 작성한다. 따라서 파일명은 '20231225_서비스기획자 플레이북_v1.0'과 같이 작성된다. 버전 정보는 프로세스의 변경 등으로 다수의 화면이 변경되거나 고도화 프로젝트가 진행되는 경우에는 'v2.0'과 같이 첫 번째 자리의 숫자를 올림 하고, 특정 화면이나 상세 설명 등의 간단한 수정 사항인 경우에는 'v1.1'과 같이 두 번째 자리를 올림 하여 관리한다.

PATH	Revision history			PAGE CODE	BO-00-01
No.	Date	Version	Development Item	Description	Page
1	2015. 10. 14	v0.1.6	푸시 메시지	푸시 메시지 발송시 기존 지오펜스 반경 설정이 [Select box]에서 [Input]박스로 변경되었습니다.	All
2	2015. 10. 14	v0.1.6	대시보드	대시보드 관련 페이지가 추가되었습니다.	BO-04-02-01 ~ BO-04-02-07
3	2015. 10. 14	v0.1.6	알림 및 토스트바	알림 및 토스트바 표시 방법 및 기준, UI 설명 등이 추가되었습니다.	BO-04-03-01 ~ BO-04-03-02
4	2015. 10. 15	v0.1.7	기업 서브 계정에 대한 범위 설정	기업 마스터 계정의 '서브 계정 관리' 메뉴의 서브 계정의 접근 권한을 특정 역할으로 제한하는 [역할 Select box]가 추가되었습니다.	BO-04-05
5	2015. 10. 17	v0.1.7	배송처리를 위한 '배송 처리' 페이지 추가	배송처리를 위한 '배송 처리' 페이지가 추가되었으며, 이에 따라 메뉴 및 관리자 권한 설정 등에 '배송 처리'가 추가되었습니다.	BO-11-04 ~ BO-11-04-06
6	2015. 10. 17	v0.1.7	[배송상태 변경] 버튼 클릭시 레이어 팝업 추가	기존 [배송상태 변경] 버튼의 액션을 클릭시 '페이어 팝업' 표시로 변경하였습니다.	BO-11-03-02
7	2015. 10. 27	v0.1.8	상태별 명칭 변경 및 소팅 순서 변경	각 페이지에 표시된 상태값 명칭이 일부 변경되었으며 명칭 변경에 따라 소팅 순서가 변경되었습니다.	All
8	2015. 11. 01	v0.1.9	통계 페이지 추가	각종 통계 페이지가 추가되었습니다.	BO-13-01 ~ BO-13-34
9	2015. 11. 05	v0.2.0	'판매 진행 전체 현황' 대시보드 추가	'판매 진행 전체 현황' 대시보드가 추가되었습니다.	BO-04-02-00
10	2015. 11. 06	v0.2.1	배송처리를 위한 바이두 내비게이션 기능 적용	배송처리를 위해 웹 정보로부터 하단에 경로 및 거리, 예상소요시간을 표시하였습니다.	BO-11-04-06
11	2015. 11. 12	v0.2.2	서브 계정에 관한 설정 방식 변경	서브 계정에게 다수 매장 관리 권한을 부여할 수 있도록 UI 변경	BO-04-05 ~ BO-04-05-01
12	2015. 11. 12	v0.2.2	별점 반영 프로세스 변경	앱 내에서 사용자가 별점 평가 없이 [닫기] 버튼을 클릭한 경우 평가에 반영할 수 있도록 별점 0개 처리가 추가되었습니다.	BO-11-04-04
13	2015. 11. 12	v0.2.2	입고수 수정 기능 추가	상품 입고수를 변경 또는 수정할 수 있는 기능을 추가하였습니다.	BO-10-10
14	2015. 11. 12	v0.2.2	아이콘 등록시 표시 기간 설정 기능 추가	'New' 아이콘의 경우에 한하여 Default 아이콘으로 하고 표시기간을 설정할 수 있는 기능을 추가하였습니다.	BO-09-15
15	2015. 11. 19	v0.2.3	매장 휴무 배송 설정 페이지 추가	매장 휴무 배송 설정 페이지가 추가되었습니다.	BO-11-08
16	2015. 11. 20	v0.2.3	기업 정보와 제안점 연결 방법 추가 외	제안점 등록시 기업정보(마스터 계정)와 매칭할 수 있도록 UI 개선, 매장 정보 등록 관리/번호의 입력란을 제거하고 사업자등록번호 입력으로 대체, 제안점 및 매장 관리/번호 입력 및 표시 제거	BO-08-03
17	2015. 11. 20	v0.2.3	배송 방식 지원 프로세스 설명 추가	O2O 앱 내에서 배송 방식을 지정하는 프로세스 설명을 추가하였습니다.	BO-11-01-02
18	2015. 11. 20	v0.2.3	서브 계정 관리에 비밀번호 초기화 버튼 추가	기업 마스터 계정의 서브 계정 관리 페이지에서 서브 계정의 비밀번호를 초기화하는 버튼을 추가하였습니다.	BO-04-05
19	2015. 11. 26	v0.2.4	개별 취소, 선택 취소시 처리 레이어 팝업 추가	개별 취소, 선택 취소시 상품의 수량을 선택하여 일부 수량 취소도 가능하게끔 레이어 팝업을 추가하였습니다.	BO-07-06-02
20	2015. 12. 08	v0.2.5	쿠폰 종류 선택 버튼 추가	리스트 페이지에는 쿠폰 종류 컬럼이 있으나 등록 페이지에는 종류 선택 필드가 없어 해당 필드를 추가하였습니다.	BO-12-06
21	2015. 12. 09	v0.2.5	구매 내역 페이지 변경	구매 내역 하단에 취소/반품 내역이 추가되었으며 해 페이지에 점체 결제 내역 테이블이 변경되었습니다.	All
22	2015. 12. 22	v0.2.6	배송처리 페이지 기능 변경	배송처리 페이지에서 바이두 맵상에 표시하는 정보 및 일부 기능이 변경되었습니다. 자세한 사항은 디스크립션을 읽어보시거나 문의해주세요.	BO-11-04-06
23	2015. 12. 22	v0.2.6	배송 담당자 지정 페이지 추가	배송 담당자가 여러 배송 요청건에 대해 담당 배송정을 동시에 지정할 수 있도록 배송 담당자 지정 페이지가 추가되었습니다.	BO-11-04-07
24	2016. 01. 07	v0.2.7	QQ, 위챗, 웨이보 SNS 연동	이메일을 사용하지 않음에 따라 이메일 인증 및 비밀번호 찾기 기능 등을 SNS 연동을 통해 처리합니다.	BO-03-01, BO-03-04

그림 4.5 기획서 변경 이력 예시

페이지 코드의 사용

주니어 기획자에게 기획서 작성을 요청했다. 그런데 작성된 기획서를 보니 별도의 페이지 코드를 사용하지 않고 페이지 번호를 사용해 기획서를 작성했다. 기획서를 리뷰하며 이 페이지는 설명이 부족하니 추가 설명을 해주고 몇몇 페이지는 필요 없는 것 같아 삭제해달라고 요청했다. 나중에 살펴보니 페이지가 추가나 삭제되면서 기능 설명에서 참조하고 있던 페이지 번호도 함께 수정했어야 했는데 수정해 주지 않아 페이지 참조가 엉망이 되어버렸다.

기획서를 작성하다 보면 페이지 곳곳에 다른 페이지 또는 문서를 참조하라고 표시하게 되는데, 페이지가 추가되거나 삭제될 수 있기 때문에 페이지 번호로는 표시할 수 없다. 따라서 별도의 페이지 코드(PC, Page Code)를 정의하여 페이지마다 표시하고, 이 페이지 코드를 정리한 장표를 작성해 기획서 초반에 배치하면 이러한 문제를 해결할 수 있다.

PATH		Information Architecture						PAGE CODE	FO-PS-00-05
Main Menu	Code	Sub Menu	Code Range	Sub2	Code Range	Pop-up	Mail Form		Etc.
Header/Footer	HF	Top Banner, Top Bar, Header	01-01 ~ 01-02			2 : 카테고리 레이어 팝업, 검색 레이어 팝업			공통 Header
		Footer	02-01						공통 Footer
		알림 페이지	03-01 ~ 03-02			1 : 알림 메시지 레이어 팝업			SP-AL-01-01 ~ 02-01
Log in/Sign up	SU	회원가입 및 로그인 Flow	01-01	회원가입 및 로그인 Flow	01-01		이메일 인증 메일, 기업 환영 메일		SP-PC-01-01 ~ 03-01
		로그인/회원가입 페이지	01-01 ~ 02-03	정식 로그인 제한 및 기기 변경 시 처리 Flow	01-02		신규 기기 등록 안내 메일		SP-PC-03
				비밀번호 찾기 Flow	01-03		비밀번호 재설정 이메일, 계정 정보 안내 메일		SP-PC-03-02
		회원가입 선택 페이지	03-01	로그인 페이지	02-01 ~ 02-03	2 : 계정 연동 안내 모달, 로그인/회원가입 모달			
		회원가입 페이지	03-02						
		(약관별 상세도)		로그인/회원가입	03-03 ~ 03-04	1 : 서비스 약관 모달			
		이메일 인증 안내 페이지 가입 완료 페이지	03-05						
		비밀번호 찾기 페이지 비밀번호 재설정 페이지	04-01				비밀번호 재설정 메일		
		(모달)		비밀번호 변경 및 변경 안내 프로세스	04-02	1 : 비밀번호 변경 안내 모달			
		수집내역 가져오기 페이지	05-01 ~ 05-03				이메일 인증 메일		SP-PC-04-01
Home main page	HM	(모달)		사용 기기 등록 프로세스	06-01	1 : 사용 기기 관리 모달	기기 등록 안내 메일		
		홈 메인 페이지	01-01 ~ 02-02	프로덕트 카드	03-01				SP-PS-01-01 ~ 01-02
		(모달)		통합검색	01-01 ~ 01-02				
				통합검색, 카테고리 검색	01-03				
Product list page	PL	상품 리스트	01-01 ~ 06-02	리얼, 키워드 검색	01-04				SP-PS-03-01
				검색 결과가 존재하지 않는 경우	01-05				
				통합검색, 검색 리스트 UI	02-01				
				통합검색, 검색 리스트 UI_넓이값 사이드 바	03-01				
				통합검색_지원/일반 상품 리스트 UI_넓이값 사이드 바	03-02				
				(모바일 화상) 통합검색	04-01 ~ 04-02		프로모션 커스텀 UI		
				커스텀 카테고리	05-01 ~ 05-02				
		검사 페이지_커스텀 UI	07-01	커스텀 UI_카드, 리얼	06-01 ~ 06-02				
				상담 시스템 구성 방식	01-01				SP-PS-02-01, SP-02-02
Product detail page	PD	상품 상세 페이지	01-01 ~ 03-01	구매 모듈_스쿱 강의	01-02				SP-PM-01-01
				구매 모듈_램프 강의	02-01 ~ 02-02	2 : 최대한 인증 모달, 동시 알림 받기 모달 (모든 상품 공통)			SP-PM-01-02
				구매 모듈 비준 종류 및 그 처리 프로세스_오프라인 강의(램프, 스쿱) 의 경우	02-03				
				구매 모듈 비준_스쿱 강의의 경우(자동 및 수제 제출 프로세스)	03-01				

그림 4.6 페이지 코드 정보를 정리한 테이블 형태의 IA 예시

페이지 코드를 정의하는 방법은 기획자마다 다를 수 있다. 필자는 해당 기획서가 어떤 기획서인지를 의미하는 영문(예컨대 FO; Front Office, MO; Mobile, AO; Android, IO; iOS, BO; Back Office)과 주요 페이지나 화면의 기능을 구분하는 영문(예컨대 HF; Header/Footer, SU; Sign up/Log in, HM; Home main)을 표시한다. 그리고 해당 기능을 구현하는 데 필요한 페이지나 화면의 개수를 숫자로 표시(01)한 다음 이 페이지나 화면을 설명하기 위해 작성된 기획서의 페이지 개수를 숫자로 표시(01)한다.

결국 페이지 코드는 'FO-HF-01-01, FO-HF-01-02, FO-HF-02-01'과 같은 형식으로 작성한다. 그런데 페이지 코드가 작성된 이후 'FO-HF-01-01' 페이지에 추가 설명이 필요한 경우에는 어쩔 수 없이 모든 페이지 코드를 일일이 수정하기 어렵기 때문에 'FO-HF-01-01-01'과 같이 번호를 추가하여 표시하고 페이지가 삭제된 경우에는 해당 페이지 코드를 재사용하지 않는다.

페이지 코드를 정의하는 방법은 기획자마다 다를 수 있다. 필자가 사용하는 방법은 다음과 같다.

FO - HF - 01 - 01
①   ②   ③   ④

① 어떤 기획서인지 의미하는 영문

  [예] FO; Front Office, MO; Mobile, AO; Android, IO; iOS, BO; Back Office

② 주요 페이지나 화면의 기능을 구분하는 영문

  [예] HF; Header/Footer, SU; Sign up/Log in, HM; Home main

③ 해당 기능을 구현하는 데 필요한 페이지나 화면의 개수

④ 페이지나 화면을 설명하기 위해 작성된 기획서의 페이지 개수

위 규칙에 따라 'FO-HF-01-01, FO-HF-01-02, FO-HF-02-01'과 같은 형식으로 작성한다. 그런데 페이지 코드가 작성된 이후 'FO-HF-01-01' 페이지에 추가 설명이 필요한 경우에는 어쩔 수 없이 모든 페이지 코드를 일일이 수정하기 어렵기 때문에 'FO-HF-01-01-01'과 같이 표시하기도 한다.

기획서를 최초로 작성할 때는 미래에 나오게 될 페이지 코드를 알 수 없기 때문에 설명에 '[PC:]'와 같이 남기며 기획서를 작성한다. 그리고 기획서 초안의 작성이 완료되어 리뷰를 진행할 때 정확한 코드 체계를 정리하고 이를 다시 반영한다.

가끔 동료들이 이 프로젝트나 서비스는 몇 페이지나 화면으로 구현해야 하냐고 묻는 경우가 있다. 이때 페이지 코드를 구성하는 세 번째 자릿수를 모두 셈하면 몇 페이지나 화면으로 구현해야 하는지 정확하게 이야기할 수 있고 프로젝트의 규모를 쉽게 파악할 수 있다.

피그마, 프로토파이 등의 목업 툴을 사용해 화면 기획을 할 때도 내가 작성한 페이지 코드와는 형식이 다를 수 있지만, 페이지 번호가 아닌 페이지 코드를 정의하여 사용해야 한다.

페이지 코드를 사용하면 기획서를 작성하고 관리하는 데 있어 효율성을 높일 수 있고, 프로젝트의 규모를 파악하거나 동료들과 커뮤니케이션하는 데 도움이 된다. 따라서 반드시 페이지 코드를 사용하여 기획서를 작성해야 한다.

모듈화

스토리보드를 작성하다 보면 페이지나 화면에서 반복해서 사용하는 버튼이나 인풋 박스 등의 컴포넌트가 있다. 파워포인트에서는 선과 면의 조합으로 컴포넌트를 표현하기 때문에 매번 그리기보다는 복사/붙여넣기를 자주 사용하게 된다. 이때 빠르고 편하게 복사하여 붙여넣기 할 수 있도록 빈번하게 자주 사용하는 컴포넌트는 모듈화해 놓거나 자신만의 포트폴리오에 별도로 정리해서 보관하고 있으면 좋다.

프로토타이핑 툴이 좋은 이유는 UI 템플릿의 제공과 함께 컴포넌트의 모듈화가 잘 되어 있어 와이어프레임 중심의 목업을 만들고 수정하기가 쉽고 빠르기 때문이다. 그런데 파워포인트에서도 처음 작성할 때는 힘들겠지만, 자기 스타일에 맞게 모듈화해 두고 템플릿을 지속해서 업데이트한다면 와이어프레임은 물론 프로세스와 플로우, 상세 설명까지 모두 활용할 수 있기 때문에 프로토타이핑 툴보다 더 빠르고 쉽게 스토리보드를 작성할 수 있다.

기획서를 읽는 독자를 배려해야 한다

프로젝트 팀은 개발자, 디자이너, 마케터, 운영자, CS담당자 등 다양한 분야에서 일하는 사람들로 구성돼 있다. 또한 SI, 에이전시, IT 서비스 회사 등 경험한 환경이 모두 다르고 신입부터 주니어, 시니어까지 경험도 모두 다르다. 따라서 기획자는 기획서를 비롯한 여러 문서를 작성할 때 모든 동료가 별도의 부연 설명을 요구하지 않도록 최대한 쉽고 자세하게 작성해야 한다.

시니어 기획자답게 기획서를 작성해야 한다는 생각에 때론 잘난 척을 하고 싶어 어렵게 작성하고 싶은 욕망에 사로잡히는 경우가 있다. 필자 또한 가끔 그랬다. 그러나 프로젝트는 팀 플레이이고 매번 설명을 요청하면 기획자도 업무에 집중할 수 없기 때문에 최대한 쉽고 자세하게 작성하는 것이 중요하다.

다만, 기획서의 기능 설명은 가급적 디자이너와 개발자가 사용하는 정확하고 명확한 용어나 코드를 그대로 사용해서 작성하려고 노력해야 한다. 서술형으로 구구절절 설명하는 것이 디자이너와 개발자에게는 오히려 오해의 소지가 크고 가독성이 떨어질 가능성이 크기 때문이다. 따라서 기획자가 디자이너와 개발자가 사용하는 용어와 코드를 최대한 많이 알고 있는 것이 기획서 작성이나 커뮤니케이션에 도움이 된다.

공통 기능은 따로 설명해야 한다

주니어 기획자에게 간단한 기획서 작성을 요청했다. 그런데 많은 페이지가 나올 기획이 아
닌데도 예상했던 페이지를 훌쩍 넘겼다. 왜 그런지 기획서를 살펴봤더니 페이지마다 반복
해서 사용하는 버튼이나 인풋 박스, 기능이 반복적으로 설명돼 있었다. 또한 입사한 지 얼
마 되지 않은 탓에 기획서를 봐야 하는 동료들이 모두 선배라는 이유 때문인지 설명 문구마
다 '~을 해주시면 감사하겠습니다. :)'라는 서술형의 경어체로 작성돼 있었다. 그러다 보니
설명 문구가 길어져 파워포인트 화면을 뚫고 나갔다.

공통된 그리드(grid)나 반복해서 사용하는 컴포넌트, 기능, 액션 등은 따로 장표에 정리해
야 한다. 프로젝트에 다수의 동료가 참여하는 경우 페이지나 기능을 나눠서 작업하는 경우
가 많다. 따라서 공통 기능으로 빼서 별도로 정리해야 페이지마다 반복되는 설명을 최대한
줄이면서 해당 장표를 통해 일관성을 유지할 수 있다.

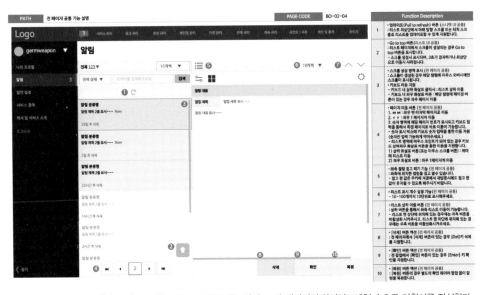

그림 4.7 필자는 변경 이력 → 사이트 메뉴 구조 → 공통 기능 설명 → 각 페이지의 와이어프레임 순으로 기획서를 작성한다.

그리고 디자이너와 개발자가 사용하는 프로그램들은 컴퓨터 메모리를 많이 사용하기 때문
에 무거운 파워포인트를 사용하는 것을 선호하지 않는다. 파워포인트를 설치도 하지 않아
서 맥북의 키노트로 띄워 와이어프레임이 깨지는 경우도 있다. 따라서 PPT 형식으로 공유

하기보다는 PDF 형식으로 공유하게 되는데, 파워포인트에서 화면 밖으로 뚫고 나간 내용은 PDF에서 잘린 채로 표시된다. 파워포인트의 한 화면 내에서 처리가 어려울 때는 페이지를 추가해서 설명해야 한다. 모두가 쉽게 이해할 수 있도록 작성하면서 동시에 최대한 짧고 명확하게 표현해야 하다 보니 서술형 문장을 사용하기보다는 최대한 코드와 같이 디자인 및 개발 용어로 표현하는 연습을 해야 한다.

프로세스와 정책, 용어를 따로 정리하여 설명한다

와이어프레임과 그 상세 설명으로 쉽게 이해하거나 파악하기 어려운 정책, 용어, 플로우, 프로세스 등은 별도 페이지를 할애해서 설명해야 한다. 정책과 용어 등은 정책서에 이미 정리하여 공유했는데, 왜 기획서에 페이지를 추가하여 설명을 반복해야 하냐고 물을 수도 있다. 그 이유는 앞서 이야기했던 것처럼 디자이너와 개발자가 정책서를 꼼꼼하게 읽어보는 경우가 드물기 때문이다. 기획서를 작성하면서 해당 페이지를 디자인하고 개발하는 데 참고해야 하는 정책이나 용어가 있다면 정책서의 해당 장표를 복사해서 추가해 줘야 한다.

그렇지 않으면 프로덕트 팀원들이 기획서를 분석하는 기간 내내 기획자 옆에서 번호표를 뽑고 줄 서서 기다리는 촌극을 맞이할 수밖에 없다. 물론 아무리 자세하게 설명하더라도 번호표를 뽑는 상황 자체를 없앨 수는 없겠지만, 그 빈도수를 줄일 수는 있을 것이다.

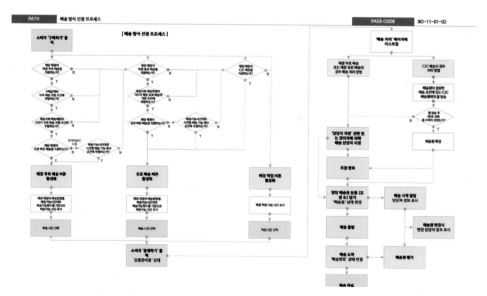

그림 1.8 이런 프로세스는 와이어프레임과 그 설명만 보고 이해하기가 쉽지 않다.

인정하자! 기획서는 완벽할 수 없다

많은 기획자가 완성도 높은 기획서를 작성하기 위해 엄청난 노력을 기울이고, 그만큼 기획서를 작성하는 과정에서 스트레스를 많이 받는다. 그런데 제아무리 기획 경험이 많은 시니어 기획자라 할지라도 완벽한 스토리보드를 작성할 수 없다. 이 사실은 기획자 자신도, 프로젝트 구성원도 인정해야 한다. 가끔 완벽한 스토리보드를 요구하는 동료들이 있다. 이럴 때는 "당신이 짜 놓은 코드에 버그 하나 없이 개발할 자신이 있다면 그때 완벽한 기획서를 요청하라!"고 당당히 이야기해야 한다. 다만, 잦은 정책 변경으로 인해 프로세스가 갑작스레 변경되는 것을 사전에 잘 차단하고 개발 중에는 프로세스가 변경되지 않도록 노력해야 한다.

끊임없이 시뮬레이션해야 한다

내가 주니어 기획자들에게 습관적으로 묻는 말이 있다.

"머릿속에서 서비스가 잘 돌아가요?"

기획자의 머릿속에는 기획한 서비스에 대해 사용자가 회원가입을 하고, 서비스를 이용하고, 회원 탈퇴를 하기까지 사용자의 전 생애주기가 그려져야 한다. 그리고 각 기능이 논리적인 오류 없이 매끄럽게 동작해야 한다. 이런 시뮬레이션을 통해서 끊임없이 논리성을 확인하고, 동작이 매끄럽지 않거나 사용자의 흐름이 끊긴다면 그 부분을 다시 확인하고 수정하며 논리성을 보강해야 한다. 그렇지 못하다면 스스로 감당할 수 있는 범위나 역량을 넘어섰을 가능성이 크다.

다시 강조하지만, UI/UX나 단순 기능은 기획 과정에서뿐만 아니라 디자인이나 개발 과정에서도 끊임없이 수정된다. 그러나 정책이나 프로세스가 수정되면 그건 작업량이나 개발 일정에 미치는 영향이 너무 크다. 따라서 이런 부분에서 논리적인 오류로 인한 수정이나 변경이 발생하지 않도록 기획자는 신경을 많이 써야 한다. 논리적인 오류로 인한 수정이 없거나 적은 것이 기획자의 실력이라고 할 수 있다.

4.3 _ 기획은 규칙과 패턴이다

기획에는 정답이 없다. 물론 정답이 없다고 하여 좋은 기획이 없다는 이야기는 아니다. 내가 한 기획이 최고나 최선의 기획이 아닐 수 있다는 이야기다. 그러나 정답은 없지만 일정한 규칙과 패턴은 존재한다. 물론 요즘 기획이 플랫폼 종속적인 기획을 할 수밖에 없다 보니 구글과 애플의 디자인 가이드라인에 많은 영향을 받는 게 사실이다. 하지만 새로운 UI/UX가 나오고, 이 UI/UX가 기존의 규칙과 패턴보다 편하고 좋다는 인식이 사용자 사이에 확산되거나 수치상으로 검증되면 그것이 암묵적으로 기획의 규칙과 패턴으로 정착하게 된다. 그것이 여러 서비스에 적용되고 사용자들은 그 규칙과 패턴에 익숙해지게 된다. 그렇게 기존의 규칙 및 패턴과 다른 더 편하고 새로운 UI/UX가 등장하면 우리는 멋있다고 감탄하고, 그 반대인 경우에는 형편없는 기획이라며 비판한다.

따라서 사용자들에게 익숙해진 UI/UX를 바꾸는 것이 얼마나 어려운 일인지 이해한다면 새로운 규칙과 패턴을 만들어 정착시키는 것 또한 얼마나 어렵고 힘든 일인지 충분히 이해할 수 있을 것이다.

그림 4.9 포털 티음의 홈 화면

포털 다음이 홈 화면을 그림 4.9와 같이 리뉴얼하면서 카페, 브런치, 티스토리, 카카오스토리 등 여러 서브 메뉴를 탭 UI로 구성했다. 그런데 서브 메뉴의 메인 화면으로 이동하기 위해 흔히 사용하는 '더 보기' 버튼이 보이지 않는다. 탭에서 해당 메뉴의 글을 클릭해서 들어간 다음, 서브 메인으로 이동하라는 것인지 이해할 수가 없어 당혹스러웠다. 알고 보니 탭을 한 번 클릭하면 탭 이동을 하고, 더블 클릭하면 해당 서브 메인으로 이동하는 것이었다. 게다가 하단의 [홈&쿠킹]에서 [직장IN] 탭까지는 서브 메인이 존재하지 않는지 더블 클릭을 지원하지 않는다. 반면 [뮤직]부터 [같이가치] 탭은 더블 클릭으로 서브 메인 페이지로 이동할 수 있다. 이런 기획은 탭 UI와 관련해 업계가 형성해 온 규칙과 패턴을 깬 것인데, 사용자들에게 혼동과 불편함을 주는 기획이라고 할 수 있다. 강의하면서 만나는 여러 기획자에게 물어봤는데, 5명 중의 4명꼴로 더블 클릭을 통해 서브 메인으로 이동할 수 있다는 사실을 몰랐다. 게다가 웹 접근성까지 고려한다면 분명 좋은 기획이라고 할 수 없다.

신입이나 주니어 기획자라면 규칙과 패턴을 학습하고 기본기를 갖춘 다음, UI/UX를 고민할 때 좋은 기획이 가능하다고 생각한다. 기본기도 없이 자신이 사용해 보거나 생각한 UI/UX를 단순히 모방하거나 적용하기 시작하면 좋은 기획을 할 수 없다. 통일성이 없거나, UI는 멋있는데 UX는 불편하거나, 개발이 어려워 기획이나 디자인을 엎어야 하는 등 오히려 프로젝트에 부정적인 영향을 줄 수 있다.

가끔 경영진이나 비즈니스 팀 동료들이 기획에 참여하거나 참견하는 경우가 있다. 기획에는 정답이 없다지만, 단순히 주관적 기준에 UI가 예쁘고 멋있거나 자신이 편하다고 생각하여 기획에 반영하려고 한다. 그리고 기획자도 단순히 그렇게 기획할 것으로 생각하며 이렇게 저렇게 바꾸자고 이야기한다. 그런데 기획이 매우 복잡한 통섭의 영역이다 보니 단순히 예쁘고 편한 UI/UX가 좋은 기획이 아닐 수 있다. 최우선으로 사용자를 고려하며 기획하는 것이 당연하지만, 때로는 제휴사와 거래처 등의 외부적인 요인이나 경영진의 의도와 동료들의 실력, 회사의 자원이나 리소스, 타이밍과 일정, 개발 가능 여부, 프런트엔드와 백엔드의 연결성, 법과 정부 규제, 스토어 정책 등 수많은 요인을 고려하며 기획하고 설계한다. 그러다 보니 때로는 기획자의 의도와 다르게 기획되는 경우도 있다. 그런데 이게 더 예쁘거나 편한 것 같다며 바꾸자고 이야기한다고? 기획에는 정답이 없다. 다만, 규칙과 패턴은 있다. 규칙과 패턴에 익숙해지고 기획에 자신이 붙으면 이제 익숙한 규칙과 패턴을 깨려는 노력을 하면 된다.

필자의 기획서 작성 실력이 갑자기 좋아진 계기가 있다. 5년 차 주니어 기획자였을 때부터 주변 친구들과 동료들에게 10년 차 기획자가 되면 그동안 작성했던 기획서를 하나둘 공개하겠다고 농담처럼 이야기하곤 했다. 그리고 2017년 2월, 12년 차가 되어 개인 블로그와 강의를 통해서 기획서를 공개하기 시작했다. 주변에 10년 차가 되면 기획서를 공개하겠다고 이야기하면서부터 기획서 작성 실력이 크게 늘었다. 여러 기획자가 내가 현재 작성하고 있는 기획서를 언젠가 보게 될 것이라는 생각을 하니 허투루 기획서를 작성할 수가 없었다. 그때부터 용어 하나도 정확히 사용하기 위해 노력했고, 더 좋은 UI/UX를 기획하기 위해 많은 서비스를 찾아봤으며, 왜 플로우와 프로세스를 그렇게 기획해야만 하는지 정확한 이유를 찾아보기 시작했다. 또한 그렇게 작성하면서도 빠른 작성 속도를 유지하기 위해 템플릿화나 모듈화에 무척 공을 들이기 시작했다. 여러분들도 시니어 기획자가 되었을 때 그동안 작성했던 기획서를 후배들을 위해 공개할 수 있기를 기대해 본다. 그럼 미래의 후배들에게 도움이 되기에 앞서 자신의 기획 실력이 분명 좋아질 것이다.

4.4 _ 프런트와 서버, API, 그리고 어드민

주니어 기획자들이 기획하는 것을 지켜보면 경쟁사를 벤치마킹하면서 UI/UX를 중심으로 기획하는 경우가 많다. 그런데 화면을 중심으로 기획하다 보니 간과하는 것이 있다. 사용자의 액션에 따라 API[17]를 통해 서버와 통신할 때는 서버에 요청하기 위해 전달해야 할 데이터(request)가 무엇인지, 서버에서 이 데이터를 저장하고 처리하여 그 응답으로 어떠한 데이터(response)를 클라이언트에 보내야 하는지 정의해야 한다. 또한 사용자 액션에 따른 정상적인 처리 결과(success case)는 물론이고 엣지 케이스(edge case)에 따른 예외 처리도 함께 고민해야 한다. 대개 이런 것들을 함께 고려하며 기획해야 한다고 하면 그때부터 기획하는 것을 어렵고 힘들어한다.

게다가 클라이언트와 서버 사이에 API 통신으로만 처리하는 것이 아니라 운영자들에 의해 각종 정보를 확인하고 콘텐츠의 등록과 수정, 삭제 등의 운영을 지원하려면 어드민 사이트

---

17 API(Application Programming Interface)는 클라이언트 간 또는 클라이언트와 서버가 서로 통신을 할 수 있도록 하는 규약으로 요청(request)과 응답(response)을 사용하여 통신하는 방법을 정의한다.

(관리자)가 있어야 한다. 이 어드민 사이트까지 고려하며 기획해야 한다는 사실을 알게 되면 좌절하곤 한다. 그런데 서비스 기획은 클라이언트와 어드민, 서버, 그리고 이들 사이에서 통신하는 API 등 다양한 요소를 고려하며 수행돼야 한다.

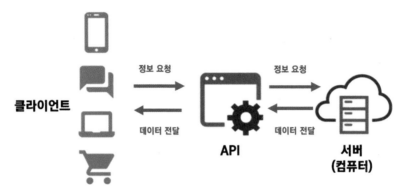

그림 4.10 클라이언트와 서버는 API를 통해 데이터를 주고받는다.

4.5 _ 컴포넌트

웹사이트의 페이지나 모바일의 화면, 즉 클라이언트를 기획하려면 클라이언트를 구현하는 가장 최소한의 요소인 버튼이나 인풋 박스 등의 컴포넌트(component)에 대해 알아야 한다. 물론 컴포넌트도 높이(height), 너비(width), 테두리(border), 색상(color), 간격(margin, padding) 등의 속성(element)의 조합으로 구현되고, 이를 이해하려면 CSS에 대해 학습해야 한다. 기획자가 디자이너, 개발자와 소통하기 위해서라도 코드를 직접 작성할 필요는 없지만, 기본적인 HTML과 CSS[18]를 이해하는 것은 중요하다. 필자도 HTML과 CSS 코드를 직접 작성할 수는 없지만, 대부분의 HTML과 CSS 코드를 이해하고 수정할 수 있을 정도의 지식은 가지고 있다.

---

18 HTML(Hyper Text Markup Language)과 CSS(Cascading Style Sheets)는 웹 개발에서 가장 기본적인 기술이다. HTML은 태그를 사용하여 웹페이지의 요소나 속성, 구조를 정의하는 언어로, ⟨h1⟩ 태그를 사용해 웹페이지의 제목을 정의하거나 ⟨p⟩ 태그를 사용해 웹페이지의 단락을 정의한다. CSS는 HTML로 정의된 웹페이지의 요소에 색상, 크기, 위치, 배경 등의 스타일을 지정하는 언어로 h1 { color: red; }와 같이 웹페이지의 제목에 색상을 지정할 수 있다. 따라서 HTML과 CSS를 함께 사용해 웹페이지를 개발하게 된다.

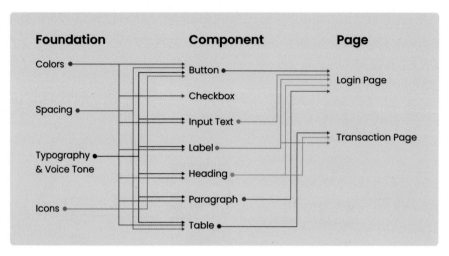

그림 4.11 디자인 시스템

브라우저에서 웹사이트를 연 다음, 마우스 오른쪽 버튼을 클릭했을 때 나오는 팝업 메뉴에서 [검사] 또는 [개발자 도구] 메뉴를 선택해 보자. 이 메뉴를 클릭했을 때 나오는 패널의 왼쪽 위에서 화살표 모양의 [인스펙터(inspector)]라는 아이콘을 볼 수 있다. 이 인스펙터 아이콘을 클릭한 다음 웹사이트에 보이는 버튼을 클릭해 보자. 그리고 패널의 [Computed] 탭 메뉴를 클릭하면 해당 버튼을 구현하는 데 사용한 여러 CSS 속성을 확인할 수 있다. 이러한 CSS 속성을 이용해 컴포넌트의 모양, 크기, 색상 등을 조정한다.

기획자가 CSS 속성에 대해서 이해하고 있으면 화면을 기획하거나 수정할 때 보다 정확하게 설명하거나 요청할 수 있고, 디자이너 및 개발자와 효과적으로 커뮤니케이션할 수 있다.

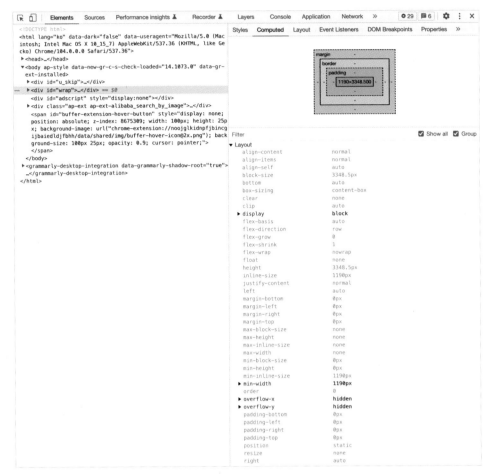

그림 4.12 기획자라면 height, width, margin, padding, border, align 등이 무엇을 의미하는지 알고 있어야 한다.

버튼(button)

클라이언트를 구현하기 위한 컴포넌트 중 하나인 버튼을 살펴보자. 화면에 버튼을 하나 기획한다고 하면, 그냥 버튼 박스를 하나 그리면 되는 것 아니냐고 쉽게 생각할 수 있다. 그런데 그렇게 생각했다면 당신은 이제까지 기획을 한 것이 아니라 그림을 그리고 있었던 것이다. 그 간단한 버튼 하나를 제대로 기획하기 위해서는 수많은 지식과 고민이 필요하다.

버튼의 구현

버튼을 구현하려면 버튼의 외형(container)을 표현하기 위해 높이(height), 너비(width), 테두리(border) 등과 관련된 여러 CSS 속성(elements)에 대한 이해가 필요하다. 그리고 버튼 내의 텍스트를 표현하기 위해 폰트(font)와 관련된 여러 CSS 속성과 함께 버튼의 외형과 텍스트가 일정 간격을 유지할 수 있도록 패딩(padding) 값을 정의하고, 버튼 주변의 컴포넌트 또는 그리드와 일정 간격을 유지하기 위해 마진(margin) 값도 정의해야 한다.

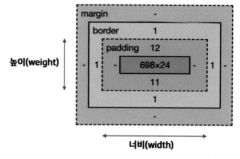

그림 4.13 CSS 박스 모델

그리고 각 속성은 min-width, max-width, margin-top, margin-right, margin-bottom, margin-left와 같이 더 상세하게 구분하여 정의할 수도 있다. 클라이언트를 기획하려면 이런 CSS에 대한 기본적인 이해가 필요하다. 따라서 위 내용이 이해할 수 없는 외계어처럼 느껴졌다면 인터넷에 'CSS 박스 모델(CSS box model)'을 검색해서 잠깐 공부하고 돌아오기를 바란다. 그래야 앞으로 다룰 내용을 조금은 이해할 수 있을 것이다.

그림 4.14 위 버튼을 구현하려면 어떤 CSS 속성이 필요할지 한번 생각해 보자!

애플의 '휴먼 인터페이스 디자인 가이드라인'이나 구글의 '머티리얼 디자인 가이드라인' 등 여러 디자인 가이드라인에서 버튼과 관련된 내용을 읽다 보면 버튼의 크기와 관련하여 small, medium, large, (때로는) xlarge와 같이 3~4가지로 가이드하고 있다. 그리고 small인 경우에는 '36px'이라며 하나의 수치만 표시한다.

이 수치는 무엇을 의미하고, 왜 3~4개 정도의 유형으로 가이드할까?

우선 '36px'이라는 수치는 버튼의 높이(height) 값을 의미한다. 글로벌 서비스를 제공해야 하는 애플이나 구글에서는 국가별 언어에 따른 표현이 모두 다르므로 글자의 길이(length) 가 모두 다르다. 또한 디지털 접근성을 지원하면 단말기나 서비스에서 설정에 따라 글꼴 크기를 조정할 수 있으므로 너비(width)를 가이드할 수 없다. 게다가 그림 4.15와 같이 다국어 지원 시에 언어에 따른 폰트 사이즈의 변경과 함께 디지털 접근성까지 지원하면 그 복잡도는 더 높아져 버튼 내 텍스트가 깨지거나 잘리지 않고 표시되도록 개발하고 테스트해야 한다. 마찬가지로 버튼의 높이에 따른 유형을 늘리는 것이 개발 및 테스트의 복잡도를 높이기 때문에 프로젝트 일정에 많은 영향을 미칠 수 있어 버튼 유형을 제한할 필요가 있다.

Font Class 적용

Mobile 용			단말기 폰트 사이즈				
Class Name	기준 폰트 사이즈	용도	1_매우 작게	2_작게	3_중간(기본)	4_크게	5_매우 크게
S	12px	Description Msg	9	10	12	14	15
M	14px	Dafault	11	12	14	16	17
L	18px	Label, Sub Title	15	16	18	20	21
XL	24px	Main Title	21	22	24	26	27
한국어, 영어			동일 폰트 사이즈 유지				
중국어, 일어			+1	+1	+1	+1	+1

- 기준 폰트 및 용도, 최소 및 최대 폰트로 가능한 범위 협의 필요

그림 4.15 고정 폰트로 개발하지 않고 가변 폰트를 지원하는 경우, 폰트 사이즈 가이드 예시

버튼의 상태

버튼은 사용자의 액션에 따라 여러 상태값을 가지고 있다.

표 4.1 버튼의 상태

버튼 상태	설명
활성화(enabled)	버튼이 활성화되어 클릭이나 탭이 가능한 상태다.
호버(hover)	마우스 커서를 버튼에 올렸을 때 마우스가 위치해 있는 상태를 알리고자 버튼의 배경색이나 텍스트 색상 등을 변경한 상태다. 따라서 모바일 환경에서는 해당 상태값을 가지고 있지 않다.
포커스(focus)	웹 브라우저 환경에서 키보드의 탭 키로 이동하거나 아이폰의 보이스오버(VoiceOver) 또는 안드로이드의 톡백(TalkBack)을 켠 후에 탭 했을 때 확인할 수 있는 상태다. 시각장애인이 스크린 리더[19]를 통해 웹사이트를 이용할 때는 키보드의 탭 키로 화면상의 요소를 이동한다. 탭 키를 클릭해 보면 마우스 이동 없이 특정 요소가 선택되면서 아웃라인이 표시된다. 이 아웃라인이 표시된 상태가 바로 포커스 상태다. iOS와 안드로이드와 같은 모바일 환경에서는 설정에서 보이스오버나 톡백을 켠 다음 화면을 한 번 탭 하면 해당 요소를 읽어주고 두 번 탭 하면 액션을 수행하는데, 첫 번째 탭을 했을 때 선택된 요소에 아웃라인이 그려진 상태가 포커스 상태다.
클릭(pressed)	버튼을 클릭 또는 탭 했을 때 버튼이 눌렸다는 것을 표현하기 위한 상태다.
진행 중(progress)	버튼을 클릭 또는 탭 하여 서버와 통신하거나 액션을 수행 중이라는 상태를 사용자에게 인지시키기 위해 버튼 내에 로딩 인디케이터(loading indicator)를 표시한 상태다. 최근에는 서비스가 커지고 시스템이 복잡해지면서 개발자들이 전체 코드를 이해하기 어렵고, 작은 버그를 수정하기 위해 전체를 다시 빌드 및 배포해야 하는 등 서비스를 유지보수하기 어려워졌다. 이를 해결하기 위해 여러 모듈로 나누어 개발하는 마이크로서비스 아키텍처(MSA, Microservice Architecture)[20]를 도입하면서 페이지 전체에 로딩 인디케이터를 띄우기보다는 버튼에서 로딩 인디케이터를 처리하는 경우가 많아졌다.
비활성화(disabled)	버튼이 비활성화되어 클릭이나 탭이 불가능한 상태다.

---

19 스크린 리더는 시각장애인이 컴퓨터를 사용할 수 있도록 도와주는 소프트웨어로 화면에 나타나는 텍스트를 음성으로 읽어주거나, 키보드나 음성으로 조작할 수 있게 해준다. 스크린 리더는 운영체제에 따라 다르기 때문에 보다 자세한 사항은 네이버 접근성 페이지(https://accessibility.naver.com/assistance)에서 확인해 볼 수 있다.

20 마이크로서비스 아키텍처(MSA, Microservice Architecture)는 모놀리식 아키텍처(Monolithic Architecture)의 단점을 해결하기 위해 고안된 설계 방식이다. 모놀리식은 하나의 단일 애플리케이션으로 구성된 시스템으로 개발 및 유지 관리가 쉽고 이해하기 쉽다는 장점이 있는 반면, 시스템이 커지면서 성능이 저하되고 확장이 어렵다는 단점이 있다. MSA는 서비스나 모듈 간에 독립적으로 구성하여 서로 API를 통해 통신하는 시스템으로 어느 하나에 문제가 발생하더라도 다른 서비스에 미치는 영향이 적어 복잡한 시스템에서 시스템 확장에 용이하다는 장점이 있다. 예컨대, 로그인과 검색이 한 서버에서 동작하는데 해당 서버가 죽으면 로그인과 검색이 모두 동작하지 않지만, MSA로 설계하면 로그인과 검색 서버가 다르기 때문에 검색 서버가 죽어도 로그인은 가능하다.

그림 4.16 버튼의 유형과 상태

비활성화(disabled) 상태는 기획자가 버튼을 기획할 때 가장 신경 써야 하는 까다로운 상태다. 예를 들어, 그림 4.17과 같이 휴대폰 번호를 인증하는 모달 팝업을 생각해 보자. 휴대폰 번호 11자리를 입력하지도 않았는데 버튼이 활성화돼 있고, 개발자가 방어 코드[21]를 삽입하지 않아 [전송] 버튼을 클릭할 때마다 서버와 통신을 시도하게 된다면 불필요한 서버 트래픽이 발생하게 된다. 서버 트래픽도 비용이다. 사용자가 11자리의 유효한 휴대폰 번호를 입력하면 [전송] 버튼이 활성화되고, [전송] 버튼을 클릭해 인증번호를 전송한 후에는 [전송] 버튼이 비활성화되어야 한다. [전송] 버튼을 클릭했는데 이중 클릭을 방지하기 위한 방어 코드가 삽입돼 있지 않거나 [전송] 버튼을 비활성화하지 않는다면 불필요한 문자 또는 알림톡이 중복으로 발송될 수 있다. 이러한 문자나 알림톡 발송 또한 모두 비용이다.

---

21 방어코드(Defensive Programming)는 소프트웨어 개발에서 예상치 못한 입력이나 오류로부터 소프트웨어를 보호하기 위해 추가하는 코드를 말한다. 방어코드를 통해 소프트웨어의 안전성과 신뢰성을 높일 수 있다.

그런데 정상적인 휴대폰 번호를 입력해 [전송] 버튼이 활성화됐는데, 그 번호가 제삼자의 번호였다면 어떻게 될까? 악의적인 목적으로 이러한 기능을 사용하여 제삼자에 피해를 주거나 비용을 낭비하는 행위를 막기 위해 [전송] 버튼을 클릭한 후에는 [전송] 버튼을 비활성화하고 타이머를 표시해야 한다.

이처럼 기획자가 버튼의 비활성화 처리를 잘하면 제삼자에 대한 불편을 최소화하고 문자 및 알림톡 등의 발송 비용이나 서버 트래픽을 줄일 수 있다. 기획자가 버튼의 상태를 잘 이해하고 사용하면 사용자에게 보다 나은 사용자 경험을 제공할 수 있기 때문에 버튼의 상태를 정확히 이해하는 것은 중요하다.

그림 4.17 휴대폰 번호 인증 모달 팝업에서 비활성화 버튼의 처리 예시

버튼의 유형

버튼도 다 같은 버튼이 아니다. 버튼은 크게 링크 버튼, 실행 버튼, 전송 버튼의 3가지 유형
으로 구분할 수 있다.

표 4.2 버튼의 유형

버튼 유형	설명
링크 버튼	'홈으로', '상품 목록으로'와 같이 클릭하면 페이지가 이동된다. 따라서 링크 버튼은 〈a href="링크"〉〈/a〉와 같이 링크 정보를 담고 있다.
실행 버튼	모달 팝업을 띄우거나 드롭다운 메뉴를 표시하는 등 자바스크립트를 실행한다.
전송 버튼	[전송], [저장] 버튼과 같이 클릭했을 때 API를 통해 서버와 통신하며 데이터를 서버에 전송한다.

기획자가 클라이언트 기획 시에 버튼을 사용했다면 그 버튼의 유형에 따라 수행하게 되는
액션을 정의해야 한다. 링크 버튼이라면 이동할 링크를, 실행 버튼이라면 실행할 액션을 정
의해야 한다. 그리고 전송 버튼이라면 데이터를 서버에 전송하고 어떤 액션 처리(success
case와 edge case)를 할지 정의해야 한다.

기획자가 버튼을 기획할 때 가장 신경 쓰거나 어려워하는 버튼의 유형은 전송 버튼이다. 전
송 버튼은 클릭했을 때 서버에 어떤 데이터를 전송해야 하는지(request), 전송 후 서버를
통해서 어떤 데이터(response)를 수신해야 하는지 정의해야 한다. 전송 버튼을 기획하는
것이 어려운 이유는 엣지 케이스에 대한 예외 처리를 정의해야 하는데, 주니어 기획자가 발
생하게 될 모든 엣지 케이스를 정의하기가 쉽지 않기 때문이다. 엣지 케이스에 대한 정의는
경험에 많이 의존할 수밖에 없다. 얼마나 많은 엣지 케이스를 경험해 봤는지가 중요하고, 이
런 엣지 케이스 정의를 얼마나 잘하냐가 주니어와 시니어 기획자를 구분하는 기준이 된다.
성공 케이스를 제외하고 주니어 기획자가 3~4개의 엣지 케이스를 정의할 수 있다면, 시니
어 기획자는 그 2배인 7~8개 정도의 엣지 케이스를 정의하는 것 같다.

버튼의 활용

필자가 면접관으로 기획자들을 면접 볼 때 UI/UX와 관련하여 기획 실무 역량을 판단하
기 위해 묻는 몇 가지 질문이 있다. 그중 하나는 앞서 살펴본 바와 같이 버튼이나 인풋 박스

를 구현하기 위한 CSS 속성(elements)에 대한 질문이고, 다른 하나는 체크 박스(check box), 라디오 버튼(radio button), 칩(chip), 셀렉트 박스(select box)의 차이점과 그 활용을 묻는 질문이다. 사용자 입장에서도 자주 접하는 버튼이기 때문에 어려운 질문이라고 생각하지 않는데, 면접 중이라서 긴장한 탓인지 그도 아니면 질문 수준이 너무 낮아 당혹스러워서 그런지 생각보다 많은 기획자가 제대로 답변하지 못하고 얼버무린다.

구분	단일 선택	중복 선택	기타 설명
check box	X	O	
radio button	O	X	
chip	O	O	single/multi select 혼용으로 사용 가능 multi select로 구현 시에는 (전체) ON/OFF 칩 또는 (초기화) 버튼 제공 필요
select box	O	O	메뉴가 너무 많거나 width 값이 제한적인 경우 사용 UI에 따라 multi select로 사용 가능

그림 4.18 버튼의 활용 예시

그림 4.18의 버튼들은 사용자가 특정 액션을 수행하기에 앞서 메뉴 선택이 필요할 때 메뉴 선택을 지원하기 위한 버튼 UI다. 버튼을 선택할 때는 단일 또는 중복 선택 지원 여부와 화면 너비(width)에서 배치할 수 있는 버튼의 개수를 고려해 좋은 UI/UX인지를 판단해야 한다. 참고로 중복 선택을 지원할 때는 보통 체크 박스와 칩을 사용하는데, 때에 따라서 셀렉트 박스를 사용하기도 한다. 다만, 셀렉트 박스에서 중복 선택을 지원하는 경우에는 셀렉트 박스 우측이나 하단에 선택한 값을 표시하고 일부 또는 전체 선택 취소를 할 수 있게 지원해야 한다. 중복 선택을 지원하는 버튼 기획 시에 중복 선택할 수 있는 메뉴의 개수가 5개를 초과한다면 별도로 초기화 버튼을 제공하는 것이 좋다.

자신이 버튼의 활용과 관련해 위 질문에 정확하게 답변할 수 있는지 생각해 보자.

인풋 박스(input box)

클라이언트를 구현하기 위한 컴포넌트 중 하나인 인풋 박스에 대해 살펴보자. 인풋 박스도 버튼과 같이 제대로 기획하기 위해서는 많은 지식과 고민이 필요하다. 특히 인풋 박스의 경우에는 버튼과는 달리 입력값에 따른 형식과 데이터 유효성 검사가 필요하다. 따라서 입력값에 대한 형식 기준을 정하고 입력값이 유효하지 않은 경우에 이를 처리하기 위한 추가적인 기획이 필요하다. 그래서 버튼과 비교해 기획이 까다로울 수밖에 없다.

인풋 박스의 구현

인풋 박스를 구현하기 위한 CSS 속성은 앞서 살펴본 버튼과 같다. 하지만 버튼에는 없지만 인풋 박스에는 필요한 몇 가지 구성 요소가 있다. 바로 어떤 입력값을 입력해야 하는지 알려주는 라벨(label), 입력 내용이나 그 형식 등을 안내하는 입력 폼 힌트 메시지(placeholder message), 그리고 입력값이 유효하지 않았을 때 유효하지 않은 이유를 안내해 주는 유효성 메시지(validation message)다.

그리고 최근 브라우저들은 자동 완성(auto complete)이나 제안(auto suggestion) 기능을 지원한다. 로그인하거나 회원가입할 때 자동으로 휴대폰 번호나 주소를 입력해 주거나 이메일 주소를 입력할 때 인풋 박스 아래에 이전에 사용했던 이메일 주소를 제안해 주는 기능이다.

그런데 오래된 사이트나 공공기관 사이트를 이용하다 보면 휴대폰 번호의 인풋 박스가 한 개가 아닌 3개로 구현된 경우가 있다. 이런 경우에는 자동 완성을 통해 간편하게 입력되지 않고, 첫 번째 인풋 박스에 11자리 휴대폰 번호가 모두 입력되거나 '010' 앞 3자리만 입력되고 나머지 8자리는 입력되지 않은 경험이 있을 것이다. 가장 최악은 11자리 숫자가 첫 번째 인풋 박스에 모두 입력되는 경우다. 모든 인풋 박스는 반드시 입력 글자 수를 제한하는 등의 형식 유효성을 체크해야 하는데, 글자 수 입력을 제한하지 않아 11자리 숫자가 첫 번째 인풋 박스에 모두 입력된 것이다. 이 경우 자동 완성은 고사하고 사용자가 입력된 숫자를 일일이 삭제까지 해야 한다. 기획자에게는 사용자가 CTA 버튼[22]을 누르기까지 걸리는 시간이나 인풋, 클릭 등의 과정(depth)을 최소화하며 전환율을 높이는 것이 중요한 미션인데, 인풋 박스를 잘못 기획하여 불필요한 입력이 발생한 것이다.

휴대폰 번호나 기드 번호[23]와 같이 일정한 형식이 있는 값을 입력해야 하는 인풋 박스에서는 그림 4.19와 같이 한 개의 인풋 박스에 인풋 마스킹(input masking) 처리를 통해 자동 완성 기능을 사용하거나 직접 타이핑으로 입력하더라도 올바른 형식으로 입력하고 있는지 쉽게 인지할 수 있도록 지원하는 것이 좋다. 휴대폰 번호 인풋 박스의 경우 숫자만 입력할 수 있게 하고 인풋 마스킹 처리를 통해 010−1234−5678과 같은 형식으로 입력되게 하면 기호(−) 입력 여부 등의 입력 형식을 굳이 안내할 필요도 없다.

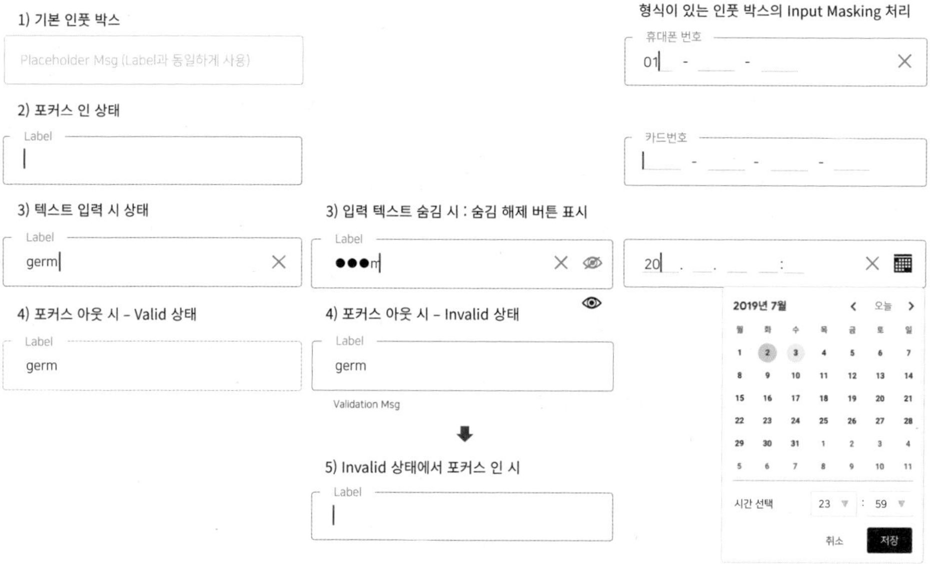

그림 4.19 인풋 박스의 상태와 마스킹 처리 예시

---

22 CTA 버튼(Call To Action Button)이란 [회원가입하기], [로그인하기], [구매하기], [결제하기] 등과 같이 해당 화면에서 서비스의 목적을 달성하기 위해 고객의 행동을 유도하는 가장 중요한 버튼을 의미한다. 따라서 기획자들이 퍼널 분석을 통해 CTA 버튼의 클릭률, 즉 전환율(CVR, Conversion Rate)을 측정하고, A/B 테스트를 통해 이를 개선하기 위해 노력하는 것이다.

23 신용카드 번호를 입력하는 인풋 박스의 경우 16자리로 형식 유효성 검사나 마스킹 처리를 하면 14자리인 다이너스 클럽 카드와 15자리인 아멕스 카드를 등록할 수 없다. 따라서 이런 카드를 지원해야 한다면 인풋 박스 상단에 해당 카드를 선택하여 인풋 박스 UI 및 입력 조건 등을 변경할 수 있도록 지원해야 한다.

이러한 방법을 통해 인풋 박스의 사용성을 개선하고, 사용자에게 보다 나은 경험을 제공할 수 있다.

입력값의 유효성 검사

기획자가 인풋 박스를 기획할 때는 입력값의 형식 유효성과 데이터 유효성 검사에 대한 내용을 정의해야 한다.

입력값의 형식 유효성 검사란 이메일 주소의 형식이나 비밀번호의 자릿수, 입력한 비밀번호와 비밀번호 확인이 일치하는지 여부 등 서버와의 통신 없이 클라이언트에서 입력값의 자릿수나 형식을 실시간으로 검사하는 것을 말한다. 그리고 그 형식이 일치하지 않는 경우에는 인풋 박스 하단에 '이메일 주소를 확인해 주세요.'와 같이 유효성 메시지(validation message)를 표시한다. 보통은 인풋 박스에서 포커스 아웃 이벤트를 트리거 삼아 입력값을 검사한다.

반면 데이터 유효성 검사란 회원가입할 때 이미 가입된 이메일 주소인지 확인하는 것처럼 서버와의 통신을 통해 서버에 저장된 데이터와 일치 또는 중복 여부를 검사하는 것을 말한다. 그리고 일치하지 않거나 중복된 경우에는 인풋 박스 하단이나 다이얼로그 팝업 등을 통해 '이미 사용 중인 이메일 주소입니다.'와 같이 유효성 메시지를 표시하게 된다. 보통 서버와의 잦은 통신을 지양하기 위해 전송 버튼을 클릭했을 때 입력값의 데이터 유효성을 검사한다. 그러나 회원가입 화면과 같이 입력값이 많아 스크롤이 발생할 때는 맨 아래에 있는 CTA 버튼인 [회원가입] 버튼을 클릭했을 때 입력값의 유효성을 검사하기보다는 사용자 경험이나 유효성 메시지 처리를 고려해 이메일 주소 인풋 박스에서 포커스 아웃 이벤트가 발생했을 때 실시간으로 처리하거나 인풋 박스 오른쪽에 [중복 확인] 버튼을 둔다. 개인적으로는 전자의 포커스 아웃을 활용한 실시간 처리 방식을 선호하여 포커스 아웃 이벤트가 발생했을 때 데이터 유효성을 검사하기 위해 인풋 박스 오른쪽에 로딩 인디케이터와 함께 사용 가능과 불가능 아이콘을 표시하는 방식으로 기획한다.

입력값의 형식 유효성과 데이터 유효성 검사는 사용자의 입력값이 올바른지 여부를 확인하는 것으로, 입력값이 올바르지 않을 때는 다음 작업을 수행할 수 없다. 따라서 기획자는 인풋 박스를 기획할 때 입력값의 유효성 검사가 필요한지 판단하고, 필요할 때는 유효성 검사의 기준과 유효성을 통과하지 못했을 때 표시할 유효성 메시지, 그리고 그 처리 방법을 정의해야 한다.

표 4.3 입력값의 형식 유효성과 데이터 유효성 검사

구분	검사 방식	처리 방법	사용 예시
형식 유효성 검사	서버 통신 없이 클라이언트에서 검사	– 서버 통신 없이 클라이언트에서 입력값의 자릿수나 형식을 실시간 검사하여 인풋 박스 하단에 유효성 메시지를 띄움 – 보통 인풋 박스에서 포커스 아웃 시 입력값을 검사함	– 이메일 주소 형식 – 비밀번호 자릿수 – 비밀번호 확인 인풋박스에서 일치 여부 체크
데이터 유효성 검사	서버 통신을 통해 검사	– 서버 통신을 통해 서버에 저장된 데이터와의 일치 또는 중복 여부 등을 검사하여 인풋 박스 하단이나 다이얼로그 팝업 등을 통해 알림 메시지를 띄움 – 보통 서버와의 잦은 통신을 지양하기 위해 전송 버튼 클릭 시 입력값의 데이터 유효성을 검사	이미 존재하는 이메일 주소인지 여부 체크

입력값에 대한 형식 유효성을 검사해야 한다면 입력 가능한 형식과 글자 수에 대한 기준이 필요하다. 그런데 몇몇 인풋 박스에 대해서는 기획자마다 입력 가능한 형식과 글자 수에 대해 논란이 있다. 예컨대 이름이나 이메일, 비밀번호를 입력하는 인풋 박스의 입력 가능한 형식과 글자 수의 기준은 어떻게 될까? 강의 때마다 수강생들에게 어떻게 기획했는지 또는 어떻게 기획할 것인지 기준을 묻곤 하는데, 답변이 제각각이다.

과연 누가 올바른 기획을 하고 있을까?

국내 서비스로 제한하여 이름을 입력하는 인풋 박스를 기획해야 한다고 하자. 그럼 한글을 몇 글자까지 입력할 수 있게 지원해야 할까? 이와 관련해서는 '가족관계등록예규 제509호 이름의 기재문자와 관련된 가족관계등록사무'에서 이름의 기재 문자 수에 대한 규정을 살펴봐야 한다.

이름의 기재문자와 관련된 가족관계등록사무

4. 이름의 기재문자수의 제한

가. 이름은 그 사람을 특정하여 주는 공적인 호칭으로서 다른 사람과의 관계에서도 상당한 이해관계를 가지게 되므로 난해하거나 사용하기에 현저히 불편을 일으키는 것은 쓸 수 없다고 판단되므로 이름자가 5자(성은 포함되지 않는다)를 초과하는 문자를 기재한 출생신고는 이를 수리하지 아니한다.

나. 외국인 부와 한국인 모 사이에 출생한 혼인중의 자에 대하여 부의 성을 따라 외국식 이름으로 부의 나라의 신분등록부에 기재된 외국식 이름을 기재하여 출생신고를 하는 경우와 이미 가족관계등록부에 기록되어 있는 이름이나 외국인이 귀화, 국적취득 또는 국적회복을 함에 있어 외국에서 종전에 사용하던 이름을 그대로 사용하고자 하는 경우에는 "가"의 규정을 적용하지 않는다.

부칙

이 예규는 2008년 1월 1일부터 시행한다.

해당 규정에 따르면 이름은 5자까지 사용이 가능하나, 성에는 그 제한이 없다. 그런데 인터넷에 '국내에서 가장 긴 이름'을 검색해 보면 17자 이름을 가진 사람과 30자 이름을 사용하고 있는 이중국적자가 검색된다. 1993년 관련 예규가 제정되기 전에 등록된 이름이다. 따라서 해당 규정으로는 이름 인풋 박스에 입력할 수 있는 정확한 글자 수를 정의할 수 없다. 그래서 이는 기획자의 재량 행위가 된다. 그렇다고 하여 기획자 마음대로 글자 수 제한을 정의할 수 있는 것은 아니다. 국내 기준 성이 2자인 사람이 약 0.05%에 해당하는 2만 5천 명 정도도 된다고 하니 성을 2자까지는 입력할 수 있게 지원할 필요가 있다. 그리고 관련 규정상 이름을 5자까지는 지원해야 하므로 이름 인풋 박스의 입력 가능한 글자 수 기준은 최소 7자 이상은 되어야 한다. 물론 이렇게 기획하면 이름이 7자 이상인 사람은 이제 해당 서비스에 회원가입을 하지 못한다. 그리고 서비스 화면에 이름을 표시하는 곳이 있다면 그 표시 영역 내에서 이름이 잘리지 않고 잘 표시될 수 있도록 최대 글자 수를 제한하거나 줄바꿈 처리를 해야 한다. 이름이 잘려서 표시됐을 때 기분이 좋을 사람은 없다. 그래서 필자의 경우에는 이름 인풋 박스의 글자 수 입력 기준을 2자 이상 8자 이내로 정한다.

이메일 주소의 형식은 간이 전자 우편 전송 프로토콜(SMTP, Simple Mail Transfer Protocol) RFC 2821[24]에서 그 형식을 규정하고 있다. 앳(@)을 기준으로 앞부분인 사용자 이름은 최대 64자까지, 뒷부분인 도메인은 최대 255자까지로 @을 포함해 총 320자까지 사용할 수 있다. 그런데 구글 지메일, 네이버 메일, 카카오 메일 등 수많은 이메일 솔루션이 등장하면서 솔루션마다 RFC 2821 기준을 초과하지 않는 범위 내에서 각자의 이메일 생성 규칙을 만들었다. 설령 RFC 2821 기준에 따라 최대 입력 글자 수를 지원하더라도 최대 글자 수를 사용해서 이메일 주소를 만드는 사용자는 매우 드물 것이다. 따라서 나의 경우에는 앳(@)과 닷(.)을 사용했는지 여부와 함께 최소 6자 이상 최대 40자 이내로 이메일 인풋 박스의 글자 수 입력을 제한한다. 물론 국내 서비스를 기획할 때의 기준이고, 글로벌 서비스를 기획한다면 이름과 이메일 주소 모두 최대 입력 가능한 글자 수 기준을 더 크게 가져가야 한다. 그리고 서비스 화면 내에 이메일 주소를 표시하는 곳이 있다면, 잘리지 않고 잘 표시될 수 있도록 줄바꿈 등의 처리를 해야 한다.

마지막으로 비밀번호 형식은 기획자마다 그 기준이 다른데, 왜 그런 기준이 등장하게 됐는지 잠깐 역사를 살펴볼 필요가 있다. 2003년 미국 국립표준기술연구소(NIST, National Institute of Standards and Technology)에서 근무하던 빌 버(Bill Burr)가 해커로부터 비밀번호 해킹을 어렵게 하기 위해 비밀번호 생성 가이드라인을 만들고, 동 기관에서 제작하는 '전자인증 가이드라인(Electronic Authentication Guideline)'을 통해 발표했는데 이 규칙을 KISA 한국인터넷진흥원에서 인용한다.

---

24 간이 전자 우편 전송 프로토콜(SMTP, Simple Mail Transfer Protocol)은 1971년 최초의 이메일 프로그램을 개발한 것으로 알려져 있는 미국의 컴퓨터 과학자인 레이먼트 톰린슨(Raymond Tomlinson)에 의해 작성된 인터넷에서 전자메일을 전송하기 위해 가장 널리 사용되는 프로토콜로 1982년 8월에 문서번호 RFC 821로 처음 정의되었으며, 이후 RFC 2821로 개정되었다.

최소 길이

- **최소 10자리 이상**: 영어 대문자, 소문자, 숫자, 특수문자 중 2종류 문자 조합으로 구성

- **최소 8자리 이상**: 영어 대문자, 소문자, 숫자, 특수문자 중 3종류 문자 조합으로 구성

추측하기 어려운 비밀번호 사용

- 일련번호, 전화번호 등 쉬운 문자열이 포함되지 않도록 함

- 잘 알려진 단어, 키보드 상에서 나란히 있는 문자열이 포함되지 않도록 함

주기적 변경

- 비밀번호에 유효기간을 설정하고 최소 6개월마다 변경

그런데 이 비밀번호 생성 규칙이 복잡한 데다 주기적으로 변경해야 하다 보니 사용자들이 잊어버리는 경우가 많았다. 따라서 비밀번호 찾기를 통해서 비밀번호를 수정하는 불편을 자주 겪어야 했다. 이후 새롭게 등장하는 서비스들은 사용자들이 겪는 불편을 해결하기 위해 비밀번호 생성 규칙을 조금씩 완화해 나갔다. 그런데 서비스마다 서로 다른 생성 규칙을 적용하다 보니 파편화된 규칙으로 인해 사용자들은 더 많은 혼동과 불편을 겪어야 했다.

또한 모바일 시대가 되면서 스마트폰을 통해 회원가입이나 로그인을 해야 하는데, 작은 가상 키패드로 비밀번호를 입력할 때마다 대소문자를 조합하거나 특수문자를 입력해야 하다 보니 매우 불편한 사용자 경험을 제공할 수밖에 없었다.

따라서 2017년 NIST에서 디지털 아이덴티티 가이드라인(Digital Identity Guidelines)을 새로 발간하며 복잡한 비밀번호 생성 규칙으로 인해 사용자들이 비밀번호를 제대로 관리하지 않아 오히려 보안성이 떨어지고, 이용자 보호 측면에서 실익이 없다고 인정했다. 그리고 비밀번호를 여러 문자로 조합하고 일정 기간마다 바꾸도록 한 내용을 삭제했으며, 비밀번호를 잊어버리지 않도록 비밀번호 관리 도구를 사용하는 것을 권장했다. 그리고 최근 빌버 또한 은퇴하며 이 규칙을 만든 것에 대해 후회한다며 소회를 밝혔다. 따라서 KISA도 이 새로운 디지털 아이덴티티 가이드라인 정책을 준용하여 다음과 같이 비밀번호 가이드라인을 수정했는데, 많은 기획자가 이 정책의 변화를 인지하거나 반영하지 못하고 있는 것 같다.

최소 길이

- **최소 10자리 이상: 문자 조합 필요 없음**

- **최소 8자리 이상: 문자, 숫자, 기호 중 2종류 조합 구성**

주기적 변경 조건은 삭제되었다.

여기서 잠깐, 구글의 비밀번호 생성 조건을 살펴보면 다음과 같다.

비밀번호 필수 조건

비밀번호는 8자 이상이어야 하며 문자, 숫자, 기호(ASCII 표준 문자만 해당)를 조합하여 만들 수 있습니다. 악센트 및 발음 기호는 지원되지 않습니다.

다음과 같은 비밀번호는 사용할 수 없습니다.

- 매우 취약한 비밀번호 (예: password123)

- 내 계정에서 이전에 사용한 적 있는 비밀번호

- 공백으로 시작하거나 끝나는 비밀번호

최근 스마트폰에서 몇몇 글로벌 서비스를 사용하다 보면 비밀번호를 입력할 때 한두 개 정도의 입력값을 인접한 키로 잘못 입력했는데도 로그인되는 경우가 있다. 여러 테스트 및 분석을 통해 작은 가상 키패드와 비밀번호 자동 숨김 처리 등으로 이 정도의 오타는 실수라고 볼 수 있다는 것이다. 그리고 복잡한 비밀번호 생성 규칙이 해킹이나 보안에 도움이 되기보다는 오히려 사용성을 해친다고 판단한 것이다. 대신 보안을 강화하기 위해 2단계 인증이나 이상 거래 탐지 시스템(FDS, Fraud Detection System) 등을 도입하고 있다.

참고로 KISA는 허위 정보로도 가입이 가능한 해외 서비스와 달리 대다수 국내 서비스가 중요 개인정보를 수집 및 관리하는 경우가 많아 여전히 사용자 환경에서 엄격한 패스워드의 조합 규칙이 실질적인 보안 효과가 있다는 입장이다.

필자는 구글의 비밀번호 생성 조건과 동일한 조건인 8자 이상의 문자, 숫자, 기호 조합으로 기획하고 있다.

표 4.4 입력값의 형식 유효성 기준

구분	기준	근거
이름	■ 국내 기준: 이름 5자 (성은 제외) ■ 글로벌 기준: 제한 없음	이름의 기재문자와 관련된 가족관계등록사무
이메일	■ 사용자 이름 64자 + @ + 도메인 255자(최대 320자) ■ 영문/숫자/일부 기호('_(언더바)', '.(마침표)' 등) 사용 가능 ■ 이메일 형식 유효성 체크: XXX@XXX.XXX	SMTP(Simple Mail Transfer Protocol) RFC 2821
비밀번호	8자 이상의 문자, 숫자, 기호 조합 (브라우저 자동 비밀번호 생성 기능 이용 지원)	글로벌 표준

인풋 박스를 기획할 때는 반드시 최소 및 최대 입력 가능한 글자 수 기준을 정하고, 최대로 입력할 수 있는 글자 수 이상으로는 입력되지 않게 입력을 막아야 한다. 따라서 입력 내용에 따라 입력 가능한 글자 수 기준을 기획자가 정의해 줘야 한다. 그러나 일부 입력값은 명확한 기준이 없어 결국 기획자의 재량으로 결정하게 된다. 물론 앞서 살펴본 바와 같이 제아무리 기획자의 재량 행위라지만 무턱대고 정의하는 게 아니라 그렇게 정의한 합리적인 이유를 디자이너와 개발자에게 설명할 수 있어야 한다. 그래야만 카피가 아니라 기획을 했다고 이야기할 수 있는 것이다.

링크(link)

링크면 링크지 링크에 무슨 유형이 있을까 싶지만, 링크는 https://www.google.co.kr 과 같이 특정 웹사이트의 메인으로 연결되는 단순 링크(simple link)와 해당 사이트의 하위 페이지 https://www.google.co.kr/maps로 연결되는 딥 링크(deep link)로 구분할 수 있다. 그리고 모바일의 등장과 함께 동적 링크(dynamic link) 또는 원 링크(one Link)라 불리는 딥 링크(deep link)의 한 유형이 등장했는데, 이 링크에 대한 이해가 필요하다.

웹사이트에서는 URL 형태의 링크를 통해 페이지에서 페이지로 이동하는데, 모바일 앱에서는 화면에서 화면으로 어떻게 이동하는 것일까? 그리고 스마트폰을 사용할 때 모바일 앱에서는 웹사이트 링크를 클릭하여 웹페이지를 띄울 수 있는데 웹사이트에서는 해당 모바일 앱이 설치되어 있는 경우에 특정 화면을 호출하여 띄울 수 없는 것일까?

모바일 앱에서는 사용자에게 URL이 보이지 않지만, 앱에도 웹사이트의 URL과 같은 역할을 하는 개발자에 의해 정의된 맞춤 URI(Uniform Resource Identifier)[25]가 있다. 스마트폰이 처음 등장한 시기에는 웹 개발자와 모바일 개발자가 정의한 URI를 통해서 모바일 기기에 설치된 앱을 열고 앱의 특정 페이지를 호출할 수 있었다. 그런데 앱이 설치돼 있지 않거나 웹이나 앱의 특정 화면이 수정되거나 삭제되면서 URI 연결이 끊기는 등의 문제가 발생했다.

애플과 구글에서는 이 문제를 해결하기 위해 iOS에서는 '유니버설 링크', 안드로이드에서는 '앱 링크'라는 기능을 출시했지만, 운영체제별로 지원하다 보니 사용자에게 운영체제별로 버튼을 따로 제공해야 하는 등 여전히 불편한 부분이 있었다.

최근 이런 문제를 해결하기 위해 동적 링크 또는 원링크가 등장했다. 동적 링크를 사용하면 앱이 설치된 경우에는 앱의 특정 화면으로 이동하거나 액션을 실행할 수 있다. 그리고 앱이 설치돼 있지 않은 경우에는 앱스토어 또는 구글 플레이스토어로 이동하여 앱의 설치를 유도할 수 있다. 즉, 사용자에게는 한 개의 버튼만 표시되는데, 한 개의 버튼을 이용해 OS와 관계없이 설치와 이동, 액션 실행까지 가능하게 된 것이다. 이는 구글 파이어베이스(Firebase)나 앱스플라이어 등 동적 링크를 지원하는 여러 솔루션을 활용해 쉽게 설정하고 이용할 수 있다. 더 자세한 내용은 구글의 동적 링크 소개 영상(https://youtu.be/LvY1JMcrPF8)을 참고하길 바란다.

팝업(pop-up)

팝업에도 여러 유형이 있다. 그런데 기획자가 정확히 구분해서 정의해주지 않다 보니 디자이너와 개발자가 기획자가 의도하지 않은 팝업으로 디자인과 개발을 진행하고, 결국 수정을 반복하는 경우가 있다. 따라서 정확히 어떤 팝업을 사용할 것인지 명시해 줘야 하는데, 많은 기획자가 뭉뚱그려 팝업이라고만 표현한다.

---

25 URL(Uniform Resource Locator)은 URI(Uniform Resource Identifier)의 한 종류로 URI가 더 광의적인 개념이다. URL은 웹 브라우저가 서버에 요청하는 웹페이지를 구성하는 리소스의 경로를 나타낸다. URL은 일반적으로 HTTP, HTTPS, FTP 등과 같이 웹 서버와 통신하는 방법인 프로토콜과 웹 서버의 도메인 이름인 호스트 이름, 포트 번호, 웹 서버의 디렉터리 구조에서 리소스의 위치를 나타내는 경로, 그리고 리소스에 대한 추가 정보를 담고 있는 쿼리 문자열 등으로 구성된다.

팝업의 유형은 크게 일반 팝업과 다이얼로그, 토스트 바, 팝오버, 모달 팝업으로 구분할 수 있다. 물론 iOS와 안드로이드를 포함한 모바일 환경까지 고려하면 OS마다 그 이름이 조금씩 다르고, 바텀 시트나 액션 시트와 같이 모바일에서만 사용하는 팝업의 유형을 포함해서 설명해야 하기 때문에 여기서는 설명의 편의를 위해 웹을 기준으로 설명하고 필요한 경우에 별도의 설명을 추가하겠다.

일반 팝업은 페이지에 진입했을 때 페이지 로딩과 동시에 열리는 창을 말한다. 주로 공지사항이나 배너를 띄우기 위한 목적으로 사용한다. 그러나 최근에는 브라우저에서 팝업창이 열리는 것을 강제로 막고, 브라우저 옵션에서 사용자가 팝업 허용을 해야만 표시되기 때문에 잘 사용하지 않는다. 사용하고 있다면 개발된 지 오래된 사이트이거나 공공기관 사이트일 가능성이 높다. 즉 일반 팝업은 사용하지 말라는 이야기다. 마우스로 팝업의 헤더를 드래그했을 때 브라우저 밖으로 이동시킬 수 있다면 일반 팝업이다.

다이얼로그(dialog) 팝업은 [Confirm]이나 [Yes] 또는 [No]와 같이 사용자로부터 확인이나 의사를 묻는 팝업이다. 굳이 분류하자면 시스템 팝업과 디자인 팝업으로 구분할 수 있다. 시스템 팝업은 브라우저나 클라이언트 운영체제에서 기본으로 제공하는 UI를 사용한 것이고, 디자인 팝업은 기본 UI를 사용하는 대신 브랜드 아이덴티티를 유지하기 위해 직접 디자인한 UI를 사용한 팝업을 말한다. 필자는 기본적으로 디자인 팝업을 사용하지만, 네트워크 연결 장애나 단말기 모듈 접근 오류와 같이 서비스 내에서 발생하지 않은 문제로 팝업을 표시해야 할 때는 시스템 팝업을 사용한다. 조금이나마 고객센터로 인입되는 문의를 줄이기 위해서다.

토스트 바(toast bar)는 알림을 위한 팝업으로 모니터나 브라우저의 좌우측 하단 또는 우측 상단이나 모바일 화면의 상하단에 몇 초간 나타났다 사라지는 형태의 팝업을 말한다. 모바일에서는 토스트 바보다는 스낵 바(snack bar)라는 이름으로 불린다. 사용자의 작업 흐름을 방해하지 않고 저장이나 삭제 등의 액션 처리 결과를 안내하거나 광고, 마케팅 메시지를 표시하기 위한 목적으로 사용한다. 예를 들어, 관리자 페이지에서 아이템 리스트 중 하나를 선택해 상세 페이지로 이동한 다음, 상세 페이지에서 해당 아이템을 삭제했을 때 삭제 버튼을 클릭한 즉시 리스트 페이지로 이동한다. 이 경우 사용자가 액션 처리 결과를 직관적으로 인지할 수 있으므로 별도의 안내 없이 리스트 페이지로 이동하면 된다. 하지만 아이템 리스트에서 여러 아이템을 중복 선택한 다음 삭제할 때는 페이지 이동 없이 삭제한 아이템만 사라지므로 사용자가 선택한 아이템이 정상적으로 삭제됐는지 직관적으로 인지하기가 어렵다. 이럴 때 토스트 바를 이용해 정상적으로 삭제됐음을 안내하거나 삭제를 취소할 수 있는 실행 취소 버튼을 제공할 수 있다.

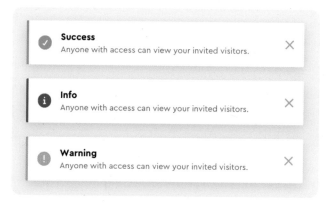

그림 4.20 **토스트 바**(toast bar) 예시

웹페이지는 화면이 넓기 때문에 토스트 바를 띄우더라도 사용자의 콘텐츠 이용을 방해할 가능성이 적고, 닫기 버튼도 제공한다. 따라서 토스트 바의 유지 기간(playtime)이 길어도 괜찮다. 하지만 모바일 앱에서 뜨는 스낵 바는 작은 화면으로 인해 콘텐츠 이용을 방해하는 데다 닫기 버튼을 제공하기 어려운 경우도 많다. 따라서 유지 기간이 짧아야 한다. 용도와 목적에 따라 다를 수 있지만, 필자는 보통 닫기 버튼을 제공하지 않고, 유지 기간을 1,500ms 정도로 짧게 기획하는 편이다. 그리고 사용자의 이용을 최대한 방해하지 않도록 상단 앱 바(내비 바)의 하단이나 하단 탭 바(메뉴 바)의 상단에 기본 마진 값의 간격만 주고 붙여 배치한다.

팝오버(popover)는 마우스를 오버했을 때 나오는 팝업으로 툴팁(tooltip)과 같이 버튼이나 메뉴 등에 상세한 추가 설명을 하는 데 주로 사용한다. 팝오버인지 쉽게 확인하는 방법은 마우스를 포커스 아웃 했을 때 자동으로 닫히는지 확인하면 된다.

최근 웹사이트에서 사용하는 대부분의 팝업은 라이트 박스 모달(light box modal) 팝업으로, 보통 줄여서 모달 팝업이라고 부른다. 팝업이 뜨는 동시에 백그라운드 화면이 어두워지거나 밝아지는 등의 딤(dim) 처리가 되고, 컨트롤이나 클릭이 되지 않아 사용자가 팝업에 집중할 수 있는 시각적 효과를 제공한다. 배경이 되는 페이지에서 특정 액션을 하면 호출되고, 호출된 레이어에서는 다음 플로우를 진행하는 데 필요한 내용을 제공한다. 일반 팝업과 다른 점은 딤 처리되어 모달 팝업을 해제하지 않으면 배경 화면의 요소와 인터랙션 할 수 없다는 것이다. 따라서 가끔 팝업을 띄운 상태에서 스크롤하면 배경이 스크롤되는 경우가 있는데, 이는 잘못된 개발이다. 그리고 딤 영역을 클릭했을 때 모달 팝업이 꺼지도록 개발하는 경우가 있다. 그런데 모달 팝업은 웹페이지처럼 구성할 수 있기 때문에 여러 인풋박스를 둘 수 있다. 인풋 박스에 입력값이 있는데 딤 처리 영역을 실수로 클릭해 팝업이 사라진다면 사용자에게 불편을 초래할 수 있다. 이를 방지하기 위해 모달 팝업 위에 다이얼로그 팝업을 띄우는 경우가 있는데 이중 팝업이 좋은 UX는 아니기 때문에 딤 영역을 클릭했을 때 모달 팝업이 꺼지지 않도록 하는 것이 좋다. 대신 웹 접근성을 준수하기 위해 팝업 내닫기 버튼이나 취소 버튼 이외에도 키보드의 esc 키를 이용해 모달 팝업을 닫을 수 있게 지원하는 것이 중요하다.

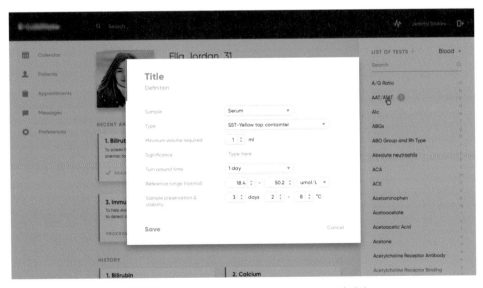

그림 4.21 라이트 박스 모달 팝업(light box modal popup) 예시

모바일에서 바텀 시트를 띄우는 경우에 바텀 시트 상단에 핸들바나 닫기 버튼을 잘못 기획하는 경우가 있다. 핸들바를 사용하는 경우에는 핸들바를 홀드한 다음 상하 스와이프 액션

에 따라서 바텀시트 영역이 위아래로 이동하며 높이를 조정할 수 있다. 그래서 별도의 닫기 버튼을 제공하지 않고 핸들바를 통해서 닫거나 상단의 딤 영역을 탭해서 바텀 시트를 닫는다. 반면 높이가 고정된 바텀 시트의 경우에는 핸들바가 표시되지 않고 닫기 버튼이 표시되어야 한다. 그런데 함께 등장하면 안 되는 핸들바와 닫기 버튼이 동시에 표시되는 바텀 시트가 자주 보인다.

지금까지 팝업의 다양한 유형을 살펴봤다. 앞으로는 팝업의 유형을 정확하게 구분하여 디자이너와 개발자가 작업한 것을 다시 수정하는 일이 없도록 하고, 사용자에게는 좋은 사용자 경험을 제공할 수 있도록 하자.

4.6 _ 기타 서비스 구현에 필요한 요소

지금까지 클라이언트를 구현하기 위해 필요한 버튼과 인풋 박스, 링크, 팝업에 대해 살펴봤다. 이 외에도 클라이언트를 구현하기 위해서는 알아야 할 요소가 많다. 작은 모바일 화면을 기획할 때 버튼이나 인풋 박스 등의 컴포넌트가 많을까? 아니면 글자가 더 많을까? 어떤 화면을 놓고 봐도 버튼이나 인풋 박스보다는 글자가 훨씬 많을 것이다. 그만큼 화면을 기획할 때 메시지를 잘 작성하는 것은 매우 중요하다. 또한 사용자가 액션을 하더라도 어떠한 효과도 없이 정적인 화면만 표시된다면 사용자가 어떤 느낌을 받을까? 서비스를 사용하는 재미가 없을 것이다. 따라서 서비스에 생동감을 부여하고 사용자와 제품 사이의 인터랙션을 효과적으로 표현하기 위해 애니메이션 효과 등의 모션을 사용한다. 이 외에도 기획자가 클라이언트를 기획하기 위해 알아야 하는 몇 가지 기술적인 내용도 함께 살펴보자.

마이크로카피(microcopy)

마이크로카피(microcopy)란 웹과 모바일 서비스의 UI에 포함되어 사용자의 행동을 유도하거나 사용성의 향상, 브랜딩과 차별성 강화, 긍정적인 사용자 경험을 제공하기 위해 작성한 단어 또는 문구 등의 메시지를 일컫는다.

기획자는 클라이언트 기획을 하며 서비스에 표시되는 수많은 단어와 문구, 즉 마이크로카피를 작성한다. 입력 폼 힌트 메시지(placeholder message), 유효성 메시지(validation

message)는 물론이거니와 서비스에 표시되는 모든 단어와 문구, 메시지를 기획서에 작성
해야 하기 때문이다.

국내에서도 오래전부터 삼성, 엘지, 네이버 등 대기업을 중심으로 서비스에 표시되는 문구
를 작성하는 직군이 있었다. 최근에는 서비스에 표시되는 단어와 문구가 UX의 중요한 요
소라고 인식되며, 이를 전문적으로 작성하는 UX 라이터(UX writer)라는 직군이 등장했
다. 토스, 쿠팡과 같은 스타트업을 중심으로 UX 라이터라는 직군이 빠르게 성장하며 주목
받고 있다. 그런데도 여전히 대다수 회사에서는 기획자가 마이크로카피를 작성하고 있는
것이 현실이다. 따라서 어떻게 하면 좋은 마이크로카피를 작성할 수 있을지 고민하고 노력
해야 한다.

좋은 마이크로카피의 조건

■ 올바르게 쓰기

맞춤법은 글쓰기의 기본이다. 더 이상 무슨 설명이 필요할까? 따라서 마이크로카피를 작성
했다면 맞춤법 검사기 등을 활용해 틀린 부분이 없는지 반드시 확인해야 한다. 필자의 브
라우저 즐겨찾기 목록에는 'Tool'이라는 폴더가 있는데, 해당 폴더의 최상단에는 다음과 부
산대의 맞춤법 검사기, 국립국어원 사이트[26]가 고정돼 있다. 맞춤법 검사기로 확인하는 것
이 습관이 되다 보니 이젠 X(구 트위터)에 140자를 작성해 발행할 때도 맞춤법 검사기로
확인하고 있다.

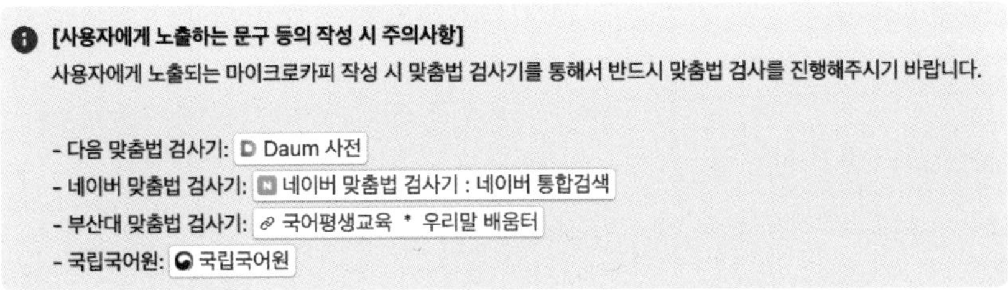

> ⓘ **[사용자에게 노출하는 문구 등의 작성 시 주의사항]**
> 사용자에게 노출되는 마이크로카피 작성 시 맞춤법 검사기를 통해서 반드시 맞춤법 검사를 진행해주시기 바랍니다.
>
> - 다음 맞춤법 검사기: Ｄ Daum 사전
> - 네이버 맞춤법 검사기: 🔲 네이버 맞춤법 검사기 : 네이버 통합검색
> - 부산대 맞춤법 검사기: ∅ 국어평생교육 ＊ 우리말 배움터
> - 국립국어원: ◎ 국립국어원

그림 4.22 사내 위키에는 서비스 용어 정의 문서가 있고, 문서 상단에는 다음과 같은 주의사항이 표시되어 있다.

---

26 다음 맞춤법 검사기: https://alldic.daum.net/grammar_checker.do
　　부산대 맞춤법 검사기: http://urimal.cs.pusan.ac.kr
　　국립국어원: https://www.korean.go.kr

- 올바른 맞춤법과 높임말을 사용한다.

  > 해당 상품은 품절이십니다. → 해당 상품은 품절입니다.
  >
  > 수수료만 부담하면 되시겠습니다. → 수수료만 부담하면 됩니다.

- 올바른 띄어쓰기를 사용한다.

  > 삭제시, 완료시 → 삭제 시, 완료 시
  >
  > 인기 순, 최신 순 → 인기순, 최신순
  >
  > 지난 주 → 지난주
  >
  > 가격 별, 카테고리 별 → 가격별, 카테고리별

- 극존칭의 사용을 자제한다.

  > 회원가입을 하시면 다양한 기능을 이용하실 수 있습니다.
  >
  > → 회원가입을 하고 다양한 기능을 이용해보세요.
  >
  > 회원탈퇴를 하시면 서비스를 이용하실 수 없습니다.
  >
  > → 회원탈퇴를 하면 서비스를 이용할 수 없습니다.

- 올바른 외래어 표기를 사용한다.

  > 컨텐츠, 컨텐트, 콘텐트 → 콘텐츠
  >
  > 메세지 → 메시지

■ 명확하고 이해하기 쉬운 글

사용자가 명확하고 쉽게 이해할 수 있는 마이크로카피를 작성해야 한다. 최대한 전문 용어의 사용을 지양하고 누구나 쉽게 이해할 수 있는 용어를 사용하는 것이 좋다.

토스와 카카오뱅크가 전통 금융권과 달리 20, 30대 고객이 많은 이유 중 하나는 어려운 금융 용어를 MZ세대도 쉽게 이해할 수 있게 표현했기 때문이다. 전통 금융권도 용어를 쉽게 표현하기 위해 많은 노력을 했다. 하지만 기존 시스템과 구성원들이 이를 받아들이고 적응하는 데 어려움이 많아 매번 실패를 경험할 수밖에 없었다. 반면 IT 종사자를 중심으로 시작한 토스와 카카오뱅크는 오히려 금융 용어가 익숙하지 않았기에 쉽게 표현할 수밖에 없었다. 그리고 이 쉬운 용어의 사용이 MZ세대에게 하나의 경쟁력이 된 것이다. 모바일 앱과 키오스크의 UI/UX 때문에 노인들의 디지털 소외가 사회적 문제로 대두되고 있는 시대다. 모두가 이해하기 쉬운 글을 작성하는 것은 사회적 배려의 시작이다.

- 고객의 행동을 구체적이고 직관적으로 표현한다.

  - 페이지나 메뉴 이름, 버튼, 팝업 창 등을 표현할 때에는 대괄호([ ])를 사용한다.
  - '클릭하세요, 터치하세요' 등의 표현은 '눌러주세요, 선택하세요' 등으로 표현한다.
    계속하시려면 '다음' 버튼을 클릭하세요. → 계속하시려면 [다음]을 눌러주세요.

- 쉬운 용어로 표현한다.

  사흘간 → 3일간

- 법률, 의료, 행정, 금융, 회계 등 이해하기 어려운 전문 용어의 사용을 자제한다.

  익일, 익월, 당월 → 다음날, 다음달, 이번달
  매수하기, 매도하기 → 구매하기, 판매하기

- 어려운 한자어나 한자식 표현을 자제한다.

  우선적으로 → 우선으로, 먼저

- 이해하기 어려운 외래어 사용을 자제한다.

  드래그 앤 드랍, Drag & Drop → 끌어다 놓기
  싱크, Sync → 동기화
  체크 → 선택
  More → 더보기

> Go to Top → 맨 위로
>
> FAQ → 자주 묻는 질문
>
> Help → 도움말

■ 간결하고 가독성이 좋은 글

모바일 화면과 유튜브, 틱톡, 카드 뉴스에 익숙한 MZ 세대에게 긴 문장은 지루하고 따분하게 느껴질 수밖에 없다. 그런데 관심도 없는 서비스의 메시지나 설명 문구가 길다고 생각해보라. 긴 기사도 읽지 않아 맨 상단에 세줄 요약을 제공해야 하는 시대에 최대한 간결하고 직관적인 글을 쓰는 것이 좋다.

- 문장을 짧고 간결하게 표현한다.

  - 안내 및 오류 메시지 등에 내용의 이해에 필요하지 않은 표현은 사용하지 않는다.
  - '정말, 참, 매우, 성공적으로' 등의 부사어나 '처리, 적용, 완료' 등 서술어에 덧붙이는 표현은 가급적 사용하지 않는다.

    정말 삭제하시겠습니까? → 삭제하시겠습니까?

    메일이 성공적으로 발송되었습니다. → 메일이 발송되었습니다.

- 두괄식으로 표현한다.

  편집을 종료하면 변경한 내용이 저장되지 않습니다. 편집을 취소하시겠습니까?

  → 편집을 취소하시겠습니까? 편집을 종료하면 변경한 내용이 저장되지 않습니다.

  휴지통을 비우는 데 약 10초 정도가 소요될 수 있으니 잠시만 기다려주세요.

  → 잠시만 기다려주세요. 휴지통을 비우는 데 약 10초 정도가 소요될 수 있습니다.

■ 일정한 형식과 일관성이 있는 글

자주 사용하는 서비스의 UI/UX가 살짝 바뀌어도 사용자들은 불편해졌다며 불평을 한다. 그만큼 사용자는 익숙함과 일관성에서 편안함과 안정감을 느낀다. 따라서 동일한 표현과 형식, 톤 앤 매너를 유지하는 것은 중요하다.

- 톤 앤 매너를 유지한다.

  - 한 문단에서 여러 문장의 종결에 '~해요'와 '~합니다.'를 섞어서 사용하지 않는다.

  - 서비스나 브랜드의 특징이나 이미지에 따라 다를 수 있지만, 젊은층을 타깃으로 하는 경우에는 친근하고 유머러스한 톤 앤 매너를 사용하고 금융이나 법률 서비스의 경우에는 전문적이고 신뢰감이 느껴지는 톤 앤 매너를 사용한다. 그리고 일괄된 톤 앤 매너를 유지하도록 노력한다.

- 표현 및 형식, 용어를 통일한다.

  - 제목이나 버튼 내 텍스트에는 마침표를 찍지 않는다.

    [예, 삭제합니다.] → [예, 삭제합니다]

  - 입력 상자 안의 입력 폼 힌트 메시지(Placeholder Message) 및 유효성 메시지(Validation Message)의 문구도 일관된 형식에 맞춰 작성한다.

    정확한 이메일을 입력해주시기 바랍니다. → 이메일을 입력해주세요.

    올바른 비밀번호를 입력해주세요. → 비밀번호를 입력해주세요.

  - 용어는 하나로 통일해서 사용한다.

    성명, 성함 → 이름

    핸드폰 번호, 휴대전화번호, 연락처 → 휴대폰 번호

  - 숫자, 단위 등의 표현 형식을 통일한다.

    숫자 범위 뒤에 단위를 쓸 때 각 숫자의 단위가 같으면 마지막에 오는 숫자 뒤에만 단위를 쓴다.

    10MB ~ 20MB → 10 ~ 20MB

    1개 ~ 100개 → 1 ~ 100개

  - 시간 표기를 통일해서 쓴다.

    단, 국가별로 날짜와 시간을 다르게 표기하므로 이 점은 고려해야 한다.

    한국/중국/일본: 2020년 7월 10일, 오후 9시 30분

    미국: July 20, 2020, 9:30pm

    유럽/남미: 20 july, 2020, 21:10

  - 사람 이름이나 닉네임 뒤에 '님'을 쓸 때는 '세균무기 님'처럼 띄어쓰지만 '회원님, 고객님'처럼 명사 뒤 접미사로 사용된 경우에는 붙여 쓴다.

    세균무기님 → 세균무기 님

    회원 님 → 회원님

- 쌍점(:)을 사용할 경우, 앞은 붙여 쓰고 뒤는 한 칸 띄어쓴다.

  단, 시간을 표시할 때는 앞뒤 모두 붙여서 쓴다.

  고객 센터: 챗봇으로 문의해주세요.

  오전 12:00
- 기호 앞뒤에 빈칸을 두지 않는다.

  기본 / 일반 / 프리미엄 → 기본/일반/프리미엄

  축구 & 야구 베스트 10 → 축구&야구 베스트 10
- 사칙 연산을 나타내는 수학 기호를 쓸 때는 숫자와 기호 사이에 빈칸을 넣는다.

  단, 나누기 기호 대신 빗금(/)을 사용할 때는 기호 앞뒤에 빈칸을 두지 않는다.

  곱하기 기호는 소문자 x로 표기하며 별표(*)를 사용하지 않는다.

■ 공감력과 감수성이 높은 글

역사, 문화, 종교, 언어 등의 로컬라이제이션이나 정치, 지역, 성별 이슈 등 공감력이 결핍된 글로 인해 큰 논란이 있었던 사건들을 하나쯤은 알고 있을 것이다. 그 논란과 사건의 대상이 내가 될 수도 있다.

- 긍정적인 표현을 사용한다.

  - '안 된다, 불가하다, 제한된다' 등의 부정적 표현은 권유나 긍정적인 표현으로 바꾼다.

    비밀번호가 틀렸습니다. → 비밀번호가 일치하지 않습니다.

    필수약관 미동의시 사용이 불가합니다. → 필수약관은 반드시 동의가 필요합니다.

- 혐오나 차별이 느껴지거나 존중하지 않는 표현은 쓰지 않는다.

  집 안에서 밥만 먹고 운동도 안 했더니 일주일 후 확찐자로 판명났어요

- 역사와 문화, 종교, 언어 등 지역적 특수성을 고려한다.

- 정치, 지역, 성별 이슈 등 논란이 발생할 표현은 삼가야 한다.

마이크로카피는 사용자 경험에 중요한 요소다. 좋은 마이크로카피를 통해 사용자에게 긍정적인 경험을 제공하고, 서비스의 성공에 영향을 미칠 수 있기 때문이다.

그런데 최근 UX 라이터를 중심으로 CTA 버튼의 전환율을 높이기 위해 설명 문구나 버튼명을 자극적으로 표현하거나 컨펌쉐이밍(Confirmshaming)[27]이라는 다크패턴을 사용하는 경우가 있다. 기획자로서 서비스의 가치를 높이고 이를 통해 전환율을 높여야지 설명 문구나 버튼명을 A/B 테스트하며 전환율을 높이는 것은 좋은 방향이라고 생각하지 않는다. 기획자에게 있어 좋은 사용자 경험과 높은 전환율은 트레이드오프의 대상이 아니다.

나만의 마이크로카피 작성 팁

앞서 좋은 마이크로카피를 작성하기 위한 몇 가지 조건을 살펴봤다. 그러나 웹이나 모바일 환경에서 작성되는 글이다 보니 일반 카피라이팅과는 다른 점이 있을 수밖에 없다. 그래서 마이크로카피 작성 시에 필요한 몇 가지 나만의 팁이나 주의사항을 소개하고자 한다.

■ 버튼 내 텍스트에는 마침표를 찍지 않는다

버튼 내 텍스트에는 마침표(.)를 사용하지 않는다. 마침표를 찍으면 버튼명이 왼쪽으로 쏠려 보여 안정적인 느낌이 사라지므로 의도적으로 마침표를 찍지 않는다. 그리고 버튼 내 텍스트에 밑줄이 표시되어 있는 경우가 있는데, 밑줄은 텍스트에 하이퍼링크가 적용되었다는 것을 안내하기 위한 목적으로 표시되는 것이기 때문에 버튼 내 텍스트에는 밑줄을 사용하면 안 된다. 버튼과 링크는 HTML 태그가 다르다.

그림 4.23 다이얼로그 팝업 내 마이크로카피 예시

---

27 컨펌쉐이밍은 불안감, 수치심, 걱정, 본인의 판단 능력에 대한 불신을 불러일으키는 문구를 사용해서 사용자가 원치 않는 선택을 하도록 종용하는 다크패턴의 한 유형이다.

■ 의도된 틀린 맞춤법의 사용

일반 카피 라이팅, 테크니컬 라이팅과 UX 라이팅이 다른 이유는 단말기나 해상도, UI 등의 환경이나 제약 사항 때문에 '더 보기' 대신 '더보기'를 사용하는 것과 같이 의도적으로 맞춤법에 맞지 않게 붙여 쓰거나 텍스트 대신 아이콘 등을 사용한다는 점이다. 모바일 단말기의 좁은 너비(Width)로 인해 단어나 문장을 표현하기 어렵거나, 다국어 지원 시 번역 이슈로 인해 선택하는 UX 라이팅만의 특징이라고 할 수 있다.

또한 사용자에게 익숙한 표현이지만 맞춤법에 맞지 않는 경우에 맞춤법의 옳고 그름을 떠나 사용자들이 해당 단어나 문장을 의식하는 순간 사용자의 이용 흐름이 끊길 수 있기 때문에 의도적으로 맞춤법을 틀리게 사용하기도 한다[28].

> 최댓값, 최솟값, 섬네일, 콘퍼런스 → 최대값, 최소값, 썸네일, 컨퍼런스

기획자는 해당 페이지 내 CTA 버튼의 전환율을 높이는 것이 중요한데, 해당 텍스트 때문에 네이버로 이동해 검색하다 결국 네이버 웹툰을 보고 있을 수 있기 때문이다. 예컨대, 2023년 5월에 '부처님오신날'이 갑작스레 대체공휴일로 지정되면서 사흘 연휴가 되었는데 이 '사흘간'이라는 단어가 하루 종일 네이버 검색 순위 1위를 차지했다. 서비스 내에서 '사흘'이라는 표현을 사용했을 뿐인데, 그 나비효과로 네이버 웹툰의 방문자 수가 늘어날 수도 있는 것이다.

웃자고 한 이야기지만, UX 라이팅은 사용자의 경험을 최우선으로 고려한 글쓰기이기 때문에 맞춤법에만 집중하기보다는 사용자의 이해와 사용성을 높이는 데 더 중점을 두어야 한다.

■ 영문 대소문자의 사용

영어로 마이크로카피를 작성할 때 문장은 첫 알파벳만 대문자를 사용하고, 단어나 단어의 조합인 구는 모든 단어의 첫 알파벳을 대문자로 사용한다. 그리고 페이지의 제목이나 강조가 필요할 때는 모든 철자에 대문자를 사용한다.

---

28 (엮은이) 이 책에서도 컨퍼런스, 타깃팅, 스크린 샷과 같은 일부 용어는 외래어 표기법을 따르기보다는 실무에서 더 익숙한 표현을 사용했다.

- **문장의 경우:** Sign up for a free trial today and see how our product can help you.

- **구의 경우:** Amazon Prime

- **페이지 제목이나 강조가 필요한 경우:** CHECK YOUR CREDIT

■ 절대적인 규칙은 없다

단말기, 해상도, UI, 언어, 문화 등의 이유로 절대적인 규칙은 있을 수 없다. 자신의 서비스
에 맞는 좋은 마이크로카피가 무엇인지 고민한 다음 이를 일관되게 사용하면 된다.

오래전 한 개발자와 서비스 내 표현을 놓고 1시간 이상 논쟁한 기억이 있다. 나는 기획서에
[펼치기], [접기]로 버튼명을 정의했는데 개발자가 이를 [열기], [닫기]로 개발한 것이다. 필
자는 버튼을 클릭했을 때 슬라이딩 애니메이션 효과를 넣어 밀리는 UX로 기획했기 때문에
펼치고 접기가 더 적절한 표현이라고 생각했다. 그런데 개발자는 애니메이션 효과 없이 즉
시 열리고 닫히는 것으로 개발했기 때문에 열고 닫기로 표현한 것이었다. 이런저런 이유로
당장 애니메이션 효과를 적용할 수 없어 결국 열고 닫기로 릴리즈했다. 당시에는 기획서를
무시한 개발과 사소한 이슈 때문에 시간 낭비를 많이 한 것 같아 짜증이 났는데, 지금 생각
해 보면 참으로 고마운 개발자였다. 그렇게 단어 하나, 문구 하나까지도 신경 쓰며 개발하
는 개발자를 다시는 만나지 못했기 때문이다.

글자 길이(length)의 처리

웹페이지나 모바일 화면에서 단어나 문장이 길 때는 어떻게 처리해야 할까? 게다가 글로벌
서비스라면 동일한 표현이더라도 언어나 폰트에 따라 단어나 문장의 길이가 모두 다를 텐
데, 이는 어떻게 처리해야 할까?

글자의 길이를 처리하기 위해 가장 많이 사용하는 방법은 줄바꿈 처리다. 콘텐츠의 제목, 인
풋 박스의 라벨, 이름, 닉네임과 같이 말줄임(...) 처리를 하거나 [더보기] 버튼을 통해 전문
을 제공하면 안 되는 마이크로카피일 때는 줄바꿈 처리를 활용해 전문을 표시해야 한다. 단,
줄바꿈 처리를 하는 경우에는 행이 늘어남에 따라 콘텐츠를 표시하는 영역의 높이가 늘어

날 수 있기 때문에 UI가 깨지지 않도록 마크업이나 UI 설계 시 주의해야 한다. 특히 모바일 앱에서 스크롤 없이도 콘텐츠가 잘 보인다고 스크롤 처리를 하지 않는 경우가 있다. 디지털 접근성을 지원하기 위해 폰트 사이즈를 고정하지 않고 가변 폰트를 지원하는 경우에는 사용자가 단말기에서 글꼴 크기를 '매우 크게'로 수정할 수 있다. 그러면 폰트가 커지면서 문장의 길이도 늘어나 줄바꿈 처리가 된다. 이때 스크롤 처리를 하지 않았다면 콘텐츠가 잘려서 볼 수 없는 문제가 발생할 수 있다. 따라서 모바일 앱의 모든 화면에는 스크롤 처리가 필요하다. 그리고 스크롤 처리를 할 때 버튼을 화면 바닥에 붙여 띄워 놓은 화면이 있다면 콘텐츠 영역 하단에 해당 버튼의 높이만큼 마진값을 추가해 줘야 한다.

화면 UI상 줄바꿈 처리가 어려운 경우에는 말줄임(...) 처리를 한다. 말줄임 처리를 하는 경우에는 반드시 [더보기] 버튼 등을 통해 전체 내용을 확인할 수 있는 기능이나 상세 페이지를 제공해야 한다.

앱 바 메뉴명이나 버튼 내 텍스트와 같이 줄바꿈이나 말줄임 처리가 불가능할 때는 디자인 아이콘이나 픽토그램 등의 직관적인 이미지로 처리하곤 한다. 특히 글로벌 서비스에서는 언어에 따라 글자 길이가 너무 길어질 수 있어 아이콘 처리를 많이 한다. 아이콘 처리를 하는 경우에는 아이콘의 모양이나 색상 등에 따라 국가별로 전달하는 의미가 달라지거나 논란이 발생할 소지가 있기 때문에 주의가 필요하다.

이 외에도 텍스트를 표시하는 영역의 넓이에 따라 스크립트를 통해 자동으로 폰트 사이즈를 가변 처리하거나 표시 방법을 변경하기도 하고, 그라데이션 처리를 하는 등 다양한 방법을 사용하여 글자를 처리한다.

엔터 키를 이용한 수동 줄바꿈 시 주의사항

한국어, 영어, 중국어 등 여러 언어를 제공하고, 언어별로 폰트도 다르게 사용하며, 폰트에 따라 가독성을 높이기 위해 폰트 크기를 키우거나 줄일 수 있는 기능을 제공하고, 디지털 접근성을 지원하기 위해 고정 폰트를 사용하지 않아 브라우저나 단말기에서 글꼴 크기를 매우 작음에서 매우 크게까지 변경할 수 있다면 과연 그 문장의 길이를 정확히 측정할 수 있을까? 모든 조건을 고려해 문장의 길이를 정확히 측정하는 것은 쉽지 않다.

그런데 단어나 문장이 자신의 눈에 예쁘게 표시되지 않는다며 강제로 엔터 키를 이용해 줄바꿈을 한다면 어떻게 될까? 이런 문제를 해결하기 위한 'word-break:keep-all'과 같은 줄바꿈 속성이 있고, 개발자가 이러한 속성으로 줄바꿈 처리를 하고 있으니 제발 엔터 키를 이용한 수동 줄바꿈은 하지 말자.

word-break:break-all(글자단위 자름)	word-break:keep-all(단어단위 자름)
동해물과 백두산이 마르고 닳도록 하느님이 보우하사 우리나라 만세 무궁화 삼천리 화려강산 대한사람 대한으로 길이 보전하세	동해물과 백두산이 마르고 닳도록 하느님이 보우하사 우리나라 만세 무궁화 삼천리 화려강산 대한사람 대한으로 길이 보전하세
남산 위에 저 소나무 철갑을 두른 듯 바람서리 불변함은 우리 기상일세 무궁화 삼천리 화려강산 대한사람 대한으로 길이 보전하세	남산 위에 저 소나무 철갑을 두른 듯 바람서리 불변함은 우리 기상일세 무궁화 삼천리 화려강산 대한사람 대한으로 길이 보전하세
가을 하늘 공활한데 높고 구름 없이 밝은 달은 우리 가슴 일편단심일세 무궁화 삼천리 화려강산 대한사람 대한으로 길이 보전하세	가을 하늘 공활한데 높고 구름 없이 밝은 달은 우리 가슴 일편단심일세 무궁화 삼천리 화려강산 대한사람 대한으로 길이 보전하세
이 기상과 이 맘으로 충성을 다하여 괴로우나 즐거우나 나라 사랑하세 무궁화 삼천리 화려강산 대한사람 대한으로 길이 보전하세	이 기상과 이 맘으로 충성을 다하여 괴로우나 즐거우나 나라 사랑하세 무궁화 삼천리 화려강산 대한사람 대한으로 길이 보전하세

그림 4.24 스크립트를 통한 줄바꿈 예시

동적 생성

앞서 살펴본 바와 같이 기획자가 클라이언트 화면을 기획할 때는 표시 영역을 초과하는 글자 길이의 처리, 인풋 박스 내 입력 가능한 최소 및 최대 글자 수의 정의, 버튼명과 버튼 너비를 고려한 처리 등 다양한 구성 요소의 최솟값과 최댓값을 어떻게 처리할 것인지에 대해 많은 고민을 하게 된다. 여기까지도 복잡한데 동적 생성까지 고려하면 최솟값, 최댓값과 관련하여 더 복잡한 고민이 필요하다.

동적 생성이란 클라이언트 화면이 사용자의 입력이나 관리자를 통한 운영자의 입력에 따라 실시간으로 변화하거나 생성되는 것을 말한다.

필자는 신입이나 주니어 기획자에게 주로 사용자 대상의 클라이언트 화면 기획을 맡기고, 필자가 관리자를 포함한 백엔드 관련 기획을 맡다가 주니어 기획자가 클라이언트 화면 기획에 자신감이 붙기 시작하면 작은 범위의 서비스나 기능의 클라이언트와 백엔드를 모두 맡기는 식으로 업무를 배분한다. 그런데 클라이언트를 맡기고 필자가 백엔드를 기획하다 보면 대다수 주니어 기획자가 동적 생성에 대한 이해가 부족한 탓인지 관리자에 대한 고려 없이 클라이언트에서 모든 정보를 가지고 있는 것으로 기획한다.

그림 4.25 도움말 화면 예시

예를 들어, 그림 4.25와 같이 모바일 앱 내 도움말 화면을 기획한다고 하면, 도움말에는 '자주 묻는 질문, 회원가입, 결제, 배송, 취소 및 환불' 카테고리가 있고, 각 카테고리에는 여러 도움말 리스트가 생성될 수 있다는 것을 이해할 수 있다. 그리고 기획서에 별도로 정의돼 있지 않다 보니 모바일 개발자는 카테고리 정보를 모두 앱에서 가지고 있는 것으로 이해하고 개발한다. 따라서 도움말 카테고리의 변경이 필요하면 변경되는 내용을 반영하기 위해 앱을 업데이트할 수밖에 없다. 자주 변경이 필요한 정보라면 서버에서 이를 직접 수정하거나 운영자에 의해 관리자에서 카테고리를 등록 및 수정, 삭제할 수 있도록 관리 기능을 구현할 수도 있는데, 이런 고려를 전혀 하지 않은 것이다.

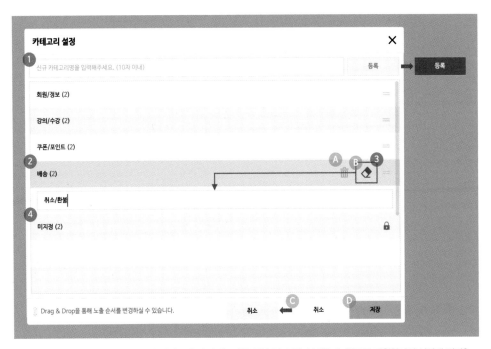

그림 4.26 관리자 페이지에서 위와 같이 도움말 카테고리를 등록 및 수정, 삭제할 수 있도록 지원한다면 어떻게 될까?

그런데 그림 4.26과 같이 관리자 페이지를 통한 동적 생성을 지원한다면 클라이언트 화면 기획도 수정해야 한다. 최대로 표시할 수 있는 카테고리 개수 및 입력할 수 있는 카테고리명의 최솟값과 최댓값을 정의해야 한다. 그리고 카테고리 개수와 카테고리 명의 최댓값을 고려해 클라이언트에서 카테고리 탭의 UI가 동적으로 변경될 수 있게 기획해야 한다. 탭 UI로 구현돼 있던 카테고리의 개수가 동적으로 늘어남에 따라 좌우 스와이프를 통한 이동을 지원하거나, 셀렉트 박스 UI로 변경될 수 있게 처리하는 등의 추가적인 기획이 필요하다.

클라이언트를 기획할 때 자주 변경될 가능성이 큰 요소는 동적 생성을 고려해서 기획해야 한다. 동적 생성을 지원하면 사용자에게 보다 나은 사용자 경험을 제공하고, 서비스의 유지보수를 쉽게 할 수 있다.

모션(motion)

서비스에 생동감을 부여하고 사용자와 제품 사이의 인터랙션을 효과적으로 표현하기 위해 애니메이션 효과 등의 모션을 사용한다. 기획자는 자주 사용하는 모션이나 전환 효과(transition pattern)[29]의 명칭을 숙지하는 것이 중요하다. 기획서를 작성하거나 목업을 만들다 보면 모션을 사용하고 싶은데 해당 모션의 정확한 명칭을 모르다 보니 인터넷이나 경쟁사 앱을 찾아보게 된다. 그리고 디자이너와 개발자에게 영상을 캡처하거나 관련 모션이 소개된 URL 등을 전달한다. 그런데 개발자도 해당 모션을 개발하려면 관련 라이브러리나 소스 코드를 찾아야 하는데, 모션의 정확한 명칭을 알고 있을 때는 쉽게 검색해서 찾을 수 있지만, 그렇지 않을 때는 개발자 또한 해당 모션의 명칭을 찾기 위해 시간을 낭비하게 된다. 따라서 모션의 정확한 명칭을 알고 해당 모션명을 기획서에 명시해 주는 것이 좋다.

그리고 iOS와 안드로이드 디자인 가이드가 조금 다르기는 하지만, 모션의 액션을 수정할 필요가 있기 때문에 모션의 지속 시간인 듀레이션(duration, 개인적으로는 playtime이라는 표현을 선호한다.)과 시간이 지남에 따라 속도가 빨라지거나 느려지는 이징(easing) 효과 정도는 알고 있으면 좋다.

쿠키와 세션, 그리고 캐시

HTTP 인터넷 통신은 사용자의 인풋에 의해 클라이언트가 서버에 요청(request)을 보내면 서버가 클라이언트의 요청에 맞는 응답(response)을 보내고 연결을 끊는 비연결 지향(connectionless)이라는 특성이 있다. 그리고 비연결 지향이라는 특성 때문에 연결을 끊는 순간 클라이언트와 서버의 통신이 끝나며, 서버에서 변경되는 상태 정보를 실시간으로 반영하지 않는다(stateless)는 특성이 있다.

이처럼 실시간 통신을 하지 않기 때문에 사용자는 데이터와 배터리의 사용량을 줄일 수 있고, 서비스를 제공하는 기업에서는 불필요한 트래픽을 줄임으로써 사용자와 기업 모두 리소스를 낭비하지 않는다는 장점이 있다.

---

29 전환 효과(transition pattern)란 구글의 머티리얼 디자인 가이드에서 사용하는 표현으로, 화면이 전환될 때 애니메이션을 적용하는 기능을 말한다. 전환 효과를 통해 자연스럽고 부드러운 화면 전환을 표현할 수 있다. 다양한 전환 효과가 있으니 다음 링크(https://m3.material.io/styles/motion)에서 자세히 살펴보기를 바란다.

하지만 이런 특성으로 인해 한 페이지에서 로그인한 후 다른 페이지로 이동하게 되면 해당 사용자가 이전 페이지에서 로그인한 사용자인지 알 수가 없다. 웹페이지는 개별 URL을 가진 독립된 페이지다. 따라서 어떤 페이지에서 로그인했다고 하더라도 다른 페이지로 이동하고 나면 로그인 여부는 물론이거니와 어떤 계정이 로그인했는지를 알 수가 없다. 이러한 문제를 해결하고, 해당 계정의 로그인 상태를 유지하기 위해 쿠키(cookie)와 세션(session)이라는 기술을 사용한다.

또한 실시간 상태 정보를 유지하지 않기 때문에 기획자가 클라이언트를 기획할 때 많은 고민을 하게 된다. 예컨대, 전자상거래를 기획할 때 관리자를 통해 변경된 가격이나 사용자들의 구매를 통한 재고 수량의 변화를 실시간으로 반영할 수 없다. 따라서 화면의 이동이나 자동 새로고침 등을 통해 이를 반영하게 되는데, 이때 발생하는 여러 엣지 케이스를 정의하고 처리해야 하기 때문이다. 예컨대, 전자상거래 앱을 기획하는데 장바구니, 주문, 결제 화면이나 PG사의 결제 화면에서 재고가 떨어지거나 상품의 가격이 변경되었다면 이를 어떻게 반영하고 처리할 것인가? 현재 재고는 3개밖에 없는데, PG사의 결제 화면에서 마지막 결제 과정을 진행하고 있는 사용자가 5명이라면, 이 상황은 어떻게 처리할 것인가? PG사 결제 화면에서 결제를 완료하고 앱 화면으로 돌아왔는데 재고가 없는 상황은 어떻게 처리할 것인가? 인터넷의 특성 때문에 이와 같은 복잡한 상황이 발생하여 최대한 사용자의 불편이나 피해 없는 사용자 경험을 제공하기 위해 기획자의 고민이 깊어질 수밖에 없다. 그러나 몇몇 전자상거래 앱을 보면, 사용자가 결제를 완료하고 돌아왔는데 기대한 결제 완료 화면이 아니라 재고 부족으로 인해 결제가 자동 취소되거나 이런 프로세스도 지원하지 않아 고객센터를 통해서 문자나 연락이 오는 경우도 있다. 관리자에 재고알림이나 일정 재고 수량 이하로 떨어지면 자동으로 일시품절 처리하고 PG사에서 결제 중인 사용자의 구매를 보장하는 판매중지 상태가 없기 때문이다. 그리고 재고 부족으로 결제가 자동 취소되면, 결제 취소 안내 화면에서 쿠폰이라도 제공하는 사용자 경험을 제공하면 좋을 텐데 고민의 부족이 아쉬울 따름이다.

이러한 인터넷 통신의 특성으로 인해 시세 변동을 실시간 보여줘야 하는 주가 창과 같이 실시간 정보의 제공이 중요한 기능을 개발할 때는 HTTP 인터넷 통신을 사용하지 않고, 웹소켓(web socket) 통신을 사용하여 데이터를 주고받는다. 웹소켓 통신은 실시간으로 데이터를 주고받기 때문에 데이터 소모가 많아 보통 매우 작은 데이터를 주고받으며, 배터리 소모가 커 단말기가 빠르게 뜨거워지는 것을 확인할 수 있다. 따라서 쇼핑 앱에서 변경된 가격이나 재고 수량을 실시간으로 반영하기 위해 웹소켓 통신을 사용하지는 않는다.

인터넷 통신의 특징이자 약점을 보완하기 위해 쿠키와 세션, 캐시 등의 기술을 사용하는데, 이 기술에 대해 기획자가 자세히 알 필요는 없지만 이 기술을 이해하거나 활용해야만 기획할 수 있는 기능이 있기 때문에 간단히 살펴보고 넘어가자.

보통 기획자나 개발자가 쿠키(cookie)와 쿠키 스토리지(cookie Storage)를 모두 쿠키라고 표현한다. 쿠키 스토리지는 브라우저를 설치할 때 컴퓨터의 하드디스크에 쿠키를 저장하기 위해 할당된 저장 공간이다. 이 스토리지에 웹사이트 방문 시 전송된 쿠키를 저장하게 된다. 쿠키는 웹사이트에 방문했을 때 해당 서비스를 제공하는 서버에서 생성하여 사용자 단말기의 쿠키 스토리지에 저장되는 작은 데이터 파일이다. 이 데이터 파일은 이름(name), 값(value), 도메인(domain), 유효기간(expires/max-age) 등의 정보를 담고 있는 키와 값으로 구성된다. 그리고 사용자의 단말기에 저장되기 때문에 보안이 취약해 민감한 데이터를 저장하지는 않는다. 다만, 쿠키 스토리지는 해당 쿠키를 생성한 서버에서만 열람할 수 있고, 사용자가 브라우저 설정 화면이나 개발자 도구에서 삭제할 수 있다. 기획자는 쿠키와 쿠키 스토리지를 활용하여 자동 로그인 기능이나 팝업에서 '오늘 하루 열지 않기', 사용자가 원하는 스타일의 레이아웃 설정값을 유지하는 기능 등을 제공할 수 있다.

세션(session)은 세션이라는 표현보다는 세션아이디(session id)라는 표현으로 더 자주 쓰인다. 쿠키와 동일하게 쿠키 스토리지에 저장된다. 세션은 사용자가 웹사이트에 회원가입이나 로그인을 했을 때 서버에서 정한 암호화 알고리즘에 의해 생성되어 쿠키 스토리지에 저장된다. 그리고 암호를 풀 수 있는 키를 통해서만 열람할 수 있다는 점에서 쿠키와 차이가 있다. 회원가입 또는 로그인했을 때 서버에서 생성한 세션 아이디를 쿠키 스토리지에 저장하고, 페이지를 이동할 때마다 서버가 쿠키 스토리지에 저장된 세션 아이디를 해시하며(키를 통해 열어보며) 로그인 상태를 유지할 수 있는 것이다. 그래서 자동 로그인을 지원하는 웹 서비스에서는 PC방 등의 공공장소에서 자동 로그인 기능을 사용하지 말라고 경고한다. 자동 로그인에 체크했을 때 세션 아이디가 해당 컴퓨터에 저장되고, 해커가 이 세션 아이디를 해킹해 다른 PC에서도 로그인할 수 있기 때문이다. 따라서 자동 로그인을 지원하는 경우에는 세션 아이디를 해킹한 제삼자가 비밀번호까지 수정해 계정 전체를 탈취하지 못하도록 비밀번호 수정 페이지에 진입하거나 비밀번호를 수정할 때 현재 비밀번호를 재차 확인하는 인풋 박스를 제공한다. 본인을 확인할 방법이 없는 서비스에서는 해당 계정의 소유권을 되찾기가 쉽지 않기 때문이다. 물론 쿠키처럼 세션 역시 유효기간이 존재하여 기간이 만료되면 자동으로 로그아웃되고, 다시 로그인을 통해 세션 아이디를 발급받아야 한다. 따라서 기획자는 세션 유지 기간을 정해야 한다. 일반적으로 보안이 중요한 금융 서비스에서는 10분 정도로 매우 짧게 정하는 반면, 보안이 중요하지 않은 SNS에서는 3개월씩 유지하기도 한다.

참고로 토큰(JWT, Jason Web Token)은 로그인을 유지하기 위한 세션이 웹 기술인 데다 네이버, 카카오와 같이 다수의 도메인 서비스를 가지고 있는 기업에서 사용자의 통합 ID를 지원하거나 타사에 [네이버 아이디로 로그인하기]나 [카카오 계정으로 로그인하기]와 같이 싱글 로그인(SSO, Single Sign-On) 기능을 제공하기 위해 등장한 대체 기술이다. 따라서 세션 아이디는 발급한 서버만이 열람할 수 있지만, 토큰은 네이버와 카카오와 같이 SSO를 제공하는 회사의 서버가 SSO를 적용하려는 회사의 서버에 열어볼 수 있는 임시 키를 제공하여 타사에서도 네이버 계정이나 카카오 계정으로 로그인을 할 수 있도록 지원한다. 대신 보안을 위해 사용자의 ID와 권한을 짧은 문자열로 저장한 유효기간이 짧은 액세스 토큰(access token)과 액세스 토큰을 재발급하는 데 사용되는 유효기간이 긴 리프레시 토큰(refresh token)을 구분하여 발급하고 있다. 그에 따라 액세스 토큰이 해킹당한 경우에는 리프레시 토큰을 사용하여 새로운 액세스 토큰을 요청해 재발급하며 보안을 강화하고 있다. 그래서 최근에는 세션보다는 토큰을 많이 사용하는 추세다.

마지막으로 캐시(cache) 스토리지는 쿠키 스토리지처럼 브라우저를 설치할 때 컴퓨터의 하드디스크에 이미지나 CSS, JS 파일 등을 저장하기 위해 할당된 저장 공간으로, 보통 캐시라고 부른다. 웹사이트에 방문했을 때 보안이 중요하진 않지만, 용량이 큰 이미지나 CSS, JS 파일 등을 캐시 스토리지에 저장한다. 그리고 재방문했을 때는 해당 파일을 서버에서 다시 다운로드하지 않고 캐시 스토리지에 저장된 파일을 사용한다. 이를 통해 사용자는 데이터 소모량을 줄이고 빠른 페이지 로딩 속도를 경험할 수 있으며, 기업은 트래픽을 줄일 수 있다. 캐시 스토리지에는 파일이 파일명(name)과 파일 경로(domain) 형태로 저장된다. 그리고 페이지를 새로고침하거나 이동했을 때 저장된 파일과 일치하지 않는 파일명이나 파일 경로가 존재하면 서버에서 해당 파일을 다운로드하여 새로운 정보로 갱신한다. 이 캐시 때문에 가끔 변경한 배너나 콘텐츠를 확인하지 못해 개발자에게 변경 유무를 물어봤을 때 "캐시를 지우세요!"라는 답변을 듣게 된다.

4.7 _ IA 작성 및 Flow 설계

기획자들이 작성한 스토리보드를 보면 IA(Information Architecture)라고 불리는 서비스의 전체적인 구조를 도형을 사용하여 표현한 장표를 볼 수 있다. 이는 해당 프로젝트에 참여하는 구성원들이 어떤 화면과 기능을 가진 서비스를 개발해야 하는지 전체적인 구조를 빠르고 쉽게 이해할 수 있도록 돕기 위해 작성한다.

필자는 IA를 2가지 형식으로 작성한다. 하나는 프로덕트 팀을 비롯하여 비즈니스 직군도 서비스의 전체적인 구조를 빠르고 쉽게 이해할 수 있도록 도형으로 작성한 형태다. 다른 하나는 프로덕트 매니지먼트를 위해 메뉴와 화면, UI와 프로세스, 기능, 팝업과 메일 폼 등 개발에 필요한 사항을 구체적으로 명시하고 이를 페이지 코드와 함께 테이블 형태로 정리한 형태다.

웹 서비스의 IA라고 하면 7장 검색 엔진 최적화(SEO, Search Engine Optimization)를 학습할 때 다루는 사이트맵(sitemap)과 혼동하는 경우가 있다. 그런데 사이트맵은 도메인 내에 구성된 URL 단위의 페이지를 페이지 간의 관계, 즉 위계에 따라 정리한 목록으로, 검색 엔진이 웹사이트를 크롤링하고 색인화하는 데 도움을 주기 위해 개발자가 사이트맵 생성 도구를 사용해 XML[30]이나 HTML 형식으로 작성하는 파일이다. 따라서 기획자가 주요 화면이나 기능을 사용자의 이용 흐름이나 스토리보드 작성 순서에 따라 도형이나 테이블로 작성하는 IA와는 다르다.

---

30 XML(eXtensible Markup Language)은 HTML과 같이 텍스트 기반의 마크업 언어다. HTML이 웹페이지를 생성하는 데 사용되는 언어라면, XML은 데이터를 저장하고 교환하는 데 사용하는 언어다. XML은 태그를 사용하여 데이터의 요소를 정의하고 요소의 속성을 지정하는데, 웹사이트의 URL과 제목, 설명, 갱신 날짜 등을 포함한 사이트맵이 XML로 작성된다.

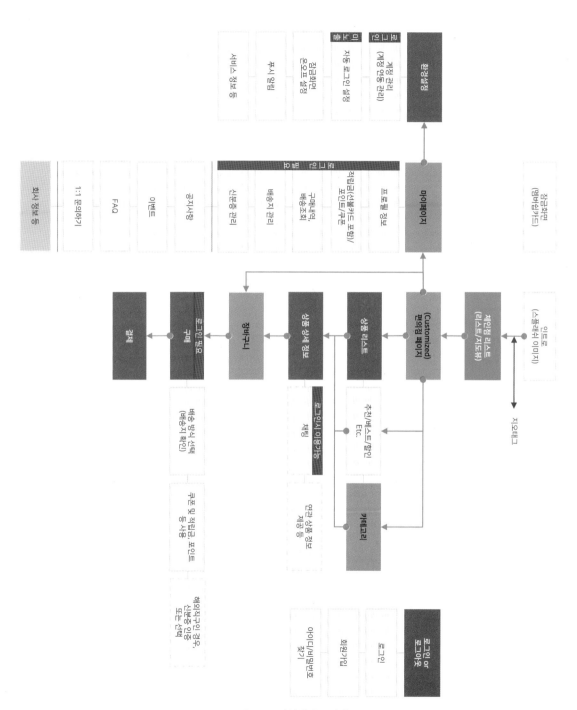

그림 4.27 모바일 앱의 IA 예시

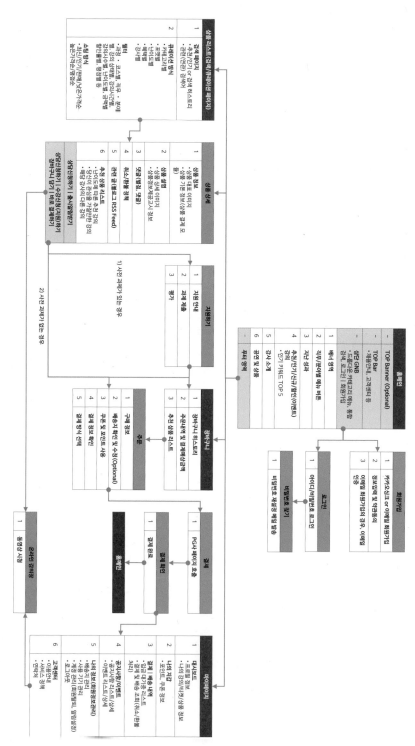

그림 4.28 웹 서비스의 IA 예시

Main Menu	Code	Sub Menu	Code Range	Sub2	Code Range	Pop-up	Main Form	Etc.
Header/Footer	HF	Top Banner, Top Bar, Header	01-01~01-02			2: 카테고리 레이어 팝업, 검색 레이어 팝업	공통 Header	공통 Header
		Footer	02-01				공통 Footer	공통 Footer
		알림(메시지)	03-01~03-02			1: 알림 메시지 레이어 팝업		SP-AL-01-01~03-01
Log in/Sign up	SU	로그인/회원가입 페이지	01-01~02-03	이메일 로그인 및 로그인 Flow	01-01	2: 계정 연동 안내 로그인/회원가입 모듈	이메일 인증 메일, 가입 환영 메일	SP-PC-01-01~02-01
				엘터 로그인 제한 및 기기 변경 시 처리 Flow	01-02		신규 기기 등록 안내 메일	SP-PC-03-02
				비밀번호 찾기 Flow	01-03		비밀번호 재설정 이메일, 계정 잠금 안내 메일	SP-PC-03-03
				로그인 페이지	02-01~02-03			
		회원가입 선택 페이지	03-01	로그인/회원가입	03-03~03-04			
		이메일 인증 안내 가입 완료 페이지	03-02	서비스 약관 안내 프로세스	03-01	1: 서비스 정책 모듈		SP-PC-04-01
		비밀번호 찾기 페이지 비밀번호 초기화 페이지	04-01	이메일 변경 프로세스	06-01	1: 이메일 변경 안내 모듈	이메일 변경 메일	
		수·님(비밀)가져오기 페이지	05-01~05-03	비밀번호 변경 및 연동 안내 프로세스	04-02	1: 비밀번호 변경 안내 모듈	기기 등록 메일	SP-PS-01-01~01-02
		(모달)					비밀번호 재설정 메일	
Home main page	HM	홈 메인 페이지	01-01~01-02	프로덕트 카드	03-01			
		(모달)						
Product list page	PL	상품 리스트	01-01~06-02	통합검색	01-01~01-02			
				통합검색 카테고리 검색	01-03			
				네이밍, 카테고리 검색	01-04			
				검색 결과가 존재하지 않는 경우	01-05			SP-PS-03-01
				통합검색 검색 리스트뷰	02-01			
				통합검색 검색 리스트 UI 필터뷰 사이드 바	03-01			
				(모달) 타입/정렬 상품 리스트 UI 필터뷰	05-01~05-02		프로모션용 커스텀 UI	SP-PS-02-01 SP-PS-02-02
		검색 페이지, 커스텀 UI	07-01	커스텀 UI 카테고리 검색	06-01~06-02			
				커스텀 UI 카드 리스트	07-01			
Product detail page	PD	상품 상세 페이지	01-01~03-01	상단 시스템 구성 설명	01-01			SP-PM-01-01
				구매 옵션 선가(선택) 경우	01-02			
				구매 모듈 선가(선택) 경우	02-01~02-02			SP-PM-01-02
				구매 버튼 종류 및 그 처리 프로세스(오프라인 동일인기가져옴, 장기재입의 경우)	02-03			
				구매 모듈 버튼, 장기재입 경우 오프라인 경우(지원 기주된 과제 재생 프로세스)	03-01			

그림 4.29 테이블 형태로 작성한 IA 예시

필자에게 2가지 유형의 IA 중 어떤 IA가 더 중요한지 묻는다면 테이블 형태로 작성한 후자의 IA라고 답할 것이다. 도형 형태로 작성한 전자의 IA는 정책서를 작성했거나 연습장에 간략한 화면을 스케치해 공유했다면 충분히 작성할 수 있다. 따라서 기획서나 목업을 작성하기에 앞서 작성한다. 하지만 그림 4.29와 같이 테이블 형태로 작성한 후자의 IA는 메뉴나 화면, 기능 등을 페이지 코드와 함께 정리해야 하므로 기획서 초안을 작성한 후 검토하면서 작성할 수 있다.

기획서를 작성하는 시점에는 미래에 등장할 화면이나 장표의 페이지 코드를 알 수 없다. 그 때문에 대략적인 코드를 작성하며 기획서를 작성하게 되고, 기획서 초안이 완성되어 검토를 진행할 때 코드 체계를 다시 정리 및 반영하게 되는데, 이때 테이블 형태의 IA를 작성하게 된다.

이 IA를 제대로 작성하면 해당 서비스가 몇 개의 페이지 또는 화면으로 구성되고, 몇 개의 모달 팝업이나 메일 폼이 필요한지 정확히 파악할 수 있으며, 작업자가 빠르게 페이지를 찾을 수 있다. 또한 이는 프로덕트 매니지먼트를 위해 칸반 보드에 이슈를 등록하는 기준이 되기도 한다. 그리고 각 이슈에 우선순위를 결정하기 위해 ICE 스코어를 부여하거나 작업 시간을 산정하기 위해 스토리 포인트를 부여하는 데 활용되기도 한다. ICE 스코어 및 스토리 포인트에 대해서는 8장 프로덕트 매니지먼트에서 자세하게 다루겠다.

웹 서비스는 링크를 활용해 페이지에서 페이지로 다이렉트로 이동하기 때문에 서비스의 구조를 설계하거나 이해하는 것이 어렵지 않다. 따라서 사용자에게 제공하는 사이트맵이나 페이지 내비게이션도 단순하고 굳이 도형으로 표현한 IA를 작성할 필요가 있을까 싶기도 하다.

하지만 모바일 앱을 기획할 때는 웹페이지와 달리 전환 효과를 표현하기 위해 화면과 화면이 스택(stack)[31] 형태로 층을 쌓게 되고 스택을 고려하며 버튼 클릭에 따른 화면의 이동 경로를 처리해야 하기 때문에 이를 이해하고 기획하는 데 IA가 큰 도움이 된다. 가끔 모바일 앱을 사용하다 보면 화면 이동 시에 괴이함이나 불편함을 느끼는 경우가 있다. 이는 해당 서

---

31 모바일 앱에서 스택(stack)은 화면이 순서대로 저장되어 관리되는 공간으로, 마지막으로 실행된 화면이 스택의 최상단에 저장되고 먼저 실행된 화면이 스택의 하단에 저장되는 방식으로 관리된다. 이 스택 기능을 통해 화면 전환 시 이전 화면이 배경에 깔려 있는 효과를 제공할 수 있다.

비스의 기획자가 모바일 앱의 스택 개념을 제대로 이해하지 못했거나 이동 경로를 제대로 처리하지 않았을 가능성이 크다.

모바일 앱의 스택 개념을 이해하고, 이에 따른 이동 경로를 처리하기 위해 그림 4.30의 ❶~❸과 같은 상황에서 어떻게 기획할지 고민해 보자.

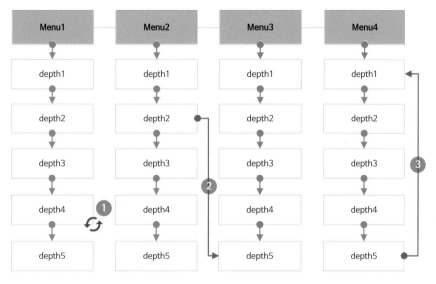

그림 4.30 모바일 앱의 IA 예시

❶번 사례

그림 4.31과 같이 쇼핑 앱에서 특정 상품을 클릭해 상품 상세 화면으로 이동한 다음 화면의 하단에 보이는 추천 상품을 클릭한 경험이 있을 것이다. 그렇게 이동한 상품의 상세 화면에도 추천 상품이 또 표시되고 있을 텐데, 이렇게 반복해서 추천 상품을 백 번, 천 번 클릭하면 어떻게 될까? 추천 상품을 백 번, 천 번 반복해서 클릭할 수는 있을까? 그리고 그렇게 반복한 다음 상단 앱 바에 있는 [뒤로 가기] 화살표 버튼이나 안드로이드 단말기의 [뒤로 가기] 키를 클릭하면 어디로 이동할까? 빨리 휴대폰을 꺼내 자주 사용하는 쇼핑 앱에서 추천 상품을 반복해서 클릭해 보자.

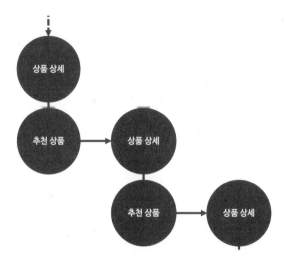

그림 4.31 쇼핑 앱에서 추천 상품을 백 번, 천 번 반복해서 클릭하면 어떻게 될까?

❷번 사례

그림 4.30에서 Menu2의 depth2 화면에서 어떤 버튼을 클릭해 Menu3의 depth5 화면으로 이동했다. 이 상황에서 상단 앱 바의 [뒤로 가기] 버튼이나 안드로이드 단말기의 [뒤로 가기] 키를 클릭하면 어느 화면으로 이동할까? Menu2의 depth2 화면일까? Menu3의 depth4 화면일까? 어디로 이동할지 결정했다면 모든 화면에서 [뒤로 가기] 버튼이나 키를 클릭했을 때 이동하는 경로도 같은 방식으로 처리해도 될까?

그런데 파워포인트나 목업 툴에서 개별 화면을 중심으로 기획하다 보면 [뒤로 가기] 버튼이나 기타 이동 버튼을 클릭했을 때 화면의 이동 경로를 의도치 않게 지정하거나 지정하지 않는 실수를 범하게 된다.

❸번 사례

그림 4.30에서 사용자가 회원 탈퇴를 하기 위해 마이 화면(Menu4)에서 depth5 화면까지 이동했다. 그런데 예상과 달리 해당 화면에 탈퇴 버튼이 보이지 않는다. 다시 depth1 화면까지 이동해야 하는데, 상단 앱 바에 위치한 [뒤로 가기] 버튼을 통해 depth1 화면까지 이동하려면 총 4번을 클릭해야 한다. 기획자는 사용자의 불편을 최소화하기 위해 클릭이나 과

정(Depth)을 줄이는 노력을 해야 하는데, 이렇게 기획을 할 것인가? 회원 탈퇴를 예로 들었지만 회원 탈퇴가 아니라 상품 구매나 이벤트 참여를 위한 과정이었다면 어떨까?

위 3가지 사례를 해결하려면 모바일 앱의 스택 개념과 이동 경로 처리, 전환 효과에 대한 이해가 필요하다. 모바일 앱은 웹사이트와 달리 페이지에서 페이지로 다이렉트로 이동하는 것이 아니라 화면 위에 화면이 얹히며 층을 쌓아간다. 그리고 [뒤로 가기]나 [닫기] 버튼을 클릭하면 현재 화면이 오른쪽으로 이동하거나 아래로 사라지면서 이전 화면이 표시된다. 따라서 스택 기능을 통해 화면을 이동할 때 이전 화면이 보이며 자연스럽고 부드러운 화면 전환이 가능한 것이다.

모바일 앱의 [뒤로 가기]는 웹사이트처럼 이동 경로가 단말기 메모리에 저장되는데, 이동 경로를 무한히 저장할 수는 없다. 따라서 모바일 앱에서는 보통 메뉴(Menu1 ~ Menu4) 화면으로 이동하면 그동안 쌓아둔 이동 경로, 즉 스택을 초기화한다. 그리고 메뉴의 상세 화면으로 이동을 시작하면 이동 경로를 다시 스택에 저장하고, [뒤로 가기] 버튼을 클릭하면 이동 경로의 역순인 이전 화면으로 이동한다. 물론 [뒤로 가기] 버튼을 클릭했을 때 특정 화면으로 이동할 수 있게 정의할 수도 있지만, 이를 잘못 지정하거나 화면마다 [뒤로 가기] 버튼의 정의가 다르면 사용자가 앱을 사용하면서 예상했던 이동 경로로 이동하지 않기 때문에 괴이함이나 불편함을 느낄 수 있으니 주의가 필요하다.

이제 모바일 앱의 스택 개념을 이해했으니 앞서 살펴본 ❶~❸번 사례를 어떻게 기획할 것인지 고민해 보자.

❶번 사례는 추천 상품을 반복해서 클릭하는 것이 화면의 스택을 쌓아가는 것처럼 보일 수도 있다. 그러나 추천 상품을 클릭하더라도 화면의 UI가 변하지 않았기 때문에 스택을 쌓기보다는 상품 정보만 갱신 처리한다. 단, 이전 상품으로 이동을 지원해야 하기 때문에 그 히스토리는 저장한다. 물론, 이것은 화면이 깜박거리며 상품 정보가 변경됐을 때의 이야기이고, 추천 상품이 화면의 오른쪽에서 왼쪽으로 등장하는 '슬라이드 인(Slide In)' 전환 효과와 함께 등장했다면 스택을 쌓으며 추천 상품을 표시한 것이다.

이 상황에서 [뒤로 가기] 버튼을 클릭하면 어디로 이동해야 할까?

어떤 사용자 그룹은 이전 상품이 더 마음에 든다며 이전 상품을 보고 싶어 할 수도 있고, 또 다른 사용자 그룹은 이전 상품이 아닌 상품 리스트로 이동하고 싶어 할 수도 있다. 어떻게 해야 모든 사용자를 만족시킬 수 있을까?

필자는 추천 상품을 수백, 수천 번 클릭히더리도 최근 5개 상품끼지민 이전 내역으로 이동을 지원하고, 6번째 클릭 시에는 상품 리스트로 이동하는 방식으로 기획한다. 또한 상단 앱 바의 오른쪽에 검색 · 홈 · 장바구니 바로가기 버튼을 제공하거나 추가로 제공해야 할 버튼이 너무 많을 때는 옵션 버튼(⋮)을 표시하고, 우선순위가 낮은 버튼들을 옵션 메뉴에 넣어 제공한다. 그리고 최근 5개 상품만 뒤로 가기를 제공하므로 마이페이지에서 최근 본 상품의 히스토리를 별도로 제공한다. 모든 사용자를 아주 만족시킬 수 있는 기획은 아니라고 생각하지만, 모든 사용자의 요구사항을 어떻게든 해결할 수 있도록 기능을 제공한 것이다.

❷번 사례는 모든 [뒤로 가기] 버튼을 이전 내역으로 이동하기로 기획했다면, 자연스레 Menu2의 depth2 화면으로 이동해야 한다. 그런데 화면마다 이동 경로를 지정했다면 depth2가 아니라 Menu3의 depth4로 이동할 수 있고, 이 경우 사용자는 불편함을 느낄 수 있다. 그런데 IA를 작성하지 않고 파워포인트나 목업 툴에서 한 화면씩 화면 중심으로 기획하다 보면 전체적인 화면의 이동 경로를 고려하지 못하고 양 옆(해당 화면의 이전과 다음 화면)의 화면만 고려하다 보니 [뒤로 가기] 버튼을 클릭했을 때 이전 화면인 depth4로 이동하는 것으로 기획할 수 있으니 주의해야 한다.

❸번 사례는 보통 상단 앱 바에 특정 메뉴 버튼이나 [닫기] 버튼 등을 제공하여 바로 이동하거나 건너뛸 수 있게 지원한다. 그런데 이런 버튼을 지원하지 않아 [뒤로 가기] 버튼을 반복해서 클릭해야 하는 앱들이 여전히 많다.

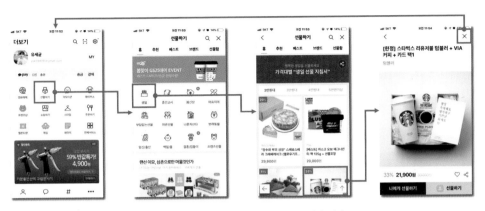

그림 4.32 카카오톡 선물하기의 이동 경로 관리 예시

모바일 앱은 특성상 IA를 작성하지 않고 화면의 흐름이나 이동 경로 처리를 일관성 있게 기획하기가 쉽지 않다. 예컨대 상단 앱 바의 [뒤로 가기] 버튼을 클릭했을 때 현재 화면이 어떻게 이동하며 사라지고 이전 화면이 등장해야 하는지, 상단 앱 바 또는 바텀 시트(bottom sheet)에 표시된 [닫기] 버튼을 클릭했을 때 해당 화면이 어떤 방향이나 방식으로 닫혀야 하는지 일관성 있게 기획하고 개발해야 한다. 그런데 IA 없이 화면 하나하나에 집중하며 기획하고 개발하다 보면 그 일관성을 유지하기 어려워 결국 사용자가 서비스 이용 시 불편함이나 괴이함을 느끼게 된다. 기획자들이 IA 작성을 중요하게 생각하지 않는 경향이 있는데 화면 기획을 시작하기 전에 꼭 작성하는 습관을 들이도록 하자.

세균무기가 알려주는
서비스 기획의
모든 것

05

프로세스 기획

이번 장에서는 회원가입과 로그인 프로세스를 통해

서비스 구현을 위한 프로세스를 학습해 보자.

5.1 _ 프로세스 기획

기획자에게 있어 어떤 프로세스를 기획한다는 것은 관련 법령, 규제, 스토어 정책, 활용하려는 인프라나 서드 파티(Third Party)의 API 가이드 등 서비스를 구현하는 데 필요한 다양한 외부 정책을 반영하는 과정이다. 그리고 사내 요구사항 및 리소스 등을 고려하며 사용자가 쉽고 편하게 사용할 수 있는 UI/UX를 구현하는 행위를 말한다. 따라서 프로세스를 잘 설계하려면 관련 정책들을 정확하게 이해하고, 이를 쉽고 명확하게 정리하고 설명할 수 있어야 한다.

서비스를 구현하기 위한 프로세스에는 회원가입 프로세스, 로그인 프로세스, 온보딩 프로세스, 결제 프로세스, 배송 프로세스, 취소 및 환불 프로세스, 반품 프로세스, 회원 탈퇴 프로세스 등 서비스의 도메인이나 특성에 따라 다양한 프로세스가 있을 수 있다. 이 모든 프로세스를 다루기는 어렵기 때문에 모든 서비스에서 공통으로 적용해야 하는 회원가입과 로그인 프로세스를 중심으로 이야기하며 프로세스를 기획할 때 어떠한 점을 고려해야 하는지 살펴보도록 하겠다. 개인적으로 전자상거래의 취소 및 환불 프로세스가 가장 난이도가 높고, 다음으로 회원가입 프로세스의 난이도가 높다고 생각하는데, 많은 기획자가 회원가입 프로세스를 너무 쉽게 생각하는 것 같다. 그런데도 왜 회원가입 프로세스가 잘 설계된 서비스를 찾기가 쉽지 않은지는 의문이다.

회원가입 프로세스 기획 시 고려사항

회원의 유형은 크게 'B2C 개인고객'과 'B2B 기업고객', 그리고 '관리자'로 구분할 수 있다. 회원의 유형에 따라 회원가입 프로세스가 다를 수밖에 없는데, 여기서는 'B2C 개인고객'을 중심으로 설명하겠다.

B2C 개인고객의 회원가입 절차를 간단하게 요약하면 회원 정보 입력 및 인증, 그리고 약관 동의를 거친다. 여기서 중요한 것은 이메일 주소 인증이나 휴대폰 번호 인증 등의 인증 절차다. 도대체 인증은 왜 거쳐야 하는 걸까?

사실 인증을 거치지 않더라도 아이디와 비밀번호 생성 등 다양한 방식으로 사용자에게 서비스를 제공할 수 있다. 그런데도 인력과 비용을 들이고, 사용자가 불편을 겪으면서까지 인증 절차를 기획하고 인증을 요구하는 이유는 무엇일까? 기획자는 과정을 줄이며 전환율을 높이기 위해 노력하는 직군이다. 그런데 복잡한 과정을 기획했다면 왜 그렇게 기획해야만 하는지 스스로가 납득할 만한 이유를 찾고 그 이유를 묻는 회원과 동료들에게 합리적이고 논리적으로 설명하거나 설득할 수 있어야 한다. 그래야만 모방이 아닌 기획을 한 것이라고 당당히 말할 수 있는 것이다.

국내에서 IT 서비스를 사용자에게 제공하기 위해 적용받는 관련 법들을 살펴보면, 많은 조항에서 서비스 제공자에게 '회원에 대한 통지의 의무'를 부과하고 있다. 여기서 말하는 통지란 서비스 및 약관의 변경, 서비스 이용 제한 및 중단 등 회원에게 중요한 사항에 대해 서신, 이메일, 문자 등 적절한 방법을 통해 안내해야 한다는 것이다. 그런데 유효한 수신 수단인지 인증하지 않고 정보 입력만 받으면 잘못된 정보 입력이나 타인의 연락처 입력 등의 이유로 해당 회원에게 통지한 정보의 도달을 담보할 수 없다. 그래서 인증 절차를 거치는 것이다. 그렇게 회원에게 중요한 사항에 대해 통지의 목적으로 개인정보를 수집할 수 있게 한 것인데, 이렇게 수집된 개인정보를 마케팅 및 홍보 목적으로 빈번하게 사용하다 보니 사용자에게 '마케팅 목적의 개인정보 수집 및 이용 동의 약관' 및 '마케팅 및 광고성 정보 수신 동의 약관'을 통해 동의를 받도록 정보통신망 이용촉진 및 정보보호 등에 관한 법률(정보통신망법)에서 규제하고 있는 것이다.

반면, 서비스 제공자가 인증을 통해 통지의 수단으로써 이메일 주소나 휴대폰 번호 등의 개인정보를 수집했지만, 회원 정보가 변경됐을 때 회원이 이를 수정해주지 않으면 통지의 의무를 수행할 수 없다. 그래서 보통 회원가입 시 이용약관을 통해 회원에게 '회원정보 변경의 의무'를 부과하고 있고 '이를 변경해주지 않아 발생하는 모든 법적인 책임은 회원에게 있다.'는 조항에 사용자의 동의를 받으며 면책하고 있다.

회원 인증 방식

회원 인증 방식은 '이메일 주소 점유 인증(이하 이메일 인증)', '휴대폰 번호 점유 인증(이하 휴대폰 번호 인증)', '휴대폰 본인 인증', '싱글 로그인(SSO, Single Sign-On)'의 4가지 방식이 주로 사용된다. 물론 이 외에도 수많은 인증 방식이 있을 수 있으며 어떤 인증 방식을 선택할지는 서비스의 특성, 필요한 데이터, 비용, 편의성 등을 고려해서 결정하게 된다.

그림 5.1 인증 방식 선택 시 고려사항

글로벌 서비스를 기획하고 있다면 주민등록번호를 기반으로 하는 휴대폰 본인 인증 방식을 도입할 수 없다. 그리고 금융 서비스를 기획하고 있다면 이메일 인증 방식을 도입할 수는 없다. 또한 경영진이나 마케팅 팀에서 마케팅 목적으로 휴대폰 번호 및 이메일 주소의 수집은 물론이거니와 개인의 정확한 식별도 필요하다고 하여 회원가입 시 휴대폰 본인 인증과 함께 이메일 인증까지 모두 적용할 수도 없다. 회원가입 시 허들이 너무 높아 가입전환율이 매우 낮을 것이 뻔하기 때문이다.

게다가 통지를 위한 수단이기 때문에 해당 인증 방식을 통해 회원에게 통지를 해야 하는데, 이메일과 문자 또는 카카오 알림톡 발송 비용이 크게는 5배 이상 차이가 난다. 회원 수가 많다면 그 비용의 차이도 무시할 수 없다. 그래서 휴대폰 번호로 통지하는 경우 문자로 발송하면 건당 약 17원 정도로 발송 비용이 비싸 건당 약 8원 정도 하는 카카오 알림톡을 사용하는 것이다.

어떠한 인증 방식을 선택할지는 매우 신중하게 선택해야 한다. 그리고 선택했다면 논리적이고 합리적인 인증 프로세스를 설계해야 한다. 그렇지 않으면 이 선택과 설계로 인해 나를 포함해 고객, 운영자, CS 담당자, 개발자는 물론이거니와 이후 입사하게 되는 모든 동료들과 미래의 고객들에게 고통과 피해를 줄 것이기 때문이다. 과거 내가 수차례 겪었던 고통과 피해는 누가 보상할 것인가?

이메일 인증 방식을 선택했을 때 주의해야 할 사항이 있다. 회원이 비밀번호를 잊어버린 상황에서 이메일 주소마저 사라졌을 때 비밀번호를 변경하거나 초기화할 수 있는 프로세스를 기획해야 한다는 것이다. 회원가입 시에 사용한 이메일 주소는 회사의 퇴사나 이메일 솔루션이 사라지면서 없어질 수 있다. 대다수 이메일 인증 기반의 서비스들은 이메일을 통해 비밀번호를 초기화하고 재설정할 수 있는 기능을 제공한다. 그런데 이메일 주소가 사라진 경우에 어떻게 비밀번호를 초기화하고 재설정할 수 있을까? 설마 어떤 서비스처럼 고객센터로 연락하면 비밀번호를 알려주거나 변경해 주겠다고 안내할 건가?

휴대폰 번호 인증 및 휴대폰 본인 인증 방식을 선택한 경우에는 동일한 휴대폰 번호로 회원가입을 시도했을 때의 처리 프로세스를 기획해야 한다. 회원이 전화번호를 변경했다고 가입한 수많은 서비스를 일일이 방문하며 전화번호를 변경해 주는 일은 없을 것이다. 전화번호 개수는 유한한 자원이기 때문에 이전 번호는 상당 기간이 경과하면 제삼자에게 재할당된다. 이로 인해 자신이 가입하지 않은 서비스임에도 불구하고 해당 번호를 사용했던 이전 사용자의 통지를 수신하게 된다. 물론 광고성 메시지는 이메일이나 문자 내 수신 거부[32]를 통해서 수신을 거부할 수 있다. 하지만 수신 거부 또한 제공하지 않는 서비스도 있는 데다 서비스 필수 알림이나 관련 법에 따른 알림의 경우에는 수신 거부를 제공하지도 않아 불편함을 겪게 된다. 게다가 해당 서비스에 가입하고 싶어 회원가입을 시도하는데 이미 존재하는 휴대폰 번호라며 가입이 안 된다. 통신사를 통해서 정당하게 해당 번호를 점유하게 된 사용자이므로 정상적으로 회원가입이 진행돼야 하는데 가입이 안 되는 것이다. 혹시나 하고 이용약관을 살펴봐도 이용신청의 제한이나 거부 사유에 해당하지도 않는다. 나는 정상적인 사용자인데 회원가입이 안 되는 것이다. 이렇게 기획할 것인가?

따라서 해당 번호를 사용했던 이전 회원은 로그인을 통해 추가 데이터를 쌓지 못하도록 막고, 휴대폰 번호를 변경할 수 있도록 회원 정보 변경 프로세스를 제공해야 한다. 그래야 통지나 알림이 필요한 경우 안내할 수 있기 때문이다. 이를 위해서는 DB 서버의 유저 테이블에서 휴대폰 번호는 유니크 체크를 하지 않고, 별도의 인증 여부를 저장하고 있어야 한다. 그래야 이전 회원의 휴대폰 번호를 사용하게 된 신규 사용자가 회원가입을 정상적으로 할 수 있고, 회원가입과 동시에 이전 회원은 인증이 풀리며 로그인이나 화면 이동 시에 휴대폰 번호 재인증 화면을 띄울 수 있다. 그런데 기획자가 관련 정책이나 프로세스를 기획해주지 않아 고객센터를 통해 개발자에게 전달되어 개인정보를 수작업으로 수정하는 웃지 못할 촌극이 발생하고 있는 것이다.

---

32 광고성 메시지의 경우, 정보통신망법 제50조(영리목적의 광고성 정보 전송 제한) 규정에 따라 수신 거부를 제공하지 않으면 불법이다.

많은 기획자가 이메일 인증이나 휴대폰 인증 등과 비교해 '구글 계정으로 로그인하기', '애플 계정으로 로그인하기' 등과 같은 싱글 로그인을 적용하는 것이 쉽다고 생각하는 경향이 있다. 물론 한 개의 싱글 로그인만 적용한다고 하면 그 어떤 인증 방식보다 쉬울 수 있다. 하지만 사내 요구사항이나 스토어 정책 때문에 그렇지 못할 것이다. 그런데 여러 개의 싱글 로그인을 적용하면 그 어떤 인증 방식보다도 프로세스를 설계하는 난이도가 높다. SSO마다 제공하는 필수 정보와 선택 정보가 달라 SSO마다 분기하며 추가 정보를 수집해야 할 수도 있다. 그리고 한 명의 사용자가 실수나 혼동으로 여러 개의 계정을 생성할 수 있는데, 그렇게 생성된 계정을 병합해 달라는 요구나 서비스의 특성상 여러 개의 계정 생성을 막아야 할 수도 있기 때문이다. 복수 계정 생성을 줄이기 위해 단말기의 로컬 스토리지에 최근 로그인한 SNS를 기록하여 '마지막으로 로그인한 계정이에요.'라는 툴팁을 표시해주기도 한다. 하지만 앱 삭제 후 재설치 등으로 이를 원천적으로 막을 방법이 없다. 또한 데이터 분석이나 관리 측면에서도 비효율적이다.

따라서 어떠한 인증 방식을 선택할지 신중하게 검토하고, 선택한 인증 방식으로 인해 발생하는 엣지 케이스를 고려하며 프로세스를 설계해야 한다. 회원가입 프로세스를 잘못 설계하면 현재와 미래의 나와 동료, 회원들이 모두 고통과 불편함을 겪게 된다는 것을 잊지 말자.

미성년자 법정 대리인의 동의

국내 서비스의 회원가입 프로세스를 기획할 때 인증과 관련해서 추가로 고려해야 할 사항이 있다. 그중 하나는 회원가입 또는 결제 시 사용자의 연령에 따라 법정 대리인의 동의 절차가 필요하다는 것이다.

> **개인정보 보호법 제22조(동의를 받는 방법)**
> ⑥ 개인정보처리자는 만 14세 미만 아동의 개인정보를 처리하기 위하여 이 법에 따른 동의를 받아야 할 때는 그 법정 대리인의 동의를 받아야 한다.

만 19세 이상의 성인만 사용 가능한 서비스라면 별도의 법정 대리인의 동의 절차가 필요 없다. 하지만 만 19세 미만의 미성년자(청소년)는 결제 시 법정 대리인의 동의가 필요하다. 그리고 만 14세 미만의 미성년자(아동)는 결제는 물론이거니와 회원가입 할 때도 법정 대리인의 동의가 필요하다. 그래서 만 19세 이상의 성인만 사용할 수 있는 서비스에서는 개발 편의상 회원가입 화면에서 약관 동의 시 성인인지를 물으며 동의를 받아 처리하는 경우가 많다. 다만, 청소년 유해매체물 및 성인 콘텐츠를 제공하는 서비스에서는 반드시 휴대폰 본인 인증을 통해 성인 여부를 확인해야 한다.

반면 14세 미만 아동의 회원가입이 필요하거나 19세 미만의 아동과 청소년의 결제를 지원할 필요가 있을 때는 휴대폰 본인 인증을 통해 법정 대리인의 동의를 받아야 한다. 그런데 휴대폰 본인 인증으로 법정 대리인인지 어떻게 확인할 수 있을까? 법정 대리인이란 대부분 친권자인 부모다. 하지만 부모가 사망하는 등의 사유로 친권자가 없는 경우에는 친권자인 부모의 유언이나 가정법원의 직권으로 법정 대리인으로서 후견인이 선임된다. 그런데 휴대폰 본인 인증으로는 인증자가 만 19세 이상의 성인인지는 확인할 수 있으나, 해당 청소년과 아동의 후견인인지는 정확히 확인할 방법이 없다. 사실상 IT 기업이 법정 대리인을 정확하게 확인할 수 있는 수단과 방법은 없다. 그런데도 모든 기업이 휴대폰 본인 인증을 통해 성인의 관리 및 감독 하에 회원가입 또는 결제를 진행한 것으로 간주하며 면책을 하고 있다. 인증 비용을 부담하고 복잡한 프로세스를 개발하면서까지 면책을 하는 이유는 이를 위반할 경우 법정 대리인의 동의 없이 결제한 미성년자의 취소 또는 환불 요구를 거부할 수 없기 때문이다. 그리고 전체 매출액의 100분의 3을 초과하지 않는 범위 내에서 과징금을 납부해야 할 수도 있다. 자세한 내용은 법제처에서 제공하는 '국가법령정보센터' 사이트의 '개인정보 보호법'에서 확인할 수 있으니 꼭 읽어 보기를 바란다.

표 5.1 연령에 따라 회원가입 또는 결제 시 법정 대리인의 동의가 필요하다.

연령	회원가입 시	결제 시	기타
만 14세 미만의 미성년자(아동)	필요	필요	
만 19세 미만의 미성년자(청소년)	필요 없음	필요	청소년 유해매체물 및 성인 콘텐츠의 경우, 반드시 휴대폰 본인 확인을 통한 성인 인증 필요
만 19세 이상의 성인	필요 없음	필요 없음	
동의 필요 시 처리 방법	휴대폰 본인 확인 약관을 통한 동의 체크	휴대폰 본인 확인, 그러나... :(	

서비스 약관의 작성

회원가입 시에 사용자에게 동의를 받기 위한 '서비스 이용약관', '개인정보 수집 및 이용 동의 약관', '개인정보 제 3자 제공 동의 약관', '마케팅 목적의 개인정보 수집 및 이용 동의 약관', '마케팅 및 광고성 정보 수신 동의 약관' 등의 서비스 약관 및 정책은 과연 누가 작성할까? 대부분 서비스를 기획한 기획자가 경쟁사 약관을 참고하여 작성한 다음 그나마 상황이 나은 경우에는 사내 법무팀 또는 외부 법무법인에 작성된 약관의 검토를 요청할 것이다.

필자는 경쟁사 서비스를 벤치마킹할 때 해당 경쟁사의 서비스 약관을 꼭 읽어 본다. 읽다 보면 타사의 서비스명이 그대로 노출된 경우도 있고, 불공정 약관이거나, 이미 법령이 개정됐거나 또는 담당자가 퇴사한 지 오래됐는데도 업데이트되어 있지 않는 등 어처구니없는 경우를 많이 보게 된다. 나는 이미 퇴사한 지 오래됐는데도 여전히 내 이름이 담당자로 기재된 경우를 보면 회사와 사용자 간의 이용 계약서인 약관과 정책에 얼마나 무신경한지 알 수 있다. 물론 기획자가 법률 전문가가 아니기 때문에 이를 작성하는 것이 어렵고 힘들어 경쟁사 약관을 참고하여 작성할 수밖에 없다고 생각한다. 그런데 경쟁사 또한 위와 같은 과정을 통해 약관을 작성하다 보니 잘못된 내용이 있을 수 있는데, 그것을 그대로 베꼈다면 어떻게 될까? 게다가 동일한 도메인이더라도 서비스 내 표현이 다를 수 있고 경쟁력을 위해 차별화된 기능을 제공하고 있을 수 있는데 이는 약관에 어떻게 반영할 것인가?

기획자가 서비스 이용약관을 잘 작성하는 방법은 공정거래위원회에서 제공하는 표준 이용약관[33] 양식을 기반으로 작성하되, 경쟁사의 이용약관을 참고하며 자사 서비스에 맞게 수정하는 것이다.

기획자가 '개인정보 처리방침'을 작성하는 경우에는 수집 및 이용하고 있는 개인정보의 항목 및 목적, 보유 및 이용기간 등을 명시해야 하므로 개인정보에 대한 이해가 필요하다. '개인정보'는 살아있는 사람의 이름, 주민등록번호, 휴대폰 번호, 이메일 주소, 주소 정보와 같이 그 정보만으로도 해당 사용자를 직간접적으로 식별할 수 있는 정보를 말한다. 그리고 주민등

---

33 공정거래위원회에서 제공하는 표준 이용약관은 사업자와 소비자 간 거래에서 발생할 수 있는 분쟁을 예방하고, 소비자의 권리를 보호하기 위해 사업자와 소비자가 계약을 체결할 때 반드시 준수해야 하는 최소한의 기준을 정리한 것이다. 전자상거래, 온라인 교육, 숙박, 항공, 여행, 렌터카, 보험, 의료, 금융, 건설 등과 같은 분야별로 제공하고 있다. 인터넷에서 '공정거래위원회 표준약관'으로 검색하면 분야별 표준약관을 확인하고 다운로드할 수 있다.

록번호[34], 여권번호, 운전면허번호, 외국인등록번호 등의 개인을 고유하게 구별하기 위해 부여된 '고유식별정보'와 성적 취향이나 종교, 정치적 성향, 건강 상태, 범죄경력 등과 같은 '민감정보'가 있다. 또한 단말기 및 운영체제 등을 통해서 여러 '고유식별번호'를 수집하게 되는데 개발자를 통해 어떤 고유식별번호를 수집하고 있는지 확인하고 이를 명시해야 한다. 몇몇 고유식별번호는 판례를 통해서 개인정보 보호법의 적용 대상으로 인정됐기 때문이다. 단말기를 통해서 수집 가능한 고유식별번호는 147쪽에서 자세히 살펴보겠다.

'개인정보 처리방침'은 홈페이지 푸터나 정책 화면에서 연결된 화면을 통해 전체 사용자를 대상으로 고지의 목적으로 작성된 정책이다. 반면 '개인정보 수집 및 이용 동의 약관'은 개인정보 처리방침에서 회원가입 시 개인정보의 수집 및 이용에 동의가 필요한 내용을 발췌하여 회원으로 가입하고자 하는 이용자에게 동의를 받기 위한 약관이다. 이 둘은 제공하는 위치와 목적이 다르다.

그리고 회원가입 시 약관의 동의일을 기준으로 12개월마다 개인정보 이용내역을 통지의 수단으로 회원에게 안내해야 한다. 따라서 가입일자를 서버에 기록해 두고 배치를 통해 통지해야 한다.

기획자들이 '개인정보 취급 위탁 동의 약관'과 '개인정보 제 3자 제공 동의 약관'을 혼동하는 경우가 있다. 개인정보 취급 위탁 동의 약관은 배송업체, 콜센터 등과 같이 자사의 이익 및 목적을 위해 개인정보 취급업무를 제삼자에게 위탁한 경우에 사용자에게 동의를 받기 위한 약관이다. 따라서 사용자에게 개인정보를 제공받는 자와 그 업무 내용을 명시하고 동의를 받아야 한다. 서비스 이용 시 필수로 제공하는 기능인 경우가 많아 보통 회원가입 시 동의를 받는다. 반면 개인정보 제삼자 제공 동의 약관은 개인정보를 제공받는 자의 이익 및 목적을 위해 개인정보를 제삼자에게 제공하는 경우에 사용자에게 동의를 받기 위한 약관이다. 따라서 제공받는 자와 그 목적, 제공되는 개인정보 항목, 보유 및 이용 기간을 명시하여 동의를 받아야 한다. 대기업이 계열사나 자회사 간 개인정보를 공유하려면 해당 약관의 동의를 받아야 하는데, 제공된 개인정보는 제공된 기업의 광고나 마케팅 목적으로 활용하는 경우가 많아 사용자에게 포인트나 쿠폰 등을 지급하며 동의를 받곤 한다.

---

34 주민등록번호는 개인정보이자 고유식별정보다.

'마케팅 및 광고성 정보 수신 동의 약관'은 정보통신망 이용촉진 및 정보보호 등에 관한 법률(정보통신망법) 제50조 1항에 의거하여 앱 푸시, 문자, 이메일, 전화 등 전자적 전송매체를 이용하여 영리 목적의 광고성 정보를 전송하기 위해 수신자에게 명시적인 사전 동의를 받기 위한 약관이다. 그리고 오후 9시부터 그 다음 날 오전 8시까지의 야간 시간에 영리 목적의 광고성 정보를 전송하려면 위 약관과 별개로 '야간 마케팅 및 광고 수신 동의 약관'에 동의를 받아야 한다. 그리고 그 수신 동의를 받은 날로부터 2년마다 재동의를 받아야 하므로 동의 여부와 함께 동의 일자를 서버에 기록해 두고 배치를 통해 통지해야 한다. 단, 재동의는 보통 통지의 내용으로 수신 거부 방법이나 경로를 안내함으로써 갈음 처리한다.

> **정보통신망법 제50조(영리목적의 광고성 정보 전송 제한)**
>
> ① 누구든지 전자적 전송매체를 이용하여 영리목적의 광고성 정보를 전송하려면 그 수신자의 명시적인 사전 동의를 받아야 한다.
>
> ② 전자적 전송매체를 이용하여 영리목적의 광고성 정보를 전송하려는 자는 제1항에도 불구하고 수신자가 수신거부의사를 표시하거나 사전 동의를 철회한 경우에는 영리목적의 광고성 정보를 전송하여서는 아니 된다.
>
> ③ 오후 9시부터 그 다음 날 오전 8시까지의 시간에 전자적 전송매체를 이용하여 영리목적의 광고성 정보를 전송하려는 자는 제1항에도 불구하고 그 수신자로부터 별도의 사전 동의를 받아야 한다.

이 외에도 서비스의 도메인이나 특성에 따라 위치정보 이용약관, 전자금융거래 이용약관 등 다양한 약관이 존재하며 이를 사용자에게 제공하고 동의를 받아야 한다.

개인정보의 처리와 관련된 보다 자세한 사항은 개인정보 보호법 및 정보통신망법을 꼭 읽어보기 바란다. 여러 서비스가 회원가입 화면이나 설정의 약관 및 정책 화면, 그리고 알림 설정 화면 등을 왜 이렇게 어렵고 복잡하게 구현하는지 그 정확한 이유를 알 수 있을 것이다. 다시 한번 강조하자면, 기획은 그렇게 기획한 이유를 논리적이고 합리적으로 설명할 수 있어야 한다. 그렇지 않으면 기획이 아니라 단지 모방일 뿐이고 그림 그리기에 지나지 않는다.

모바일 고유식별번호

모바일 앱을 기획하거나 경쟁사 앱을 벤치마킹하다 보면 개인정보 처리방침이나 개인정보 수집 및 이용 동의 약관 등에서 UUID, UDID, IMEI, ADID, IDFA, CI, DI 등 여러 고유식별번호를 접하게 된다. 각 고유식별번호가 무엇이고 어떠한 용도로 사용되는지 살펴보자.

UUID(범용 고유식별번호, Universally Unique Identifier)

네트워크상에서 서로 모르는 수많은 기기를 식별하고 구분하려면 각각의 고유한 이름, 즉 ID가 필요하다. 같은 ID를 갖는 기기가 존재한다면 구별이 불가능하기 때문이다. 물론 ID의 고유성을 완벽하게 보장하기 위해 중앙관리시스템이 있어서 고유한 일련번호를 부여해준다면 쉽고 간단하게 해결할 수 있는 일이다. 하지만 전 세계에서 수많은 기업이 네트워크 연결이 필요한 다양한 제품을 개발하고 있는 상황에서 중앙관리시스템을 통한 통제는 사실상 불가능하다. 따라서 개발 주체가 스스로 ID를 부여하도록 하되 고유성을 충족할 수 있는 방법이 필요하다. 이를 위해 탄생한 것이 UUID다. UUID 표준 규약에 따라 ID를 부여하면 고유성을 완벽하게 보장할 수는 없지만, 실제 사용상 중복될 가능성이 매우 낮기 때문에 많이 사용되고 있다.

UUID는 총 36개의 문자로 이뤄져 있으며 다음과 같은 형식으로 작성된다.

표 5.2 UUID의 구성

UUID 레코드 레이아웃			
이름	길이(바이트)	길이(16진수)	내용
time_low	4	8	시간의 low 32비트를 부여하는 정수
time_mid	2	4	시간의 middle 16비트를 부여하는 정수
time_hi_and_version	2	4	최상위 비트에서 4비트 "version", 그리고 시간의 high 12비트
clock_seq_hi_and_res clock_seq_low	2	4	최상위 비트에서 1-3비트, 그리고 13-15 비트 클럭 시퀀스
node	6	12	48비트 노드 id
UUID 예시: 550e8400-e29b-41d4-a716-446655440000			

UUID는 정보통신망법 제22조 2(접근권한에 대한 동의)를 근거로 개인정보 보호법의 적용 대상이다. 따라서 이를 수집하려면 회원가입 시 '개인정보 수집 및 이용 동의 약관'을 통해 수집 항목 및 필요한 이유를 명시하고 사용자의 동의를 받아야 한다.

> **정보통신망법 제22조의2(접근권한에 대한 동의)**
>
> ① 정보통신서비스 제공자는 해당 서비스를 제공하기 위하여 이용자의 이동통신단말장치 내에 저장되어 있는 정보 및 이동통신단말장치에 설치된 기능에 대하여 접근할 수 있는 권한(이하 "접근권한"이라 한다)이 필요한 경우 다음 각 호의 사항을 이용자가 명확하게 인지할 수 있도록 알리고 이용자의 동의를 받아야 한다.

UDID(고유 기기 식별번호, Unique Device Identifier)

아이폰, 아이패드 등 애플에서 제조한 단말기에 부여되는 고유식별번호다. 총 40자 길이이고, 숫자와 문자로 구성돼 있다. 애플은 개인정보보호 강화 목적으로 2013년에 iOS 5부터 UDID를 수집하거나 이용한 앱은 앱스토어 등록 심사를 거부하며 사실상 UDID의 활용을 금지했다. 그래서 UDID는 '개인정보 수집 및 이용 동의 약관'에 등장할 수 없다.

Android ID

Android ID는 애플의 UDID와 같이 안드로이드 단말기에 고유하게 부여되는 16자리의 고유식별번호다. Android ID는 단말기의 하드웨어 및 소프트웨어 정보를 기반으로 생성되어 단말기의 고유성을 식별하는 데 사용되며 단말기 초기화를 통해 재설정할 수 있다. 앱 개발자들이 앱을 설치한 단말기를 식별하고 관리하는 데 사용된다.

IMEI(국제 모바일 단말기 식별번호, International Mobile Equipment Identity)

IMEI는 GSM, WCDMA 통신 기술을 사용하는 휴대폰과 일부 위성 전화를 식별하는 고유 번호다. 따라서 Wi-Fi 전용기기는 IMEI 값을 가지고 있지 않다. 제조사가 휴대폰을 출고할 때 부여하며, 형식 승인코드 8자리, 모델 일련번호 6자리, 검증용 숫자 1자리 등 총 15자리로 구성된다. IMEI는 통신 장치를 식별하는 데 사용되며 휴대폰의 정품 여부 확인, 분실

혹은 도난 시 통화 차단, 위치 추적, 보안 기능 활성화 등의 용도로 활용되고 있다. 국내에서는 IMEI를 개인정보로 분류하여 사용자의 동의 없이 수집한 경우에는 불법에 해당한다는 판례가 있다. 구글의 경우, 안드로이드 Q 버전부터는 IMEI 수집을 지원하지 않고 있다.

IDFA(Apple ID for Advertisers)와 ADID(Google Advertising ID)

광고 표시 및 리타깃팅[35], 광고 성과 분석 등의 목적으로 활용하기 위한 기기별 고유한 키값으로 애플은 2012년에 IDFA를, 구글은 2014년에 ADID를 지원하기 시작했다. 이름만 다를 뿐 용도는 동일하다. 해당 광고 식별자를 통해 개인정보를 노출하지 않고도 사용자를 식별하고 추적할 수 있으며, 이를 사용해 맞춤형 광고를 제공할 수 있다.

다만 애플은 WWDC 2020에서 iOS 14를 공개하며 이전보다 강화된 사용자 데이터 보호 정책의 실행으로 iOS 14.5 버전부터 앱 추적 투명성(ATT, AppTrackingTransparency)을 강제했다. ATT는 사용자의 명시적인 동의 없이는 IDFA를 수집할 수 없으며, 수집을 위해서는 사용자에게 ATT 팝업을 표시해 동의를 획득해야 한다는 것이다. 따라서 마케팅 진행 시 리타깃팅을 통해 고객획득비용(CAC, Customer Acquisition Cost)을 낮춰야 하는 퍼포먼스 마케터들의 고민이 깊어졌고, 동의율을 높이기 위해 해당 팝업을 띄우기 전에 동의를 하면 일정 포인트나 쿠폰 등을 지급한다는 이벤트를 진행하기도 한다.

그림 5.2 애플의 ATT(AppTrackingTransparency) 팝업

---

35 리타깃팅(retargeting)이란 사용자가 특정 웹페이지나 모바일 화면에서 클릭한 제품이나 이와 동일한 제품군을 다른 웹페이지나 화면을 방문했을 때도 보여주며 클릭률이나 구매율을 높이는 마케팅 기법이다. IDFA와 ADID를 통해 자사 서비스나 경쟁 서비스에 관심 있는 사용자에게 자사의 광고를 보여주며 CAC를 낮추거나 ROAS(광고 수익률, Return on Advertising Spend)를 높일 수 있다.

개인식별정보(CI, Connecting Information)와
중복가입확인정보(DI, Duplication Information)

인터넷 기업들이 개인정보인 주민번호를 무분별하게 수집하고 해킹이나 관리 부실로 대규모 유출 사건이 빈번하게 발생하자 2015년 2월 6일, 개인정보 보호법의 개정을 통해 주민번호의 수집을 불법화했다. 따라서 본인 인증이 필요한 서비스에서는 주민번호를 수집할 수 있는 본인 확인 기관인 통신사 등에 사용자로부터 입력받은 성명, 생년월일, 성별, 통신사, 휴대폰 번호 정보를 전달하여 본인 인증을 한다. 그럼 그 리턴값으로 개인을 식별할 수 있는 연계정보인 CI와 DI 정보를 전송받아 사실상 주민번호의 대체제인 CI 정보를 서버에 저장하고 CI 값을 이용해 본인 확인 및 가입 유무를 판단하거나 중복 가입을 막는다.

표 5.3 CI와 DI란?

구분	형식	용도
CI (Connecting Information, 개인식별정보)	88byte	연계정보, 서비스 연계를 위해 본인확인기관에서 부여하는 개인식별정보 서로 다른 인터넷 서비스 간에도 동일 사용자인지 구분 가능한 정보
DI (Duplication Information, 중복가입확인정보)	64byte	서비스별로 각각 관리하는 동일 사용자 구분 수단 한 사람의 명의로 여러 개의 계정을 만들고 악용하는 것을 막을 수 있는 정보 즉, 한 서비스에 단 하나의 DI만이 존재

모바일 앱 기획에서 다루는 몇 가지 주요 고유식별번호를 살펴봤다. 개인정보 처리방침이나 개인정보 수집 및 이용 동의 약관을 작성한 후에는 개발자와 퍼포먼스 마케터를 포함하여 모든 동료에게 수집될 만한 개인정보를 모두 열거한 약관 및 정책의 초안을 작성하여 전달하고, 동료들로부터 실제 수집되고 있는 항목을 전달받아야 한다. 해당 고유식별번호가 무엇인지 모르고 수집하고 있는 경우도 많기 때문이다.

5.2 _ 회원가입 화면, 이렇게 기획하면 안 돼요!

필자도 한 명의 IT 서비스 기획자로서 완벽한 서비스 기획을 하고 싶지만, 항상 마음대로 되지 않는다. 이유가 어찌 됐든 내 기획이 자랑스럽기보다는 부족하다는 생각에 부끄러울 때가 더 많다. 그만큼 완벽한 서비스를 기획하고 개발하는 것이 어렵다는 것을 잘 알고 있기에 다른 서비스의 잘못된 부분을 사례로 언급하는 것은 항상 조심스럽다. 그런데도 앞으로 회원가입 페이지가 이렇게 기획되지 않았으면 하는 바람과 함께 한 서비스의 회원가입 페이지를 예시로 잘못 기획된 부분을 이야기해 보고자 한다. 혹시나 하는 마음에 해당 서비스가 어떤 서비스인지 유추할 수 있는 모든 정보는 숨김 처리했다. 그리고 관련하여 기분이 상한 분이 있다면 비난이나 비판의 목적이 아닌 점을 고려하여 넓은 마음으로 이해를 부탁드린다.

아이디 및 비밀번호 입력 조건

아이디 및 비밀번호 입력 조건을 표시하지 않은 상태에서 입력 후 포커스 아웃을 하면 그제서야 유효성 검사 메시지(validation message)를 통해 생성 조건을 보여준다. 그런데 생성 조건을 보면 대다수 사용자들이 입력 후 수정할 수밖에 없는 조건이다. 즉, 모든 사용자가 아이디와 비밀번호를 생성하기 위해 2번 이상의 입력을 시도해야 한다.

그림 5.3 입력하고 나서야 그 생성 조건을 보여주는데, 그 생성 조건이 복잡하다.

그림 5.4 비밀번호는 문자 조합 기준과 자릿수 기준을 서로 다른 유효성 메시지로 알려주다 보니
자칫 잘못하면 3번 이상 입력해야 하는 상황이 발생한다.

아이디는 기호를 제외하고 6~12자 이내의 영문, 숫자 조합으로만 입력 형식을 제한해도 될 것 같다. 그리고 입력 가능한 형식을 인풋 박스 아래에 설명 문구(description message)나 인풋 박스 내 힌트 메시지(placeholder message) 또는 인포메이션 아이콘(i)을 활용해 툴팁 처리하여 안내해야 한다. 입력 시에는 자동으로 대문자 또는 소문자 입력 처리를 하고, 12자 초과 입력을 막는다면 사용자가 불필요한 혼동이나 입력을 줄이며 쉽게 아이디를 생성할 수 있을 것이다.

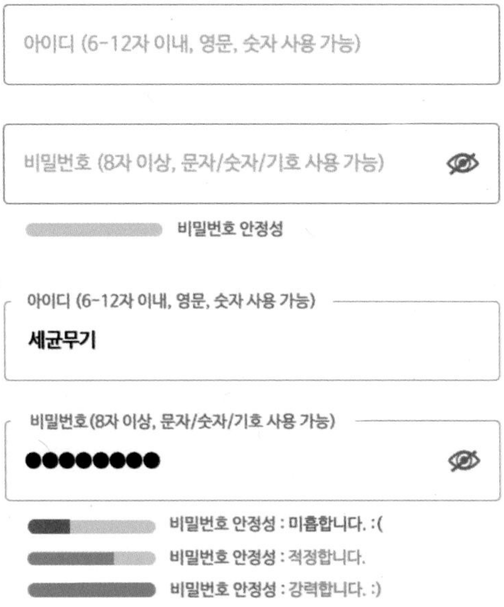

그림 5.5 필자의 아이디 및 비밀번호 인풋 박스의 기획 예시. 입력 전(위)과 입력 후(아래)

라벨의 표시

그림 5.3과 같이 placeholder message로 라벨을 처리하면 입력 시 라벨이 보이지 않는다. 해당 회원가입 페이지에서는 입력값이 많지 않아 라벨이 없더라도 혼동할 가능성이 적다. 하지만 인풋 박스가 많은 페이지에서 수정이 필요한데 라벨이 보이지 않는다면 해당 인풋 박스의 입력 항목이 무엇인지 혼동할 가능성이 있다. 따라서 인풋 박스 왼쪽 위에 라벨을 표시하거나 그림 5.5와 같이 placeholder message로 라벨을 함께 처리하는 것이 좋다.

입력 박스 초과 입력 제한

모든 인풋 박스는 입력 가능한 최소와 최대 글자 수에 대한 기준을 둬야 한다. 그림 5.6에서 아이디는 6~12자 이내, 비밀번호는 8~20자 이내, 이름은 1~10자 이내, 휴대폰 번호는 11

자로 입력 가능한 글자 수 기준을 뒀다. 그러나 인풋 박스에서 해당 기준을 초과하는 입력을 막지 않았다. 이름, 비밀번호, 이메일 주소 등의 입력값에 따른 최소와 최대 글자 수 기준에 대해서는 4장 95쪽 '인풋 박스'에서 다뤘으므로 굳이 또 이야기하지는 않겠다. 그림 5.6에서 어떤 부분이 잘못됐는지 한 번씩 생각해 보기 바란다. 그리고 이메일은 글자 수에 대한 기준뿐만 아니라 초과 입력 제한도 하지 않았다. 그래서 어떻게 됐냐고?

다음 그림 5.6에서 보다시피 입력 가능한 최대 글자 수 기준을 초과하는 입력이 가능하다. 따라서 사용자는 입력한 글자 수를 일일이 세어가며 입력하거나 입력한 글자를 삭제해야 한다.

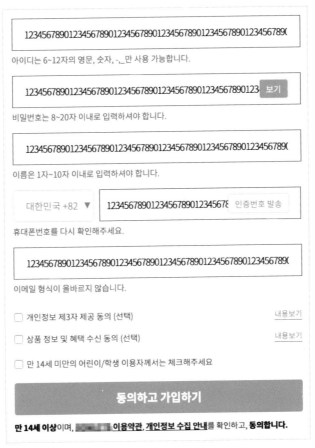

그림 5.6 입력 가능한 최대 글자 수 기준을 초과하는 입력을 제한하지 않으면 위와 같은 참사가 발생하게 된다.

입력 가능한 최대 글자 수 기준에 따라 반드시 인풋 박스에서 해당 기준을 초과하는 입력을 막아야 한다. 그래야 사용자가 초과 입력을 빠르게 인지하고 불필요한 입력이나 삭제를 막을 수 있다. 그리고 이메일은 형식 조건만 있지 최대 글자 수 기준이 없어 무한히 입력이 가능하다. 이메일 주소는 SMTP(Simple Mail Transfer Protocol) RFC 2821에 따라 주소 앞자리 64자 + @ + 도메인 255자로 최대 320자를 초과할 수 없다. 따라서 적어도 최대 320자를 초과하는 입력은 막아야 한다.

조금 더 센스 있는 기획자라면 휴대폰 번호나 카드번호, 연월일시 등과 같이 일정 형식이 있는 인풋 박스에서는 인풋 마스킹(input masking) 처리를 통해 사용자가 형식에 맞게 입력하고, 그 입력값을 삭제 버튼을 통해 초기화할 수 있도록 지원해 주면 좋다.

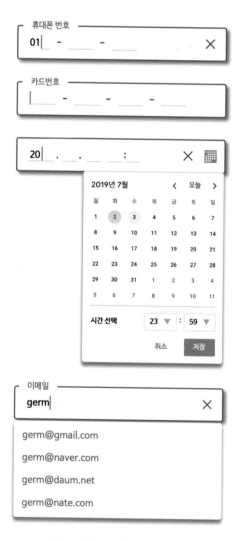

그림 5.7 인풋 박스의 마스킹 처리 예시

인증하지 않은 이메일

그림 5.6에서 휴대폰 번호는 인증한다. 반면 이메일 주소는 인증하지 않고 그냥 입력만 받는다. 그런데 placeholder message에 이메일이 아이디 찾기에 사용된다고 하여 살펴보니 아이디 및 비밀번호 찾기는 물론 서비스 내 각종 알림도 메일로 발송하고 있다. 실수나 고의로 잘못된 이메일 주소를 입력하거나 제삼자의 이메일 주소를 입력하면 어떻게 될까? 궁금하여 테스트해 보니 타인의 이메일 주소로 엄청난 양의 스팸 메일을 보낼 수 있게 설계돼 있다. 가끔 휴대폰 번호나 이메일 주소 인증 절차가 번거롭고 불편하다 보니 회원가입율이 떨어질 수 있다며 이를 꼼수로 처리하려는 UI를 보게 된다. 그런데 이렇게 꼼수로 처리했을 때 발생하는 사용자의 불편함이나 운영상 문제들이 눈덩이처럼 커져 더 큰 문제를 불러일으킬 수 있다는 점은 인지하지 못하는 것 같다. 회원가입율이 떨어질 것 같다면 회원가입 할 때는 가장 필수적인 정보 인증을 받고, 서비스 제공을 위해 필요한 상황에서 추가로 정보 수집 및 인증을 받을 수 있게 설계하자. 사용자는 바보가 아니다.

인증 버튼 중복 클릭 제한

이메일이나 문자 등으로 인증 메시지를 발송하는 버튼은 중복으로 메시지를 발송하거나, 제삼자의 이메일이나 휴대폰 번호를 입력해 타인에게 불편을 초래하거나, 회사 입장에서 비용을 낭비할 수 있다. 따라서 이중 클릭을 방지하기 위한 방어 코드의 삽입은 물론이거니와 발송 후 재발송까지 타이머를 표시하거나 발송 횟수 제한 등의 중복 발송 제한을 반드시 해야 한다. 문자 또는 알림톡 발송 비용을 무시하지 말자!

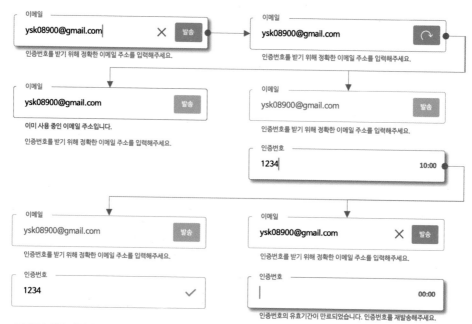

그림 5.8 인증 메일이나 문자를 발송한 때는 반드시 발송 후 타이머를 표시하거나 발송 횟수 등의 제한을 두어야 한다.

데이터 유효성 체크

이미 회원가입을 했지만, 회원가입 시 이메일 인증을 하지 않았기 때문에 다시 회원가입을 시도하며 동일한 이메일 주소를 넣어봤다. 역시나 형식 유효성 체크만 하는지 통과했다. 서로 다른 계정인데도 같은 이메일 주소를 등록해서 사용할 수 있다. 이메일 형식은 체크하지만, 이메일 중복 여부를 체크하지 않는다니 놀라울 따름이다. 이메일도 데이터 유효성을 체크해서 중복 시 중복 여부를 안내하고, 다른 이메일 주소를 입력받아야 한다. 다시 강조하지만, 서버에서 이메일 주소는 고유한 값이고 휴대폰 번호는 중복될 가능성이 있기 때문에 재인증 프로세스가 필요하다.

회원가입 페이지는 사용자가 빈번하게 접근하는 페이지가 아니다. 따라서 서버 트래픽이 엄청나게 발생하지 않는다. 그래서 필자는 [가입하기] 버튼을 클릭했을 때 다이얼로그 팝업이나 인풋 박스 아래에 유효성 메시지로 데이터 유효성을 안내하기보다는 이메일 인풋 박스에서 포커스 아웃을 트리거 삼아 즉시 데이터 유효성 여부를 체크하고, 안내하는 방식을 선호한다. 서버 트래픽이나 개발 편의를 생각하면 아니다. 이메일 주소, 휴대폰 번호를 모두 입력한 다음 [가입하기] 버튼을 클릭했을 때 API를 한 번만 호출하면 좋다. 하지만 사용자 입장에서 이메일 주소를 입력한 즉시 사용 가능 여부를 안내하는 것이 편하기 때문이다.

약관 및 그 동의 처리

여러 서비스를 이용하다 보면 회원가입 시 서비스 정책에 동의한 것으로 간주한다며 사용자에게 필수 약관과 선택 약관을 정확하게 구분하여 안내하지도 않고, 선택 약관에 대해서도 동의 여부를 묻지 않는 경우가 있다. 약관 동의 절차가 회원가입 시 불편하다며 이를 간소화하거나 무시하는 경향이 있는데, 이는 사용자를 기만하는 행위이자 불법이다. 사용자들이 서비스 정책의 내용을 명확하고 쉽게 확인하고 이해할 수 있도록 제공하고, 선택 약관에 대해서는 그 동의 여부를 선택할 수 있도록 지원해야 한다.

금융 서비스는 금융법을 비롯하여 정보통신망법, 개인정보 보호법, 약관 규제법 등 관련 법의 강력한 규제를 받고 있기 때문에 이를 준수하기 위해 많은 노력을 한다. 그러나 대다수 IT 서비스는 감독과 제재가 미비하다 보니 약관 작성 및 동의 절차에 소홀한 경향이 있다. 소프트웨어가 세상을 집어삼키는 시대에 기업 스스로가 이를 준수하기 위해 노력하지 않는다면 사용자 보호를 위해서라도 보다 엄격한 관리 및 제재가 필요해 보인다. 다른 회사의 약관을 수정해서 사용하다 보니 미처 회사명을 다 수정하지 못해 경쟁사의 사명이 버젓이 표시된 것을 보고 있자면 그냥 실소밖에 나오지 않는다. 그런데 그나마 이 정도면 애교다.

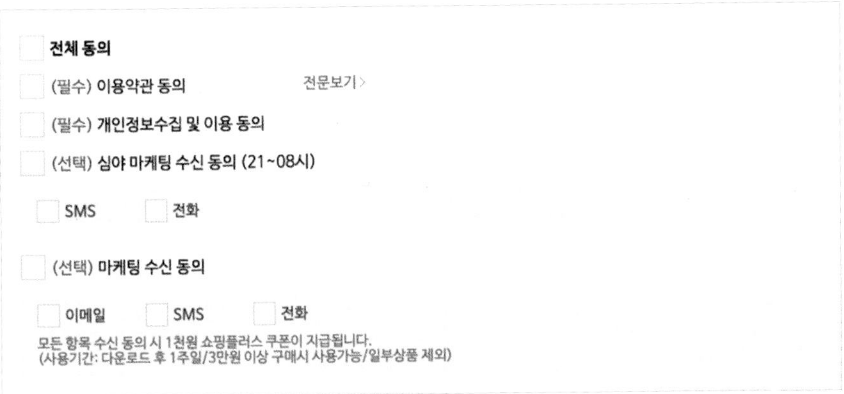

그림 5.9 한 대기업의 회원가입 페이지다. 왜 '개인정보 수집 및 이용 동의 약관'은 전문보기를 지원하지 않았을까?
전문은 확인할 수 없지만, 필수 약관이라 가입을 위해서는 동의할 수밖에 없다. 내 개인정보가 어디로 왜 흘러가게 되는지 확인도 못 한 상태에서 가입해야 하는데 해당 약관을 찾아 살펴보면 왜 그렇게 스팸 문자와 전화가 오는지 이해할 수 있다.

버튼 활성화 처리

그림 5.10과 같이 필수 입력값을 입력하지 않은 상태에서 [가입하기] 버튼을 클릭하면 모든 필수 입력 박스의 유효성 메시지가 동시에 표시된다. 필자는 필수 입력값을 모두 입력했을 때 [가입하기] 버튼을 활성화하는 것을 선호한다.

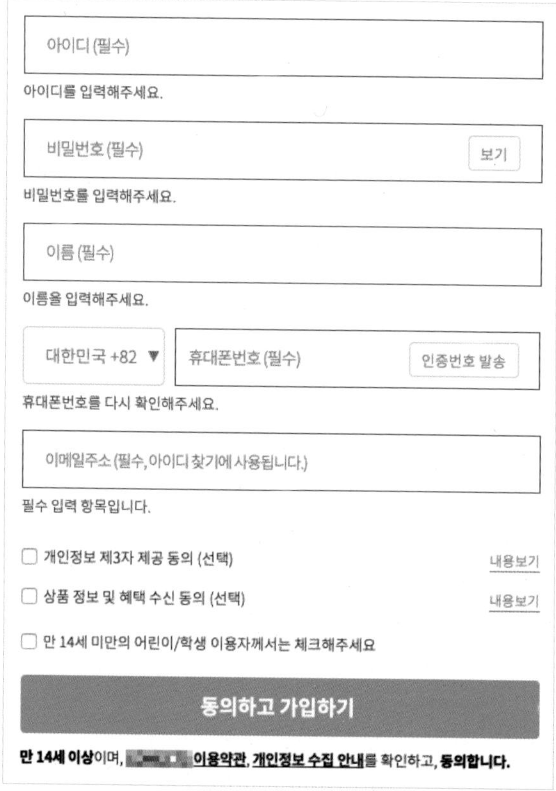

그림 5.10 필자는 유효성 메시지가 위와 같이 동시에 표시되는 것을 선호하지 않는다.

필수 입력값 표시

그림 5.10과 같이 모든 입력값이 필수 입력값이라면 굳이 인풋 박스마다 필수 입력값이라는 표시를 할 필요가 있을까? 필수 입력값을 모두 입력했을 때 [가입하기] 버튼을 활성화하는 것만으로도 사용자가 충분히 인지할 수 있으니 (필수)라는 메시지는 모두 제거해도 될 것 같다.

그리고 필수 및 선택 입력값이 혼재돼 있다면 오른쪽 위에 '* 필수 입력 항목'을 안내하고 필수 입력 항목 라벨 오른쪽에 별 모양(*)을 표시하거나, 인풋 박스가 많아 스크롤이 생성되어 한눈에 확인하기 어려울 때는 선택 입력값에만 (선택 입력) 또는 (옵션)으로 표시해 주는 것이 좋다.

페이지 이동 버튼의 제공

이미 회원가입을 했는데 실수로 회원가입 페이지에 들어온 사용자를 위해 로그인 페이지로 이동할 수 있는 버튼을 제공해야 한다. 그런데 로그인 페이지로 바로 이동할 수 있는 버튼이 없다. 따라서 로그인 페이지로 이동하려면 다시 이전 페이지로 이동했다가 로그인 버튼을 클릭해 로그인 페이지로 이동해야 한다.

5.3 _ 로그인 프로세스가 쉽다?

회원가입 프로세스를 어렵사리 기획했다면 아이디와 비밀번호 인풋 박스, 로그인하기 버튼만 표시되는 로그인 페이지는 무척 쉬워 보일 수도 있다. 하지만 서비스 도메인이나 특성에 따라 추가로 고민해야 할 것들이 있다. 로그인 인증 방식을 세션 또는 토큰 방식으로 처리할 것인지, 로그인 정보가 반복해서 일치하지 않을 때 처리 프로세스를 적용할 것인지, 중복 로그인이나 단말기 사용 제한을 할 것인지, 2단계 인증을 적용할 것인지, 로그인 연장이나 캡챠(CAPTCHA, Completely Automated Public Turing test to tell Computers and Humans Apart) 등을 적용할 것인지와 같이 화면에는 보이지 않지만 여러 추가적인 고민이 필요하다.

필자는 보통 아이디를 기준으로 기기나 IP와 관계없이 10회 이상 로그인에 실패하면 해당 계정을 잠금 처리하고, 해당 계정의 통지 수단으로 계정 잠금 안내를 한다. 그리고 계정주가 재인증을 통해서 계정 잠금을 풀 수 있도록 지원한다. 이를 위해서는 서버에 로그인 실패 횟수를 기록하며, 로그인 성공 시에는 해당 횟수를 초기화하고 10회 실패 시에는 계정 잠금 프로세스를 진행할 수 있도록 기획해야 한다.

중복 로그인 및 단말기 사용 제한이란 금융 서비스나 OTT 서비스, 동영상 학습 솔루션 등에서 여러 기기에서 동시에 로그인하는 것을 제한하거나 접속할 수 있는 기기 수나 유형을 제한하는 것을 말한다. 서비스의 도메인이나 특성, 비즈니스 모델에 따라 적용 여부와 방식을 고민해야 한다. 예를 들어, 접속 기기 수나 유형을 제한한다고 하자. 그러면 몇 대까지 제한할 것인지와 접속하는 기기를 휴대폰, 태블릿, PC 등의 단말기 유형에 따라 한 대씩 제한할 것인지 등을 결정해야 한다. 또한 제한 기기 수를 초과하는 접속이 발생했을 때 가장 마지막에 접속한 기기의 접근을 막을 것인지, 아니면 접속한 기기 중에서 선택한 기기의 접속을 끊고 현재 접속한 기기의 접속을 지원할 것인지와 같은 정책을 결정하고 이에 따른 프로세스와 화면을 기획해야 한다.

	Basic	Standard	Premium
Monthly cost* (Korean Won)	9,500 KRW	13,500 KRW	17,000 KRW
Number of screens you can watch on at the same time	1	2	4
Number of phones or tablets you can have downloads on	1	2	4
Unlimited movies, TV shows and mobile games	✓	✓	✓
Watch on your laptop, TV, phone or tablet	✓	✓	✓
HD available		✓	✓
Ultra HD available			✓

그림 5.11 넷플릭스의 동시 접속 기기 수에 따른 과금 플랜

넷플릭스는 동시에 접속할 수 있는 기기 수에 따라 과금을 차등 적용하고 있다. 즉, 중복 로그인은 지원하되 접속 기기 수를 제한하고 있다. 그리고 접속 기기 제한 방식은 밀어내기 방식이 아니라 최근 접속한 기기의 시청을 막는다. 밀어내기 방식이란 대다수 교육 솔루션이 채택하고 있는 방식으로 접속 가능한 기기의 슬롯 개수나 유형을 제한하고 최근 접속한 기기에서 이전에 접속했던 기기를 선택해 접속을 끊는 것이다. 이는 교육 솔루션의 경우에는 학습 통계 때문에 한 계정으로 여러 사용자가 사용하는 것은 제한하면서 한 사용자가 휴대폰에서 태블릿으로, 태블릿에서 PC로 단말기를 이동하며 학습 환경을 변경하는 것은 지원하기 위해서다. 반면 넷플릭스와 같은 OTT 서비스는 현재 시청 중인 사용자의 연속된 시청 경험이 보다 중요하기 때문에 신규 접속자의 시청을 막는다.

로그인 페이지는 다른 페이지와 비교해 인풋 박스, 버튼, 기능도 적다 보니 기획하기가 쉽다고 생각하는 기획자들이 있다. 그러나 그 단순해 보이는 로그인 페이지도 서비스 정책을 반영하면서 더 좋은 사용자 경험을 제공하려면 많은 고민이 필요하다.

지금까지 회원가입과 로그인 프로세스를 기획하기 위해 알고 있어야 할 관련 법령과 규제, 스토어 정책, 화면 기획 등 다양한 배경 지식을 살펴봤다. 프로세스는 이처럼 다양한 정책을 반영하고 사내 요구사항과 리소스 등을 고려하며 사용자가 쉽고 편하게 사용할 수 있는 UI/UX를 구현하는 행위다. 그런데 최근의 기획은 너무 UI/UX 중심의 화면 기획에만 치중하는 경향이 있다. 물론 관련 법령, 규제, 정책 등을 고려하며 기획하는 것이 어렵고 힘들다는 것을 잘 알고 있지만, UI/UX는 결국 이를 반영한 텍스트로 작성된 서비스 정책을 단말기의 화면으로 옮기는 행위이므로 명확하고 합리적이며 이해하기 쉬운 정책을 만드는 것이 매우 중요하다. 이런 역할이 디자인, 개발자와 구분되는 기획자의 고유한 역할이라고 할 수 있다.

세균무기가 알려주는
**서비스 기획의
모든 것**

06

관리자 사이트 기획

이번 장에서는 백오피스 또는 어드민이라 불리는
관리자 사이트를 기획하는 방법을 살펴보자.

6.1 _ 관리자 사이트 기획 시 고려사항

사용자 대상의 웹페이지나 모바일 화면은 주니어 기획자들도 경쟁 서비스를 벤치마킹하면서 잘 기획한다. 그런데 백오피스(back office) 또는 어드민(admin) 사이트라고도 불리는 관리자 사이트(이하 관리자)는 벤치마킹을 하기도 어렵고, 공개된 자료도 찾기 쉽지 않다보니 기획하기 힘들어한다. 그래서 관리자를 기획하려면 어떤 고민을 해야 하고, 무엇을 고려해야 하는지 살펴보겠다.

그림 6.1 관리자 사이트 기획 시 고려사항

UI 구조(Grid) 설계

사용자 대상의 웹 서비스나 모바일 앱은 대다수 페이지나 화면을 서로 다른 UI/UX로 기획을 한다. 그런데 관리자 사이트는 단일한 UI 구조로 수많은 관리자 메뉴 페이지를 기획한다. 따라서 대다수 메뉴 페이지에 동일하게 적용할 수 있는 하나의 UI 구조를 제대로 설계하는 것이 중요하다.

필자는 보통 그림 6.2와 같이 UI 구조를 설계한다. 메뉴 구조가 1depth일 때는 사이드 메뉴 바(SNB, Side Navigation Bar)만 사용하고, 상단 내비게이션 바(GNB, Global Navigation Bar)는 사용하지 않는다. 메뉴 구조가 2depth일 때는 GNB와 SNB를 모두 사용한다. 관리자 메뉴가 많아 3depth 메뉴 구조가 필요할 때는 GNB와 SNB를 모두 사용하면서 SNB에서 메뉴를 클릭했을 때 드롭다운 메뉴 리스트(Dropdown Menu List)를 적용해 3depth 메뉴를 표시한다.

그림 6.2 관리자 사이트의 기본 UI 구조 예시

그리고 그림 6.3과 같이 유사한 정보와 기능, 버튼끼리 그룹화하여 배치해 가독성을 높이고, 어떤 그룹이 중요도가 높은지 우선순위를 결정한다. 예컨대 브라우저 화면이 줄면서 좌측 정렬되어 있는 ❸번 그룹과 우측 정렬되어 있는 ❹번 그룹이 충돌하는 경우가 있는데 충돌 시 어떤 그룹을 우선하여 처리할지 고민해야 하기 때문이다.

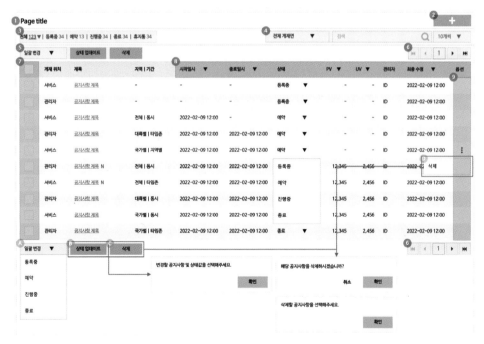

그림 6.3 관리자 사이트의 콘텐츠 영역 예시

대다수 관리자는 웹사이트로 제공된다. 따라서 모니터의 크기나 운영자의 사용 방법에 따라 관리자 화면의 크기가 유동적으로 바뀔 수 있다. 따라서 변경되는 화면의 높이와 너비에 관리자가 대응할 수 있도록 기획해야 한다. 결국 가로 스크롤과 세로 스크롤이 생성될 수밖에 없다.

가로를 기준으로 스크롤이 생성되는 최소 너비(min-width) 값을 지정하고, 최소 너비보다 작아지기 전까지는 콘텐츠 영역에 있는 테이블 칼럼의 너비를 줄이다가 최소 너비보다 작아지면 가로 스크롤을 생성해야 한다. 세로를 기준으로는 어떤 라인이 세로 스크롤에 포함되거나 그렇지 않으면 스티키(Sticky) 처리를 통해서 스크롤 액션에도 불구하고 화면 밖으로 밀려 사라지지 않게 할지 등을 결정해야 한다.

예를 들어, 그림 6.2에서 상단 내비게이션 바는 고정되어 세로 스크롤 영역에 포함되지 않을 것이다. 그렇다면 타이틀 영역과 필터링 및 검색 영역, 주요 버튼 영역도 세로 스크롤에 포함되지 않을까? 포함되지 않는다면, 4개의 라인이 상단에 고정되어 표시되기 때문에 정작 많은 콘텐츠를 보고 싶어 하는 운영자 입장에서는 불편할 수밖에 없다. 어떠한 라인은 스크롤 영역에 포함되어 화면 밖으로 밀려나가고, 또 어떤 라인은 스크롤 영역에 포함되지 않아 내비게이션 바 하단에 붙어서 표시될 수 있게 처리해야 한다.

필자의 경우에는 주요 버튼 영역은 콘텐츠를 선택하고 버튼 클릭을 통해 상태 업데이트나 삭제 처리를 하기 위해서 스크롤 영역에 포함하지 않고 상단 내비게이션 바 하단에 스티키 처리를 통해 붙인다. 필터링 및 검색 영역은 스크롤 액션에 따라 화면 밖으로 사라지지만 스크롤을 리스트 상단으로 다시 이동하는 경우에는 상단 내비게이션 바와 주요 버튼 영역 사이에 슬라이딩 효과와 함께 표시될 수 있게 처리한다. 스크롤을 다시 위로 올리는 이유는 운영자가 찾고 싶어 하는 콘텐츠를 찾지 못했기 때문에 필터나 검색이 필요한 상황이라고 생각하기 때문이다.

그리고 테이블의 칼럼 너비가 줄어들더라도 리스트 제목과 같은 주요 정보나 버튼이 위치한 칼럼은 너비가 줄면 안 되므로 고정된 너비를 사용하거나 최소 너비를 지정해야 한다. 이렇듯 관리자를 사용하는 운영자들의 편의성을 고려하며 UI 구조를 설계해야 한다.

그런데 관리자는 무조건 편의성만 고려할 수는 없다. 관리자의 특성으로 인해 의도적으로 불편한 사용성을 갖도록 기획하게 된다. 이런 점이 사용자가 사용하는 클라이언트 기획과 운영자가 사용하는 관리자 기획의 차이라고 할 수 있다.

관리자는 회원의 정보 확인과 관리, 콘텐츠의 등록과 삭제는 물론 포인트와 쿠폰의 지급 등 서비스를 관리하고 운영하는 데 필요한 중요한 메뉴와 기능을 제공한다. 따라서 단순히 편한 것만 고려하며 기획할 수는 없다. 예를 들어, 특정 IP나 GPS 위치 반경 내에서만 관리자의 접근을 지원하거나 아예 외부 인터넷망과 업무망을 분리하는 망분리를 하기도 한다. 또한 자리를 비운 상황에서 제삼자에 의한 입력을 막기 위해 주요 액션 버튼 클릭 시 2단계 인증 번호의 입력을 요구하거나 짧은 세션 유지 기간을 적용하여 자주 로그인을 유도하는 등 보안을 위해 의도적으로 불편한 기획을 한다. 그래서 관리자는 UI는 무조건 편해야 하지만, UX는 때로는 불편할 수 있다.

인증 처리와 권한 부여

이용자의 회원가입 시에는 사업자의 통지 의무를 수행하기 위해 이메일 인증이나 모바일 인증 등을 요구했다. 관리자도 해당 운영자가 관리자에 대한 접근 권한이 있는 사람인지 확인하고 특정 메뉴나 기능에 권한 있는 운영자만 접근할 수 있게 제한하기 위한 목적으로 인증을 요구한다. 이는 운영자가 관리자를 통해 부정한 관리 및 운영 활동을 하지 않도록 막고, 이를 모니터링하기 위한 기본 절차다.

따라서 어떤 수단과 방식으로 인증할지 결정해야 한다. 보통은 입사할 때 생성한 회사 이메일 주소를 통한 이메일 주소 점유 인증 방식으로 처리한다. 때문에 구글 앱스를 사용하는 기업에서는 구글 계정으로 로그인하기 SSO를 사용해 쉽게 인증을 처리할 수 있다.

그러나 이메일 인증을 했다고 해서 관리자에 바로 접속이 가능한 것은 아니다. 이메일 인증을 통해 임직원 여부를 확인했다면, 이제 관리자 권한 설정이 가능한 운영자나 개발자를 통해서 해당 운영자에 대한 권한 설정이 이뤄져야 한다. 따라서 이메일 인증을 완료하더라도 권한 설정 전까지 대기가 필요하다. 그래서 권한 설정이 완료됐을 때 가입한 이메일 주소로 이제 로그인이 가능하다는 안내 메일을 발송하게 된다.

부서, 팀, 직급 등에 관계없이 모든 운영자가 모든 관리자 메뉴에 접근하여 열람하거나 설정할 수 있게 되면 보안에 문제가 발생할 수 있다. 그래서 운영자마다 권한에 따라 보기(View) 권한과 설정(Setting) 권한을 제공하거나 제한할 수 있도록 권한 설정 기능을 지원한다.

필자는 '운영자 그룹 설정' 메뉴를 제공하여 먼저 운영자 그룹을 생성하고, 운영자 그룹에 따라 관리자 사이트의 특정 메뉴를 접근 및 설정할 수 있게 지원한다. 그리고 운영자 가입 시에 운영자 그룹을 지정하고 해당 그룹에 지정된 접근 및 설정 권한 범위 내에서 개별 운영자의 접근 및 설정 권한을 다시 설정할 수 있도록 기획한다. 이렇게 기획하면 임직원이 수백 명이라 할지라도 모두 서로 다른 권한을 부여할 수 있다.

보안

관리자는 중요하고 민감한 메뉴와 기능, 정보를 제공하다 보니 보안이 매우 중요하다. 따라서 불편하지만 특정 IP나 GPS 위치 반경에서만 접근할 수 있도록 접근을 제한하거나 인터넷 연결 없이 인트라넷으로만 접근할 수 있게 접근 가능한 기기나 망을 분리하기도 한다. 또한 로그인을 하더라도 주요 액션 버튼을 클릭했을 때는 별도로 설정한 2단계 인증번호의 입력을 요구하거나 결제 라인을 거치며 승인 처리를 요구하는 등 보안을 위해 여러 제한과 장치를 둔다.

개인정보보호

관리자를 개발하는 이유는 서비스의 운영을 위해 모든 운영자가 서버에 직접 접근하여 회원의 개인정보를 포함한 민감한 정보에 무분별하게 접근하는 것을 막고, 운영 중 발생하는 문제나 관리자의 권한 오남용 또는 부정행위를 방지하거나 발생 시 이를 추적하기 위함이다.

그러나 여전히 회원의 개인정보를 비롯한 민감한 정보를 관리자에서 숨김 처리 없이 그대로 노출하거나 운영 서버에 직접 쿼리를 날리며 조회하는 스타트업이 많다. 관리자에서도 회원의 개인정보는 그 일부를 별표 등으로 숨김 처리하여 운영자라 할지라도 개인정보를 열람할 수 없게 해야 한다. 그런데 이렇게 기획해야 한다고 하면 운영자가 운영을 할 수 없다고 이야기한다. 제대로 된 관리자를 경험해 보지 못했기 때문이다.

관리자에서 회원 정보가 일부 숨김 처리돼 있다고 하더라도 서버에는 해당 정보가 있고, 관리자에서 제공하는 기능을 통해 이메일, 문자, 푸시 등을 발송하며 운영할 수 있다. 따라서 회원의 개인정보는 관리자에서도 식별할 수 있는 정보만 표시하고 일부를 숨김 처리해야 한다. 그리고 서버에 접근이 필요한 최소한의 개발자들에 한해 주기적인 보안교육과 함께 보안서 등에 서명을 받고 서버에 접근할 수 있도록 권한을 부여해야 한다. 다만, 리소스가 부족한 스타트업에서 이런 관리자를 구축하는 것이 현실적으로 불가능하다는 데는 충분히 공감한다. 그래서 관리자를 한 번도 본 적이 없을 수도 있고, 관리자를 어떻게 기획해야 하는지 모를 수도 있다. 자신의 회사에서는 모든 임직원이 SQL을 공부해 운영 서버에 직접 쿼리를 날리며 데이터를 추출하고 있다는 이야기를 자랑스럽게 할 수도 있다. 그리고 자기가 법을 어기는지 의식조차 못할 수도 있다. 하지만 기획자는 현재의 상황이 잘못됐다는 인식과 함께 회사와 서비스가 성장하면서 올바른 방향으로 나아갈 수 있도록 현재 무엇을 잘못하고 있고, 향후 어떤 부분을 개선해야 하는지 알고 있어야 한다. 그리고 지금부터 미래를 위해서 가능한 리소스 내에서 하나씩 준비해야 한다.

요구사항 분석 및 우선순위 결정

관리자의 고객은 회원과 달리 바로 내 옆 자리에 앉아 있는 동료다. 따라서 디자인 싱킹 과정 없이도 고객의 요구사항을 비교적 쉽게 파악할 수 있다. 그래서 현장의 상황과 목소리를 반영하며 동료들이 편하고 쉽게 운영할 수 있도록 요구사항을 잘 정리하고 기획하는 것이 중요하다. 그렇지 않으면 동료들의 불평과 불만마저도 매우 잘 듣게 된다.

그리고 작업의 우선순위는 보통 인력 리소스가 가장 많이 투입되고 있는 업무와 관련된 기능이나 메뉴부터 구현해야 한다. 그런데 조직이란 특성 때문에 힘없는 운영자나 CS 담당자의 요구보다는 경영진이나 상급자에게 필요한 대시보드나 통계 등의 기능을 먼저 개발하는 경우가 많다. 이런 업무의 우선순위를 잘 조정할 수 있는 것이 기획자의 역할이자 역량이 아닌가 싶다.

기획자는 고객의 요구사항을 잘 파악하고, 업무의 우선순위를 잘 조절해야 하며, 자원과 시간을 효율적으로 배분하고 사용할 수 있어야 한다.

6.2 _ 기간과 상태값

관리자에서 캠페인, 콘텐츠, 상품 등을 등록하고 관리하려면 기간과 상태값을 설정할 수 있는 기능을 제공해야 한다. 이를 기획하려면 시작 일시와 종료 일시, 그리고 상태값에 대한 이해와 함께 정의가 필요하다.

캠페인 등록 페이지를 기준으로 설명하면 필자는 캠페인 등록 페이지에 들어왔을 때 기간 설정의 시작 일시와 종료 일시 인풋 박스에 표시되는 디폴트(Default) 값을 다음과 같이 설정한다. 시작 일시에는 등록 페이지의 진입 시점을 표시하고, 종료 일시에는 캠페인에 따라 운영자가 자주 설정하는 기간을 표시한다. 즉 종료 일시에는 시작 일시로부터 7일이나 30일 등이 경과한 날짜의 23시 59분으로 표시한다. 관리자에서 필수 입력값인 인풋 박스에 디폴트 값이 필요한 이유는 인풋 박스에 값을 입력하지 않은 null 상태인데, 이때 [등록] 버튼을 클릭하면 인풋 박스 아래에 유효성 메시지를 표시하거나 다이얼로그 팝업을 띄워야 하기 때문이다. 그런데 입력값이 많은 등록 페이지에서 상황에 따른 유효성 메시지를 모두 정의하기가 쉽지 않다. 그래서 가급적 디폴트 값을 표시하거나 필수 입력값을 입력하지 않은 상태에서는 [등록] 버튼을 비활성화 처리해서 유효성 메시지의 표시를 최소화한다.

그리고 필자가 1분 단위로 시간 설정을 할 수 있게 데이트 피커(Datepicker)를 기획한다고 하면, 가끔 왜 그래야 하는지 정확한 이유는 모르겠으나 개발자들의 요청에 의해 시간 설정을 5분이나 10분, 30분 간격으로 기획했다며 그 이유를 되묻는 경우가 있다. 이는 예약, 리마인더 등의 스케줄링이 필요한 기능은 배치 서버에 이를 기록해 두고 특정 작업을 수행하도록 설계된 봇의 일종인 스케줄러가 돌면서 이를 읽고 실행하는데, 초 단위로 확인하는 것은 서버에 부하가 많이 발생하기 때문에 그 부하를 줄이기 위한 요청이다.

그런데도 필자는 간격이 늘었을 때 발생하는 운영자의 혼동을 줄이고 설정의 편의를 위해 23시 59분과 같이 1분 단위로 설정하는 것을 선호한다. 예를 들어, 배너를 등록하는데 10분 간격으로 설정을 지원한다면 '08. 03 00:00 ~ 08. 13 23:50'과 같이 기간을 설정하게 되는데, 종료 일시의 23시 50분은 23시 50분까지 배너가 진행되는 것일까, 아니면 23시 59분 59초까지 진행되는 것일까? 이런 혼동을 줄이기 위해 종료 일시를 '08. 14 00:00'으로 설정해야 한다고 이야기할 것인가? 그렇다면 배너 슬롯에는 중단 없이 배너가 노출돼야 하고, 그다음 배너는 분명 시작 일시가 '08. 14 00:00'으로 설정될 텐데 00시 00분 00초에서 00시 00분 59초까지는 도대체 어떤 배너가 노출돼야 하는 것일까? 이러한 혼동을 최대한 줄이기 위해 1분 단위로 시간 설정을 할 수 있도록 기획한다. 그리고 23:59로 설정했다면, 59분은 0초에서 59초까지를 포함한다.

그림 6.4 캠페인 기간 및 상태 설정 예시

캠페인을 등록하다 보면 입력값이 많아 임시 저장이 필요할 수 있다. 그리고 예약을 통해 시작 일시가 도래하면 자동으로 캠페인이 진행되고, 종료 기간이 도래하거나 특정 조건을 만족하면 자동으로 캠페인이 종료돼야 한다. 이를 위해서는 '등록 중, 예약, 진행 중, 종료'와 같은 상태값이 필요하다. 그리고 앞서 살펴본 기간과 상태값이 맞물려 캠페인이 자동으로 운영된다. 이 기간과 상태값이 없다면 개발자가 수동으로 캠페인을 운영할 수밖에 없다.

상태값과 관련해서는 기간과의 관계와 함께 상태값의 전환 규칙을 이해하고 정의하는 것이 중요하다. 먼저 '등록 중(editing)' 상태는 최초 등록 페이지에 진입했을 때의 디폴트 상태다. 캠페인을 등록하는데 입력값이 많아 한 번에 등록이 어려울 때는 임시 저장이 필요한데, 이를 위한 상태값으로 캠페인의 기간에 영향을 받지 않는다. '예약(reserved)' 상태는 캠페인의 시작 일시가 되면 자동으로 캠페인이 진행될 수 있도록 예약을 설정한 상태다. 필자는 캠페인 등록 페이지에 진입하면 시작 일시에 디폴트 값으로 진입한 시간을 표시한다고 했는데, 시작 일시를 별도로 수정하지 않고 [저장] 버튼을 누르면 이미 시작 일시가 과거 시점이 된다. 따라서 저장과 동시에 '진행 중(work in progress or live)' 상태로 변경되며 캠페인이 진행된다. '진행 중' 상태는 종료 일시에 영향을 받으며 종료 시점이 도래하면 자동으로 진행 중 상태의 캠페인이 '종료(completed or finished)' 상태로 변경되며 캠페인이 종료된다. 물론 특정 조건을 만족하면 자동으로 '종료' 상태로 변경될 수 있고, 관리자의 설정에 의해 강제로 '종료' 상태로 변경될 수도 있다.

가끔 관리자에 '삭제(deleted)' 상태가 존재하는 경우가 있는데, 관리자에서의 '삭제' 상태는 사실상 서버에서 해당 데이터를 삭제한다기보다는 캠페인 리스트에 임시 저장한 '등록 중' 상태의 캠페인이 많아서 리스트 개수를 파악하는 데 도움이 되지 않다 보니 캠페인을 리스트에서 숨김 처리하기 위해 지원하는 상태값일 가능성이 크다. 간혹 서버 용량을 많이 차지하는 캠페인은 서버에서 삭제를 지원하기도 한다. 이런 경우에는 별도의 휴지통을 제공하여 '3일 경과 시에 휴지통에서 자동으로 삭제됩니다.'라는 안내 메시지와 함께 상당 기간의 유예 기간을 두고 삭제한다. 그리고 B2C 서비스와 달리 [지금 휴지통 비우기]와 같은 버튼을 제공하지도 않는다.

상태	등록중 editing	예약 reserved	진행중 work in progress	종료 completed
시간	임시저장	Start Date	End Date	–
기능		자동 시작	자동 종료	

그림 6.5 상태값이 바라보는 시간과 해당 시간이 도래하면 수행하는 기능

기획자들이 상태값을 기획할 때, 특정 상태값에 따라 어느 상태까지 변경이 가능한지 상태값에 따른 전환 규칙을 별도로 정의하지 않고 개발자에게 맡기는 경우가 있다. 예컨대 종료된 캠페인의 상태값을 '등록 중'이나 '예약' 상태값으로 변경할 수 있을까? 생각해 보면 여러 조건값을 고려하며 상태값에 따른 전환 규칙(상태 변경 가능 경로)을 정의하기가 쉽지 않을 것이다.

이런 개발자의 고민을 해결해 주려면 상태값을 기획할 때 특정 상태값에 따라 어느 상태까지 변경할 수 있는지 정의해 주는 것이 좋다. 또한, 그림 6.6과 같이 상태값에 따른 상태 변경 가능 경로를 명확하게 표시해 주면 운영자가 워크플로를 쉽게 이해하고 상태값을 사용할 수 있다.

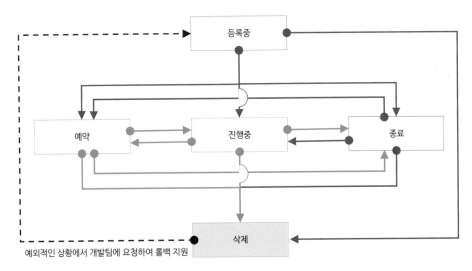

그림 6.6 필자는 상태값에 따른 전환 규칙을 위와 같이 정의한다.

6.3 _ 고유 아이디 생성

전자상거래를 기획하다 보면 회원 아이디, 상품고유번호, 주문번호, 결제번호 등과 같이 객체의 고유한 식별을 위해 고유한 아이디 값을 생성하게 된다.

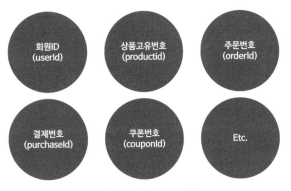

그림 6.7 고유 아이디의 예시

언뜻 단순해 보이는 이 고유 아이디를 생성하는 것이 생각보다 까다롭다. 고유 아이디는 중복되지 않으면서 짧게 만들어야 한다. 그리고 일부 고유 아이디는 아이디에 특정한 의미를 담으려고 하는데, 의미를 담다 보면 각 의미에 따라 자릿수가 정해지게 된다. 그런데 그 자릿수를 초과하는 아이디 생성의 요청이 들어오면 장애가 발생하게 된다.

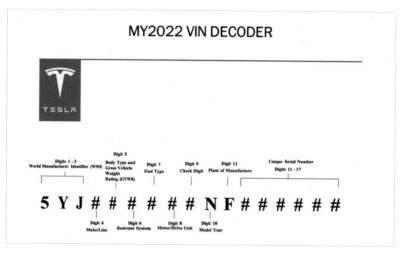

그림 6.8 테슬라에서 생산되는 차량에 부여되는 고유식별번호인 VIN의 생성 규칙

테슬라에서 생산한 차량에 부여되는 17자리의 고유한 식별번호인 VIN(Vehicle Identification Number) 생성 규칙을 살펴보자. 각 자릿수에 특정한 의미를 부여하고 있는데 한 자리인 Digit 7의 연료 타입에 숫자를 사용한다면 최대 10개, 알파벳 문자를 사용한다면 최대 26개까지 연료 타입을 표현할 수 있다. 만약 숫자를 사용했는데 우주 개척으로 인해 테슬라 차량에서 사용할 수 있는 연료 타입이 10개를 초과하게 된다면 어떻게 될까?

상품고유번호는 고객이 사용하는 클라이언트에도 표시되어 동일한 상품명을 가진 서로 다른 상품들이 존재하는 경우에 고객과 CS 담당자가 정확한 커뮤니케이션을 하는 용도로 사용될 수 있다. 따라서 최대한 짧게 만들다 보니 10자리 중 하루에 등록하거나 생성할 수 있는 상품 수를 4자리, 즉 최대 9,999개까지 등록이 가능하게 기획했다. 그러다 대형 거래처와 제휴하며 대량으로 상품을 등록할 일이 발생했는데 하루에 9,999개까지밖에 등록을 할 수 없는 데다 타 업체의 상품 등록까지 고려해 매일 수천 개씩 잘라서 며칠에 걸쳐 등록해야 하는 웃지 못할 촌극이 발생할 수도 있다. 설마 이런 일이 있을까 싶지만, 실제 대형 유통사에게 플랫폼을 제공하면서 며칠에 걸쳐 등록을 했던 경험이 있다.

따라서 고유 아이디를 만들 때는 중복되지 않으면서 의미를 담되, 짧고 확장 가능해야 한다. 이 모든 것을 고려하며 고유 아이디를 생성하는 것이 쉽지 않다 보니 많은 고민을 하게 된다.

6.4 _ 서버와 DB 테이블

최근에는 대다수 기업이 IDC(Internet Data Center)의 서버를 임대하기보다는 AWS나 GCP, Azure 등의 클라우드 서버를 사용한다. 기획자가 서버의 구성이나 구조를 이해할 필요는 없지만, 기획이나 데이터 분석을 위해 서버의 DB 아키텍처, DB 테이블, 데이터에 대한 이해는 필요하다.

물론 기획자가 데이터 분석을 위한 데이터 웨어하우스(DW, Data Warehouse)를 구축하거나 분석 솔루션을 도입하지 않은 상황에서 운영 서버에 직접 접근하여 쿼리를 날리며 데이터를 들여다보는 행위는 개인정보보호를 위해서도 바람직하지 않고, 불법일 가능성이 크다. 게다가 초기 스타트업이 아니라면 개발자가 읽기 권한(read only)으로도 서버의 접근 권한을 주지 않을 것이다.

그런데도 DB를 공부하고 싶다면 구글 빅쿼리 무료 평가판 등을 활용해 학습해 보자. 빅쿼리에서 제공하는 데이터셋을 활용해 학습할 수 있으니 서버에 접근할 수 있는 권한이 없어 학습할 기회가 없었다는 핑계는 대지 말자.

기획자로서 클라이언트 및 관리자 사이트를 제대로 기획했다면 DB 테이블과 그 테이블의 칼럼을 읽고 이해할 수 있어야 한다. 나아가 개인적으로는 자신이 기획한 서비스의 ERD(Entity Relationship Diagram)는 보고 이해할 수 있어야 한다고 생각한다.

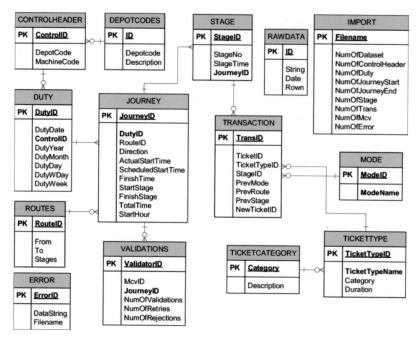

그림 6.9 ERD(Entity Relationship Diagram) 예시

앞서 살펴본 바와 같이 기획자가 회원가입 화면을 기획하면, 어떤 정보를 입력받을지 결정하고 입력받는 정보의 입력 형식과 입력 가능한 최소와 최대 글자 수 기준을 정의해야 한다. 그리고 사용자가 모든 필수 입력값을 입력하고 필수 약관에 동의한 다음 회원가입하기 버튼을 클릭하면 입력한 정보를 서버에 저장하게 된다. 개발자가 아닌 이상 서버에 데이터를 저장한다고 하면 복잡하게 생각할 수도 있겠지만, 엑셀 파일에 데이터를 입력하는 것과 같이 테이블 형태에 입력한 데이터를 저장하게 된다. 물론 이는 관계형 데이터베이스(RDB, Relational Database)의 경우이고 NoSQL과 같은 비관계형 데이터베이스(Document Database)는 그 구조가 다르지만 우린 기획자이기 때문에 이를 자세하게 살펴보지는 않겠다.

이렇게 입력된 정보는 하나 또는 여러 개의 테이블에 저장되는데, 회원과 관련된 주요 개인정보는 보통 유저 테이블에 저장한다(물론 개발자들이 정한 코드 컨벤션[36]에 따라 다를 수

---

36 코드 컨벤션이란 여러 개발자들이 협업해야 하다 보니 읽고 관리하기 쉬운 코드를 작성하기 위해 네이밍이나 변수명, 코드 작성 스타일 등을 규정한 코드 작성 규칙이다.

있다). 유저 테이블을 열어보면 기획자가 회원가입을 위해 입력받을 필요가 있다고 기획한 인풋 박스의 입력값들이 저장돼 있기 때문에 해당 칼럼을 이해할 수 있어야 한다. 그리고 칼럼의 데이터는 기획 시 정한 입력 형식 및 자릿수에 따라 문자열(varchar), 수치형(int), 날짜 타입(datetime) 등의 데이터 타입과 저장 가능한 자릿수에 따라 저장되고 있을 것이다.

자신이 기획한 기획서를 바탕으로 설계한 DB 아키텍처와 DB 테이블인데 보고 이해를 못한다는 것은 의문이다. 처음에는 형식이 익숙하지 않아 이해하는 데 어려움이 있을 수도 있겠지만 자주 보다 보면 충분히 이해할 수 있을 것이다.

employeeNumb	lastName	firstName	extension	email	officeCode	reportsTo	jobTitle
1002	Murphy	Diane	x5800	dmurphy@classicmodelcars.com	1	NULL	President
1056	Patterson	Mary	x4611	mpatterso@classicmodelcars.com	1	1002	VP Sales
1076	Firrelli	Jeff	x9273	jfirrelli@classicmodelcars.com	1	1002	VP Marketing
1088	Patterson	William	x4871	wpatterson@classicmodelcars.com	6	1056	Sales Manager (APAC)
1102	Bondur	Gerard	x5408	gbondur@classicmodelcars.com	4	1056	Sale Manager (EMEA)
1143	Bow	Anthony	x5428	abow@classicmodelcars.com	1	1056	Sales Manager (NA)
1165	Jennings	Leslie	x3291	ljennings@classicmodelcars.com	1	1143	Sales Rep
1166	Thompson	Leslie	x4065	lthompson@classicmodelcars.com	1	1143	Sales Rep
1188	Firrelli	Julie	x2173	jfirrelli@classicmodelcars.com	2	1143	Sales Rep
1216	Patterson	Steve	x4334	spatterson@classicmodelcars.com	2	1143	Sales Rep
1286	Tseng	Foon Yue	x2248	ftseng@classicmodelcars.com	3	1143	Sales Rep
1323	Vanauf	George	x4102	gvanauf@classicmodelcars.com	3	1143	Sales Rep
1337	Bondur	Loui	x6493	lbondur@classicmodelcars.com	4	1102	Sales Rep
1370	Hernandez	Gerard	x2028	ghernande@classicmodelcars.com	4	1102	Sales Rep
1401	Castillo	Pamela	x2759	pcastillo@classicmodelcars.com	4	1102	Sales Rep
1501	Bott	Larry	x2311	lbott@classicmodelcars.com	7	1102	Sales Rep

그림 6.10 회원 테이블에 저장된 회원 정보 예시

그렇게 ERD에 익숙해지면 클라이언트 및 관리자 사이트를 기획하면서 화면뿐만 아니라 API와 DB 아키텍처, 데이터, 나아가 데이터 분석까지 고려하며 기획하고 있는 자신을 마주하게 될 것이다. 필자는 그림 6.11과 같이 기획서를 작성하며 클라이언트 및 관리자의 주요 인풋 박스에 입력되는 데이터 형식을 정리하고, 이를 개발자에게 기획서와 함께 공유한다. 다만 변수명은 코드 컨벤션에 따라 개발자들이 개발 중에 작성하므로 테스트를 진행할 때 서버에 접속하여 변수명을 추가한다. 이때 DB 설계가 제대로 됐는지 확인하곤 한다. 그리고 가끔은 기획과 달리 클라이언트나 서버에서 입력 형식이나 글자 수를 정확히 제한하지 않아 오류가 발생하는 것을 발견하고 수정을 요청하기도 한다.

Class		
클래스명	className	Input box, varchar(40), Not null
클래스 설명	classDesc	Input box, varchar(200), Nullable
클래스 태그	tagName	Input box, varchar(10), 최대 10개까지
클래스 썸네일		Img URL
주의사항	classPrecautions	Input box, varchar(200), Nullable
정상 구매 포인트	salePoint	Input box, Default값: 0, Not null
할인 구매 포인트	discountPoint	Input box, Optional, Not null
클래스 이용 기간 ex) DDD일 완성	dateRequiredToComplete	Input box, Int(3), 일 단위

그림 6.11 클라이언트 및 관리자 인풋 박스 데이터 입력 형식 예시

07

~~~~~

테스트

이번 장에서는 테스트 진행 시 기획자가 챙겨야 하는 디지털 접근성과 SEO에 대해서 살펴보자.

그리고 글로벌 서비스 기획 시 고려할 사항도 함께 알아보자.

7.1 _ 디지털 접근성

사회가 성숙해지고 노령 인구가 증가하면서 디지털 접근성에 대한 관심과 필요성이 늘고 있다. 그런데 기획자들의 디지털 접근성에 대한 이해는 갈수록 낮아지는 것 같다. 필자가 기획을 처음 시작했을 당시에는 주변에서 웹 접근성을 강조하다 보니 기획자들이 웹 접근성을 공부하는 것이 당연했다. 그런데 스마트폰이 등장하고 모바일 퍼스트 시대가 되면서 기획자들 사이에서 접근성에 대한 이야기가 사라졌다. 그나마 고령자 층의 증가로 디지털 접근성에 대한 관심이 차츰 높아지고 있고, 최근 이를 챙기려고 노력하는 스타트업과 개발자들이 늘어나고 있는 것 같다. 이번 장에서는 디지털 접근성은 무엇이고, 기획자가 기획이나 테스트할 때 디지털 접근성을 준수하려면 무엇을 고려하고 어떻게 테스트해야 하는지 살펴보겠다.

디지털 접근성(digital accessibility)이란 장애인이나 고령자가 웹사이트, 모바일 앱, 키오스크 등의 디지털 단말기로 제공되는 정보를 비장애인과 동등하게 접근하고 이용할 수 있도록 보장하는 것으로, 법적 의무사항이다.

장애인 차별 금지 및 권리 구제 등에 관한 법률 [시행일 2020년 12월 10일]

제21조(정보통신 · 의사소통 등에서의 정당한 편의제공의무)
① (중략) 행위자 등이 생산 · 배포하는 전자정보 및 비전자정보에 대하여 장애인이 장애인 아닌 사람과 동등하게 접근 · 이용할 수 있도록 한국수어, 문자 등 필요한 수단을 제공해야 한다.

제49조(차별행위)
① 이 법에서 금지한 차별행위를 행하고 그 행위가 악의적인 것으로 인정되는 경우 법원은 차별을 한 자에 대하여 3년 이하의 징역 또는 3천만원 이하의 벌금에 처할 수 있다.

제50조(과태료)
① 제44조에 따라 확정된 시정명령을 정당한 사유 없이 이행하지 아니한 자는 3천만원 이하의 과태료에 처한다.

디지털 접근성을 지원하기 위해 많은 기업이 보조 공학기술(assistive technology)이라고 불리는 다양한 보조 프로그램과 기능을 개발해 제공하고 있다. 대표적으로 웹에서

는 시각 장애인이 웹 서비스를 이용할 수 있도록 화면을 낭독해 주는 '스크린 리더(screen reader)' 프로그램이 있다. 그리고 애플의 iOS에는 '보이스오버'가, 구글의 안드로이드에는 '톡백'이라고 불리는 스크린 리더 기능이 단말기 내 설정에서 기본으로 제공된다. 그런데 프로그램과 단말기 내 기능으로 제공하고 있더라도 콘텐츠를 제공하는 웹 서비스와 모바일 앱이 이를 활용할 수 있도록 지원하지 않는다면 프로그램과 기능은 사실상 무용지물에 가깝다. 그럼 보조 공학기술을 활용할 수 있도록 서비스가 무엇을 지원해야 하는 걸까?

기획자가 디지털 접근성을 이해하고 접근성을 준수하기 위해 무엇을 지원하고 챙겨야 하는지 알고 있다면, 서비스 개발이 완료된 이후에 디지털 접근성을 준수하겠다며 서비스를 전부 뜯어고치는 일은 없을 것이다. 그래서 기획자가 접근성을 이해하고 기획서 작성 시에 접근성을 미리 반영하는 것이 중요하다.

키보드 접근(keyboard access)

웹사이트에서는 키보드 액세스를 지원하는 것이 가장 중요하다. 시각 장애인이 웹사이트를 이용하려면 화면 낭독 프로그램인 스크린 리더를 설치해야 한다. 그리고 키보드의 탭 키를 활용해 페이지의 요소를 이동하면 스크린 리더가 해당 요소를 음성으로 읽어주고, 이를 활용해 웹사이트를 이용할 수 있다. 따라서 마우스 사용이 어려운 사용자를 위해 웹사이트의 모든 인터랙션과 정보에 키보드로 접근할 수 있도록 지원해야 한다.

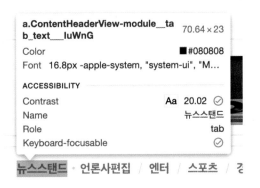

그림 7.1 브라우저의 개발자 도구를 열고 '인스펙터'를 활용해 요소에 마우스 오버를 해보면 접근성 정보를 확인할 수 있다.

테스트 항목

탭 키 등 키보드를 사용하여 페이지를 탐색하고 인터랙션 할 수 있는지 확인한다.

- 사용자가 어떤 요소와 인터랙션을 할 수 없거나 정보를 얻을 수 없다면 이는 실패다.

페이지에서 탭으로 이동하는 순서가 논리적이고, 페이지 요소의 시각적 순서(보통은 좌에서 우로, 위에서 아래로 이동한다)를 따르는지 확인한다.

- 탭 이동 순서가 논리적이지 못하고 혼란스러우면 이는 실패다.

탭 키로 이동할 때 초점(포커스 상태)이 항상 보이는지 확인한다.

- 탭 할 때 숨겨진 링크나 다른 요소에 초점을 잃으면 실패다.

'주소표시줄'로 돌아갈 수 있는지 확인한다.

- 페이지 맨 마지막 요소에서 탭을 눌렀을 때 '주소표시줄'로 이동한다. 주소표시줄로 돌아가기 위해 마우스가 필요하다면 이는 실패다.

키보드로 다이얼로그, 모달 등 팝업을 쉽게 이용하고 닫을 수 있어야 한다.

- 키보드 이동으로 팝업을 인지하고 활성화할 수 있어야 한다. 팝업이 활성화되면 키보드 포커스가 팝업의 첫 번째 실행 가능한 요소로 즉시 이동해야 한다.
- 키보드 사용은 팝업이 해제될 때까지 팝업 내 이동으로 제한해야 한다. 사용자가 팝업의 마지막 요소를 지나 키보드 포커스를 이동하면 팝업의 시작 부분으로 이동하며 팝업 내 이동을 반복해야 한다. 팝업을 띄운 상태에서 탭 키를 눌렀는데 배경 페이지의 요소로 이동한다면 이는 실패다.
- 키보드를 통해 팝업의 모든 컨트롤, 특히 팝업을 닫는 컨트롤(예를 들어 X 버튼)에 접근할 수 있어야 한다. 또한 키보드의 esc 키를 사용해 팝업을 닫을 수 있도록 지원해야 한다.

의도적으로 키보드와의 인터랙션을 숨긴 콘텐츠가 드러나는 경우

- 탭 키로 이동했을 때 건너뛰는지 확인해야 한다.
- 건너뛰지 않는 경우, 이를 위해 별도의 프로그래밍 처리를 해야 한다.

텍스트

고령자와 약시자를 위해 단말기 또는 브라우저의 설정에서 글꼴 크기를 변경하면 서비스 내에서 글자 크기의 변경을 지원해야 한다. 또는 서비스 내에서 글자 크기를 변경할 수 있는

별도의 기능을 지원할 수 있다. 그리고 글자 크기가 변경되면서 화면의 그리드나 요소가 깨지지 않고 콘텐츠를 정확히 인식할 수 있는지 테스트해야 한다.

테스트 항목

단말기 또는 브라우저의 설정에서 글꼴 크기를 '아주 작게'와 '아주 크게'로 변경해 본다.

- 고정 텍스트 및 가변 텍스트가 적절히 사용됐는지 확인한다.
- 가변 텍스트를 지원하는 경우에는 글꼴 크기의 변경에 따라 화면의 그리드나 요소가 깨지지 않고 정확히 인식할 수 있는지 확인하고, 인식할 수 없는 정보가 있다면 실패. 특히, 모바일 앱에서는 화면에 스크롤 처리를 했는지 확인하고, 스크롤 처리가 되어 있지 않다면 실패다.

이미지

시각 장애인이 화면에 포함된 이미지를 이해하려면 화면 낭독 프로그램인 스크린 리더나 iOS의 보이스오버, 안드로이드의 톡백을 활용해 이미지를 음성으로 제공해야 한다. 즉, 대체 텍스트인 alt 값(alt 속성 또는 title 속성, aria-label 속성 등의 방법으로 제공할 수 있다)이 필요하다. alt 값을 제공하려면 기획자가 기획서에 해당 이미지에 대한 대체 텍스트를 정의해줘야 한다. 그리고 클라이언트 개발자는 코드를 작성할 때 ⟨img src="image.png" alt="대체 텍스트 입력"⟩ 부분에 정의된 alt 값을 꼼꼼하게 입력해야 한다. 또한, 관리자 페이지에 이미지 등록 기능을 기획한다면 운영자가 alt 속성 값을 이해하고 입력할 수 있도록 필수 입력값으로 '대체 텍스트' 나 '이미지 설명' 인풋 박스를 제공해야 한다. 단, 기능이나 정보와 관련되지 않은 디자인적인 요소에는 alt 속성을 넣지 않아 스크린 리더에서 읽히지 않게 해야 한다. QR 코드나 바코드와 같은 이미지 정보는 alt 속성에 QR 코드의 연결 정보 또는 바코드의 정보를 제공하거나 해당 정보를 이미지 하단에 병기하고 [복사] 버튼 등을 제공해야 한다.

```
<img src="qrcode.png" alt="QR코드, 세균무기 블로그로 바로 이동하기 https://germweapon.
tistory.com/">
```

이미지 버튼은 해당 버튼의 액션을 명확히 이해할 수 있도록 대체 텍스트를 제공해야 한다. alt 값을 제공하더라도 대체 텍스트의 정보가 명확하지 않아 해당 정보만으로는 어떠한 액션을 수행하게 되는지 또는 어디로 이동하게 되는지 정확히 이해할 수 없는 경우가 많다. alt 값을 정의했다면 눈을 감고 해당 alt 값만으로도 충분히 다음 액션을 예상할 수 있는지 확인해 보자. 그렇지 않다면 alt 값을 수정하여 명확하게 표현해야 한다.

```
<input type="image" src="next.gif" alt="상품 리스트 페이지로 이동하기">
```

테스트 항목

개발자 도구의 인스펙터를 사용하여 이미지를 선택하고 다음 사항에 대해 검사한다.

- 이미지에 대한 대체 텍스트를 제공해야 한다.
- 컨트롤, 상태 표시 또는 기타 프로그래밍 요소에 사용되는 반복된 이미지에는 통일된 대체 텍스트를 사용해야 한다.
- 이미지가 단순히 디자인적 요소인 경우에는 alt 값이 비어 있어야 한다.

색상

색맹 및 색약자를 위해 색상 대비(color contrast) 및 색상 의존성을 고려해야 한다. 색상 대비는 녹색 바탕에 하얀 글씨가 쓰여 있을 때 녹색인 배경색과 하얀색인 전경색의 비율을 의미하는데, 적록색맹자와 같이 특정 색상을 인지하지 못하는 경우에 해당 글자를 인지하기 어렵기 때문에 이를 고려해야 한다. 그림 7.1과 같이 텍스트는 배경과의 대비가 4.5 이상이어야 한다.

색상 의존성은 색상에만 의존해 특정 정보를 전달할 때 색상을 인지하지 못해 발생하는 문제로 그래프나 도표 등에서 자주 발생한다. 예를 들어, 문장 중간에 링크가 연결된 텍스트가 있는데 이를 텍스트 색상으로만 구분한다면 색상을 인지하지 못하는 사용자는 이것이 링크인지 아닌지 구분할 수 없다. 따라서 링크가 걸려있는 텍스트는 색상 이외에도 밑줄이나 기호 등의 방법으로 추가적인 표시를 해줘야 한다.

테스트 항목

1. 색상 대비
개발자 도구의 인스펙터를 사용해 색상 대비값이 4.5 이상인지 확인한다. 이 테스트는 텍스트 이미지에서도 수행해야 한다. 다만, 로고나 비활성화된 인풋 박스, 비활성화된 버튼에서는 이 테스트를 할 필요가 없다.

2. 색상 의존성
정보를 전달하기 위해 색상을 사용한 요소를 식별한다. 정보가 색상 이외의 밑줄, 기호 등의 다른 방법으로도 구분할 수 있는지 확인한다.

깜박임

깜박임(플래시 효과)은 사용자의 주의를 끌 수는 있다. 하지만 발작이나 멀미 등을 유발할 수 있기 때문에 사용에 주의해야 한다. 그런데도 깜박임 효과가 필요하다면 깜박임 속도가 초당 3회 미만이어야 한다.

테스트 항목

깜박임이 포함된 요소를 찾는다. 깜박임의 빈도를 확인하고 깜박임 속도가 3Hz(초당 3회) 미만으로 설정돼 있는지 확인한다.

페이지 제목

페이지 제목은 사용자가 사이트를 탐색하는 데 있어 매우 중요한 정보다. PC의 사양이 좋아지다 보니 동시에 여러 탭을 열어 두고 사용하는 사용자가 많다. 따라서 페이지마다 고유한 제목이 있어야 페이지를 쉽게 이동할 수 있다. 가끔 회사 소개를 하는 랜딩 페이지에서 페이지를 이동하더라도 동일한 페이지 제목이 표시되는 경우가 있다. 이 경우에 여러 페이지를 탭으로 띄워 놓았다면 원하는 페이지로 이동하기 위해서 모든 탭을 일일이 클릭하고 있을 것이다.

스크린 리더는 시각 장애인이 웹사이트를 탐색할 때마다 현재 페이지의 제목을 읽어 주기 때문에 페이지 제목이 명확해야 웹사이트를 빠르게 탐색할 수 있다. 모든 페이지의 제목이 같다면 본문의 내용을 일일이 확인해야 한다.

테스트 항목

페이지 탭에 표시된 제목이 고유하고 페이지를 정확하게 설명하는지 확인한다.

■ 제목은 웹사이트와 현재 표시하는 특정 페이지를 설명해야 한다.
예제) `<title>page title - site name</title>`

헤딩(headings)

헤딩은 페이지를 레이아웃할 때 콘텐츠의 섹션을 정의하는 방법이다. 헤딩은 소개하고자 하는 섹션의 주제를 간략하게 설명한 단어나 문구로 페이지의 구조를 빠르게 이해하고 탐색할 수 있게 도와준다. 스크린 리더는 헤딩을 읽어주고 다음 헤딩으로 빠른 이동을 지원한다. 따라서 시각 장애인이 페이지의 구조나 내용을 쉽고 빠르게 이해하고 탐색하는 데 도움이 된다.

헤딩 요소를 사용할 때 보통 ⟨h1⟩ 태그는 홈 메인에서는 사이트의 제목으로 사용하고, 그 외 페이지에서는 페이지의 제목으로 사용한다. 따라서 ⟨h1⟩ 태그는 가급적 페이지당 1번만 사용하는 것이 바람직하다. 그런데 로고가 이미지이고 해당 페이지의 메인 헤딩으로 사용되고 있다면 ⟨h1⟩ 태그를 추가하고 'sr-only' 규칙을 사용하여 시각적으로는 보이지 않지만 스크린 리더 사용자는 접근할 수 있도록 지원해야 한다.

하위 섹션에서는 문서 개요에 따라 ⟨h2⟩~⟨h6⟩ 태그를 사용하는데 헤딩을 생략하지 않고 낮은 수에서 높은 수로 문서 개요 순서를 지키는 것이 바람직하다.

테스트 항목

시각적 제목 요소를 식별한 다음 ⟨h⟩ 태그를 사용했는지 확인한다. 모든 상위 헤딩 요소의 헤딩 숫자가 하위 헤딩의 헤딩 숫자보다 낮은지 확인한다.

예제)
```
<div>
    <h3>Category</h3>
    <p>
```

```
        Lorem ipsum dolor sit amet, consectetur adipiscing elit.
        Nam sit amet auctor lectus. Curabitur non est nibh.
    </p>
    <h4>Sub Category 1</h4>
    <p>
        Suspendisse vehicula fermentum quam.
        Donec lobortis diam a ligula faucibus mattis.
    </p>
    <h4>Sub Category 2</h4>
    <p>
        Nam sit amet auctor lectus. Curabitur non est nibh.
        Donec lobortis diam a ligula faucibus mattis.
    </p>
</div>
```

숨겨진 콘텐츠

숨겨진 콘텐츠는 접근성을 위해 중요한 요소다. 특정 콘텐츠를 시각적으로는 숨기면서 스크린 리더 사용자에게만 접근할 수 있게 하거나, 반대로 스크린 리더 사용자에게는 숨기면서 시각적으로 표시할 수 있다.

그림 7.2 네이버와 다음 홈 메인에서 탭 키를 누르다 보면 왼쪽 위에 숨겨진 콘텐츠가 표시된다.

멀티미디어

비디오, 오디오 등 멀티미디어를 제공할 때 모든 사용자가 해당 콘텐츠를 이용할 수 있는 수단을 제공해야 한다. 이를 위해서 청각 장애인을 고려하여 오디오가 있는 비디오에는 동기화된 캡션이 필요하다. 비디오에서 말한 모든 내용은 캡션에 들어가야 하며 여기에는 이름 및 소리, 설명이 포함된다. 반면, 오디오 설명에는 시각 장애인을 고려하여 시각적으로 표시되는 모든 정보가 오디오로 전달돼야 한다. 따라서 비디오를 위한 스크립트는 내레이터가 모든 시각 정보를 설명하는 방식으로 작성해야 한다. 그리고 모든 비디오 및 오디오 컨트롤 요소를 키보드로 접근할 수 있도록 지원해야 한다.

타임아웃

인증번호를 입력해야 하는 인풋 박스에서는 인증번호를 입력하거나 재요청을 위한 타이머 기준을 정해야 한다. 필자는 3분을 선호하는 편이고, 최소 20초 이상으로 설정해야 한다. 시각 장애인이 문자를 수신해서 인증번호를 입력하기까지 사실상 20초는 너무 짧은 데다 문자 수신에 지연이 발생할 수도 있기 때문이다. 그리고 오타나 실수로 인해 입력값을 잘못 입력한 경우에 3분 이상 기다리는 것은 많은 참을성을 요구한다. 3분 이상인 경우에는 여러 입력값이 있음에도 불구하고 이전 화면으로 이동했다 다시 작성하는 경우가 많아 타이머 기준을 3분으로 기획한다.

> **테스트 항목**
>
> 화면에서 타임아웃 요소를 식별하고 더 많은 시간을 추가로 요청할 수 없거나 20초 미만이면 실패다.

표(table)

표를 사용하여 데이터를 표시하는 경우에는 헤더 셀과 데이터 셀을 프로그래밍 방식으로 연결하여 스크린 리더를 위한 테이블 내비게이션을 만들어야 한다. 다음 표 7.1에서는 가장 위에 있는 행의 헤더와 가장 왼쪽에 있는 열의 헤더, 두 개의 헤더를 가지고 있다. 시각적으로는 헤더와 데이터를 구분하며 해석하는 것이 어렵지 않다. 하지만 이를 별도의 작업 없이 스크린 리더를 통해 음성으로 듣게 된다면 'Name, Height, Weight, Age, Walter, 6'4, 84, 34, Steve, 5'4, 62, 30'과 같이 셀의 내용을 순차적으로 전달한다. 그럼 '34'라는 숫자가 어떤 정보를 의미하는지 이해하기 어렵다. 따라서 두 개 이상의 헤더가 있는 복잡한 테이블에서는 각 헤더가 유니크한 ID를 가지고 있어야 하며, 각 데이터 셀은 관련된 헤더 셀의 ID 속성을 가지고 있어야 한다. 그래야 음성으로 전달된 데이터 '34'가 'Age of Walter'인지 이해할 수 있다.

표 7.1 열과 행이 적은 표라서 시각적으로는 쉽게 이해할 수 있지만,
눈을 감고 제삼자가 불러주는 내용을 듣고서는 이해하기 쉽지 않을 것이다.

Name	Height	Weight	Age
Walter	6'4	84	34
Steve	5'4	62	30

국내에서는 디지털 접근성에 대해 잘 정리된 문서나 자료를 찾기가 쉽지 않다. 네이버와 다음이 웹 접근성 관련 사이트를 제공하고는 있으나 내용이 부실하기 때문에 필자의 경우에는 미 정부의 공식 접근성 가이드인 '18F Accessibility Guide'를 참고하고 있다.

- **네이버 접근성:** https://accessibility.naver.com/

- **다음 첫 화면 웹 접근성 안내:** https://focus.daum.net/daum/pc/accessibility.html

- **18F Accessibility Guide:** https://accessibility.18f.gov/

법적 의무사항인 디지털 접근성이 무엇이고, 이를 준수하려면 무엇을 고려하고 어떻게 테스트해야 하는지 살펴봤다. 그런데 디지털 접근성을 서비스에 반영하려고 들면 경영진, 동료들과 열띤 논쟁이 발생하거나 반대에 부딪힐 것이다. 디지털 접근성을 준수하려면 인력과 시간 등 리소스를 확보해야 하는데 대다수 경영진과 동료들이 업무의 우선순위, 일정, 비용 등의 문제로 디지털 접근성을 반영하는 데 부정적인 반응을 보이기 때문이다. 디지털 접근성을 준수한다고 사용자나 매출이 늘어나는 것도 아니다 보니 언제나 그렇듯 비즈니스 목표를 달성하기 위한 작업이 우선시된다. 접근성이 문제가 된다면 과태료를 내면 그만이라는 식이다.

이런 기업 환경에서 IT 서비스 사업자들에게 디지털 접근성을 자율적으로 준수하라고 하는 건 정부와 사회가 접근성에 대한 관심과 노력이 부족하다고 밖에는 설명할 수 없다. 디지털 접근성과 관련해서는 정부가 공공기관을 넘어 민간 서비스 사업자에 대해서도 다양한 지원책과 함께 규제를 강화하는 것이 맞는 방향성이 아닌가 싶다. 갈수록 고령화가 가속화되는 국내 상황에서 디지털 접근성은 이제 의무가 아닌 필수다.

그리고 최소한이라도 디지털 접근성을 준수하고 싶다면 서비스 오픈 이후에 접근성을 챙기기보다는 기획 시에 디지털 접근성을 기획서에 반영해야 한다. 그렇게 하면 보다 수월하게 디지털 접근성을 서비스에 반영할 수 있을 것이다.

7.2 _ 다크패턴과 윤리적 디자인

서비스 기획자는 사용자의 대변인이다. 이것이 바로 기획자의 존재 이유이자 목적이다. 그런데 여러 서비스를 이용하다 보면 과연 기획자가 회사의 대변인인지 사용자의 대변인인지 헷갈리는 경우가 있다. 사용자들을 속이기 위해 교묘하게 설계된 인터페이스, 다크패턴 때문이다. 다크패턴(dark patterns, 눈속임 설계)이란 웹사이트나 모바일 앱 등의 디지털 인터페이스 환경에서 상품의 구매, 서비스 이용, 배너 클릭, 개인정보 수집 등 사용자가 의도하지 않거나 원하지 않은 행동들을 유도하거나 속이기 위해 교묘하게 설계된 인터페이스를 말한다. 이는 영국의 UX 디자이너인 해리 브링널(Harry Brignull)에 의해 정리된 개념이다.

2021년 소비자원의 조사에 따르면, 국내 100개 전자상거래 모바일 앱 중 97%에서 최소 1개 이상의 다크패턴이 발견됐다고 한다. 그리고 다크패턴으로 인한 소비자 피해 경험 비율도 갈수록 높아지고 있다. 물론 그렇게 기획과 개발을 한 수많은 이유가 있겠지만, 어쨌든 의도하든 의도하지 않았든 수많은 다크패턴을 기획하고 구현하고 있다. 역설적인 사실은 기획자들이 사용성을 높였다고 이야기할 때 그 근거로 제시하는 전환율과 다크패턴의 사용 횟수가 비례할 수도 있다는 것이다. 그러니 전환율을 높이며 사용성을 높였다는 말과 글은 의구심을 가지고 자세히 살펴볼 필요가 있다. 부디 아래의 다크패턴의 예시[37]나 최근 공정거래위원회에서 작성한 '온라인 다크패턴 피해 방지를 위한 가이드라인[38]'을 살펴보며 기획자로서 부끄럽지 않은 기획을 했으면 하는 바람이다.

---

[37] 보다 자세한 다크패턴의 유형은 https://www.deceptive.design/types에서 찾아볼 수 있다.

[38] 온라인 다크패턴 피해 방지를 위한 가이드라인은 다음 링크에서 다운로드 받을 수 있다. https://www.ftc.go.kr/solution/skin/doc.html?fn=2aa 54a3265a7ccb63a79f6798a190059c7b3515bce77199a7cd8c1d16a08f7d6&rs=/fileupload/data/result//news/report/2023/

착오나 실수를 유도하는 인터페이스 또는 마이크로카피

고의로 사용자의 착각이나 실수를 유도하는 인터페이스나 마이크로카피를 사용해 특정 행동을 유도한다. 그림 7.3과 같이 개별 약관의 체크 버튼은 타 체크 버튼과 달리 버튼 UI로 되어 있지 않다. 그리고 필수 약관과 선택 약관이 뒤섞여 있으며, (개별 동의)라고 표시해 두고 상세보기에 엄청난 개인정보 제 3자 제공 동의 약관을 넣어 놓았다. 약관의 개수가 많다 보니 보통 전체 동의 버튼에 체크를 할 것 같다. 이렇게 가입하게 되면 당신의 개인정보가 수많은 계열사와 자회사에 전달될 것이고, 그 이후 발생하게 될 일은 말하지 않아도 예상할 수 있을 것이다.

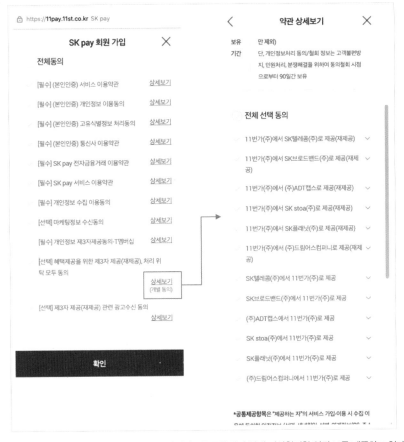

그림 7.3 많은 대기업이 계열사와 자회사에 개인정보를 공유하기 위해 기상천외한 약관 UI를 제공하고 있다.

쉬운 가입, 그러나 어려운 탈퇴

가입은 쉽지만 탈퇴는 어려운 경우다. 회원 탈퇴를 하고 싶은데 회원 탈퇴 버튼을 깊숙이 숨겨놓거나 제공하지 않아 회원 탈퇴를 할 수가 없다. 회원 탈퇴 버튼을 찾을 수가 없어 고객센터에 문의하니 탈퇴하고 싶으면 계정 정보와 계정이 본인의 것임을 증명할 수 있는 자료를 고객센터로 보내야 한다고 한다. 이런 경우 실상은 불 보듯 뻔하다. 회원 탈퇴 기능은 고사하고 개인정보 보호 처리, 탈퇴에 따른 개인정보 삭제 및 분리 보관 처리 등도 지원하지 않고 있을 가능성이 크다. 개인정보가 담긴 전달된 자료도 담당자 책상 위에 널브러져 있다 어디로 사라졌는지도 모를 것이다. 회원 탈퇴를 어렵게 한다고 하여 회원 탈퇴를 안 하거나 해당 서비스를 사용하는 것도 아닌데 무슨 효용성이 있는 것일까? 설마 보여주기식 허영 지표(vanity metric)인 누적 가입자수가 OKR 또는 KPI에서 주요 성과 지표인 건가?

개인정보의 손쉬운 제공 및 공개 유도

서비스 가입 시 필수 약관은 물론 마케팅 수신 동의 등 서비스 이용에 필수가 아닌 선택 약관마저 '동의'에 기본으로 체크돼 있다. 심한 경우에는 동의 여부도 묻지 않고 회원가입을 하면 동의한 것으로 간주한다. 그럴 거면 약관 동의는 왜 받는 걸까?

그런데 이 경우는 그나마 양호한 편이다. 사용자의 동의 여부도 묻지 않고 인풋 박스만 덩그러니 놓인 채 개인정보를 입력받는 서비스도 있다.

어려운 결제 연장 취소

최근 정기적으로 일정한 금액을 내고 제품이나 서비스를 이용하는 구독경제 서비스가 확산되면서 무료 이용이나 할인 등을 내세우며 쉬운 가입을 유도하는 경우가 많다. 그러나 소비자에게 자동 결제가 진행된다는 사실이나 유료 전환 시점 등을 제대로 안내하지 않거나, 해지나 환불을 복잡하고 불편하게 해 많은 소비자 피해가 발생하고 있다.

이로 인해 빠르게 성장하고 있는 구독경제 시장에서 사용자를 보호하기 위해 2021년 11월 18일 구독경제 소비자 보호 방안이 시행됐다. 시행안의 주요 내용은 다음과 같다. 유료 전환 최소 7일 전에 서면, 전화, 문자 등으로 반드시 통지해야 하고 간편한 해지 절차를 지원해야 한다. 그리고 해지 시 사용한 만큼만 부담하도록 하고 환불 수단의 선택권을 보장하는 등 합리적인 환불 정책을 제공해야 한다. 이를 지키지 않은 경우에는 공정거래위원회로부터 시정조치 명령이나 500만 원 이하의 과태료(전자상거래법 제45조 제4항)를 부과받을 수 있다.

그림 7.4 2021년 11월 18일 구독경제 소비자 보호 방안이 시행됐다.

부가적인 비용 추가

배송비, 포장비, 세금, 예약 수수료, 봉사료 등과 같이 분명 광고나 상품 설명에서는 언급되지 않았던 예상치 못한 비용이 결제 페이지에 도달하고 보니 부과돼 있다. 특히 호텔 예약 사이트에서 홍보할 때는 저렴하게 홍보해 놓고 실제 결제 페이지에 가면 세금과 청소비 등의 명목으로 비용이 추가돼 홍보된 가격보다 훨씬 더 비싼 경우가 많다.

■ 해외 호텔예약 및 예약비교 사이트 모니터링 결과

구 분	업체명	사이트	광고금액과 결제금액 차이
호텔예약 사이트	호텔스닷컴	www.hotels.co.kr	15.7%
	부킹닷컴	www.booking.com	0.0%
	아고다	www.agoda.com	18.1%
	익스피디아	www.expedia.co.kr	15.7%
호텔예약 비교사이트	트리바고	www.trivago.com	0.2%
	트립어드바이저	www.tripadvisor.com	19.6%
	호텔스컴바인	www.hotelscombine.com	17.6%

※ 해외 3개 도시(런던, LA, 오사카)의 인기 및 추천 195개 숙박상품 대상, 성수기 평일 기준, 평균치
※ 모니터링 기간: 18.05.29 ~ 18.06.04

그림 7.5 2018년, 서울시 전자상거래센터 조사 결과

소비자는 보다 저렴한 가격으로 호텔을 예약하기 위해 가격 비교 사이트 등을 통해 검색하고 리뷰를 확인하는 등 여러 과정을 거쳐 마지막 결제 페이지에 도달했을 것이다. 그런데 막상 이런저런 항목으로 추가된 금액을 보니 오히려 다른 사이트가 더 저렴한 것 같다. 하지만 결제 페이지까지 오는 데 들인 시간, 노력, 고생 탓에 그 과정을 다시 반복하고 싶지 않아 그냥 결제를 한다.

가짜 정보 제공

가짜 정보를 제공하여 사용자를 현혹한다. 호텔 예약 사이트들을 방문해 보면 상품에 잔여 수량이나 품절 임박 등을 표시하거나 나에게 제공하는 특별한 혜택이라며 빠른 결제를 유도한다. 그런데 이 정보가 모두 가짜 정보라면 당신은 어떤 선택을 할 것인가? 실제 호텔 예약 사이트들이 허위 정보를 제공하는 불공정 거래를 했다는 이유로 수차례 시정 조치를 받았다. 그러나 여전히 가짜 정보를 제공하는 사이트들이 있다. 이로써 한 명의 소비자가 입는 금전적 손해도 문제지만 더 큰 문제는 다크패턴을 통해 사용자의 선택이 반복될수록 비양심적인 사이트는 성장하며 부정한 행동을 정당화할 것이고 양심적인 사이트는 결국 시장에서 사라진다는 것이다. 그 때문에 법과 규제를 통해 개선하려고 하지만, 다크패턴을 통해

서 벌어들이는 이득이 더 크고 벌금형에 그치기 때문에 여전히 반복되고 있다. 그리고 그 피해는 결국 소비자가 고스란히 받고 있다.

한 인풋에 여러 아웃풋

사용자는 분명 페이지를 이동하기 위해 버튼을 클릭했을 뿐인데 페이지 이동과 함께 예상치 못한 광고 팝업이나 페이지가 새 탭으로 동시에 뜬다. 심지어는 파일이 다운로드되기도 한다. 하나의 인풋에는 반드시 사용자가 의도한 하나의 아웃풋만 있어야 한다.

닫기 어렵거나 닫을 수 없는 광고

기사를 제대로 읽을 수 없을 정도로 광고로 뒤덮인 사이트로 인해 짜증 난 경험이 누구나 한 번쯤 있을 것이다. 기사를 읽기 위해 배너의 닫기 버튼을 찾는데 버튼이 보이지 않는다. 심한 경우에는 클릭을 해도 닫히기는커녕 해당 배너의 랜딩 페이지로 이동한다. 결국 나는 기사를 읽기 위해 광고를 닫으려고 했는데 기사는 읽지도 못하고 광고를 클릭하며 언론사의 배를 불린 것이다. 이런 언론사의 경우에는 언론으로서의 신뢰도나 기자로서의 사명감을 찾아보기 어렵다. 더 자극적인 제목을 미끼로 사용자의 방문을 유도하고 더 많은 악성 광고를 띄워 수익을 창출하는 악순환이 반복된다. 여전히 언론 매체인지 광고판인지 구분이 안 되는 사이트들이 인터넷에 너무 많다. 문제는 앞서 호텔 예약 사이트와 같이 하루 24시간 중 기사를 읽을 수 있는 소비자의 시간과 광고주의 광고비는 정해져 있는데 양질의 기사를 생산하는 언론사의 기사를 읽기보다는 찌라시 같은 기사를 생산하는 언론사의 방문수가 늘어나며 광고비가 흘러 들어가기 때문에 양질의 기사를 생산하는 언론사는 시간이 지날수록 사라질 수밖에 없다는 것이다.

그림 7.6 나는 기사를 보러 왔을 뿐인데 광고 밖에 보이지 않는다.

위장 광고

분명 서비스 내에서 제공하는 콘텐츠처럼 보이는데 클릭하고 보니 광고다. 의도적으로 교묘하게 콘텐츠처럼 꾸며 클릭을 유도한다.

그림 7.7 할인 쿠폰을 제공하는 듯한 착각을 불러일으키지만, 실제로 클릭해 보면 한 이미지로 된 보험광고 배너다.

지금까지 여러 다크패턴의 유형을 살펴봤다. 이런 다크패턴을 사용하는 이유는 사내에서 개인이나 조직의 성과를 평가하는 기준이 재방문율, 전환율, 매출 등과 같이 정량적인 지표로만 측정되기 때문이다. 이 지표를 높이는 데에만 혈안이 되어 집중하다 보니 다크패턴을 사용하게 된다. 그런데 IT 기업들은 법과 규제 때문에 혁신이 어렵다, 글로벌 경쟁에서 뒤처진다며 규제를 없애거나 낮춰 달라고 이야기한다. 그런 법과 규제가 왜 만들어졌는지는 생각하지 않는다. 과거의 잘못이 부메랑처럼 돌아와 현재의 발목을 붙잡은 것인데 말이다. 때문에 계속 성과를 높이기 위해 다크패턴을 빈번하게 사용하고 이로 인해 피해를 보는 사용자가 늘어난다면, 더 강화된 규제가 만들어질 수밖에 없다. 그게 싫다면, IT 기업들이 함께 자정 노력을 해야 하는데 사회가 적자생존, 각자도생의 시대가 된 것처럼 기업들도 무한경쟁을 하며 자정 노력을 찾아보기 힘들다. 안타까운 현실이지만, 이 책을 통해 한 명의 기획자라도 다크패턴을 사용하지 않기를 바라며 이제 내가 기획한 서비스에 다크패턴이 있는지 살펴보고, 있다면 하나 둘 제거해 나가길 바란다. 다시 강조하자면 기획자는 사용자의 대변인이고 이것이 기획자의 존재 의의이자 목적이라는 것을 잊지 않았으면 한다.

7.3 _ SEO(Search Engine Optimization)

드디어 고생해서 웹사이트를 오픈했다. 그런데 오픈한 웹사이트가 구글, 네이버, 다음과 같은 검색 포털에서 검색되지 않는다. 어떻게 해야 포털에서 웹사이트가 검색될 수 있을까? 검색 포털에서 내 웹사이트가 검색되고, 나아가 검색 결과 상단에 노출되게 하려면 검색엔진 최적화(SEO, Search Engine Optimization) 작업을 해야 한다.

검색엔진 최적화란?

검색엔진 최적화란 사이트 내 콘텐츠 정보를 검색엔진이 잘 이해할 수 있도록 정리하여, 사이트의 콘텐츠가 검색 포털의 검색 결과 상위에 노출되게 하고, 더 많은 방문자를 유치할 수 있도록 하는 작업이다.

구글, 네이버와 같은 검색 포털에 내 사이트를 등록하려면 우선 검색 봇을 허용하고 해당 사이트의 정상적인 소유자인지를 확인하기 위한 사이트 소유 확인 과정을 거쳐야 한다. 그림 7.8과 같이 구글에서는 '구글 서치 콘솔(Google Search Console)'에서, 네이버에서는 '네이버 서치 어드바이저(Naver Search Advisor)'에서 소유 확인을 할 수 있다. 소유 확인을 하려면 HTML 파일을 내려받아 서버에 업로드하거나, HTML 태그를 홈페이지의 〈head〉 섹션에 붙여 넣은 다음 [소유 확인] 버튼을 클릭하면 된다. 어려워 보이지만, 해당 서비스에서 HTML 태그를 복사해서 개발자에게 전달하면 된다. 이 과정을 통해서 소유 확인이 끝나면 검색 봇이 사이트의 메타 정보를 긁어가며 검색 포털에 노출된다.

그림 7.8 구글 서치 콘솔은 웹사이트 소유자가 구글 내 검색 엔진 최적화를 관리하고 개선할 수 있도록 제공하는 무료 도구다.

다음 포털의 경우에는 과거 KT를 통해 공중전화기에 걸려있는 전화번호부에 전화번호를 게재하듯이 다음 사이트에 방문하여 수작업으로 검색 디렉터리에 사이트를 등록 및 수정, 삭제해야 한다. 2020년 8월, 다음 웹 마스터 도구를 제공하기 시작했으나 이를 홍보하지 않아 대다수가 제공 사실조차 몰라 검색 디렉터리 등록 방식을 더 많이 사용하고 있는 것 같다.

그리고 검색 봇을 허용하고 사이트 소유 확인의 과정을 거쳤더라도 사용자에게 정확한 사이트 정보를 제공하려면 메타 태그를 작성해야 한다.

메타 태그 작성

검색 봇이 웹사이트에 방문하여 주기적으로 정보를 크롤링해 가는데, 이때 검색 봇이 수집하는 정보 중 하나가 메타 태그다. 메타 태그는 웹사이트의 콘텐츠를 설명하는 정보로 검색 엔진이 웹사이트를 이해하고 검색 결과에 노출하기 위해 필요하다. 메타 태그는 기획자나 마케터가 작성해서 개발자를 통해 홈페이지의 〈head〉 섹션에 추가해야 한다. 물론 상품 상세 페이지 같은 경우에는 관리자에서 등록된 상품 정보를 바탕으로 메타 태그를 자동으로 생성한다. 때문에 관리자를 기획할 때 메타 태그를 고려해 클라이언트에는 표시되지 않지만 메타 태그의 'description' 태그로 사용하기 위해 '요약 설명'과 같은 인풋 박스를 추가한다.

메타 태그에는 여러 종류가 있는데, 포털에서 노출하는 정보는 'title, description, keyword' 태그가 대표적이다. 'title' 태그는 웹페이지 콘텐츠를 설명하는 제목이다. 따라서 몇몇 단어나 짧은 구문으로 간단하지만 명확하게 설명할 수 있는 고유한 문구로 작성하는 것이 좋다. 'description' 태그는 웹페이지의 콘텐츠를 설명하는 요약 정보로 1~2개의 문장이나 짧은 단락으로 작성하는 것이 좋다. 'keyword' 태그는 검색 시 사용자가 해당 키워드를 입력하면 그 검색 결과로 보여주기 위한 목적으로 작성하는 메타 태그다. 그런데 이 keyword에 경쟁사는 물론이거니와 너무 많은 키워드를 입력해 포털의 검색 품질을 떨어뜨려 구글에서는 더 이상 해당 목적으로 사용하지 않고 있다.

```
<title> 뱅크샐러드 | 금융을 넘어 건강 자산까지 </title>
<meta name="description" content="금융을 넘어 건강 자산까지 뱅크샐러드 - 신용대출 · 신용카드 · 주택담보대출 · 예적금 · 무료 건강 검사">
<meta name="keywords" content="뱅크샐러드, 돈관리, 돈관리앱, 카드, 카드추천, 신용카드추천, 체크카드추천, 적금추천, 예금추천, CMA추천, CMA통장추천, 보험비교, 보험비교사이트, 금리계산기, 금리비교사이트, 혜택많은신용카드, 신용카드비교, 체크카드비교, 뱅셀, 샐러드뱅크, 뱅셀, banksalad">
<meta name="og:title" content="뱅크샐러드 | 금융을 넘어 건강 자산까지">
<meta name="og:description" content="금융을 넘어 건강 자산까지 뱅크샐러드 - 신용대출 · 신용카드 · 주택담보대출 · 예적금 · 무료 건강 검사">
<meta property="og:url" content="https://www.banksalad.com/">
<meta property="og:image" content="https://cdn.banksalad.com/graphic/color/illustration/og-image/banksalad-web.png">
<meta name="naver-site-verification" content="6e174e47ce861cc70846d4bf91a36904b89f730e">
<meta name="google-site-verification" content="EZ3Ngy-eg4XxWQFF8Y7PwPX2cJYbPi4-h6gcis0S0iA">
<meta name="google-signin-client_id" content="602590083136-pg65trppq4if6383rfufkug9q367l1lh.apps.googleusercontent.com">
<meta name="msvalidate.01" content="16AE6A619D39D67DB97C54C7F6E3847B">
<meta name="apple-mobile-web-app-title" content="Banksalad">
```

그림 7.9 뱅크샐러드 랜딩 페이지에 작성된 메타 태그

페이지 URL 구조 설계

기획자가 페이지의 URL 구조를 설계해야 한다고 하면 무엇을 해야 하는지, 그리고 언제 이 작업을 해야 하는지 모르는 경우가 많다. 따라서 개발이 완료된 다음 테스트를 진행하거나 오픈 이후에 개발자에게 URL이 이상하다며 수정을 요청한다. 그런데 SEO 작업까지 완료된 상태에서 URL 구조나 URL을 바꿔달라는 건 개발자 입장에서 매우 번거롭고 짜증나는 작업이다. 게다가 이미 퍼뜨려진 링크의 연결이 안 되는 상황이 발생할 수도 있기 때문에 사전에 URL 구조를 협의하고 설계해야 한다.

필자는 클라이언트 기획서의 작성이 완료되어 디자이너와 개발자에게 공유하고, 이용약관과 도움말과 같은 서비스 정책 문서를 작성하기 전에 데이터 분석 설계 문서와 함께 페이지 URL 구조 설계 문서를 작성한다. 그리고 마케터, 개발자 등과 협의한 다음 이를 개발에 반영한다. URL 구조 설계는 홈 메인에서 이동하게 되는 하위 페이지의 URL 구조를 설계하는 것으로, 딥 링크의 이름을 생성하는 작업이다. 특정 페이지나 콘텐츠, 특정 위치로 이동하거나 분석 등을 위한 파라미터를 정의하기보다는 주요 페이지에 대한 한글명과 URL로 사용하게 될 소문자 영문명, 그리고 이들의 계층 구조를 작성하는 작업이다. 기획서를 제대로 작성했다면 기획서의 내용을 기반으로 쉽게 작성할 수 있을 것이다. URL은 검색 결과나 주소표시줄을 통해 사용자에게 노출된다. 따라서 사용자가 쉽게 읽고 이해할 수 있도록 페이지와 연관된 단어로 작성하는 것이 좋다. 사이트 URL 구조 설계를 잘하려면 사이트 구조를 디렉터리 형태로 정리한 사이트맵을 먼저 작성하는 것이 좋다. 그리고 그 사이트맵에 한글명과 영문 소문자명을 작성하는 것이다.

그리고 개발자가 검색엔진을 위한 XML 형식의 사이트맵을 사이트맵 생성 도구를 활용해 작성한다. 이때 기획자가 디렉터리 형태로 작성한 사이트맵이 도움이 된다. XML 사이트맵은 검색엔진이 웹사이트의 콘텐츠를 이해하고, 검색 결과에 노출되게 하는 데 도움이 되는 파일이다. 웹사이트에 있는 검색봇을 허용한 모든 페이지의 URL, 제목, 설명, 생성 날짜 및 갱신

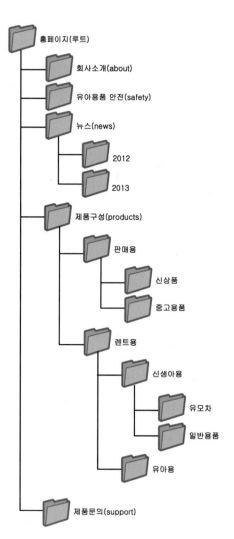

그림 7.10 디렉터리 형태의 사이트맵(sitemap) 예시

주기 등을 담고 있다. 또한 사용자가 URL을 잘못 입력하거나 페이지가 삭제된 경우를 대비해 404 페이지(보통 페이지를 찾을 수 없다며 표시되는 페이지)를 기획하고 상위 디렉터리로 이동할 수 있는 경로를 제공해야 한다.

검색 결과 상단에 노출하기

사이트나 콘텐츠를 검색 결과 상단에 노출시키려면 해당 검색 엔진의 검색 알고리즘에 대한 이해가 필요하다.

구글의 기본 검색 알고리즘은 페이지랭크(PageRank) 기술이다. 페이지랭크는 당시 대학원생이었던 구글의 창업자, 래리 페이지와 세르게이 브린이 개발했다. 논문의 인용 횟수가 논문의 권위와 품질을 의미하는 것처럼 웹페이지도 인용이 많이 된 웹페이지가 품질이 좋다는 데 착안하여 한 웹페이지에서 다른 웹페이지로 연결되는 백링크를 통해 페이지의 검색 노출 순위를 결정하는 알고리즘이다. 물론 지금은 구글러조차 파악하기 힘들 정도로 많은 알고리즘이 적용됐지만, 기본 알고리즘은 페이지랭크이므로 양질의 콘텐츠를 생산하고 이 페이지가 여러 사이트에 백링크로 걸려야 검색 결과 상단에 노출될 수 있다.

네이버에서는 다이아 로직(D.I.A., Deep Intent Analysis)이라는 검색 결과 순위 알고리즘이 있다. 그런데 어뷰징 때문인지 구체적인 측정 방식과 점수 기준을 공개하지 않았다. 그러나 인터넷에 공개된 내용을 보면 체류 시간, 공개 횟수, 댓글 등 다양한 기준을 반영했다고 한다.

결국 구글의 페이지랭크든 네이버의 다이아 로직이든 검색 알고리즘이 지향하는 바는 사용자들이 좋아하고 선호할 수 있는 양질의 콘텐츠나 페이지를 상위에 노출시키겠다는 것이다. 따라서 검색 결과 상단에 노출하기 위해서 가장 중요한 건 사용자들이 즐겨 찾을 수 있는 양질의 콘텐츠와 서비스를 제공하는 것이다.

7.4 _ SMO(Social Media Optimization)와 ASO(App Store Optimization)

소셜미디어 최적화(SMO, Social Media Optimization)란 페이스북이나 X(구 트위터)와 같은 소셜미디어에 내 사이트나 콘텐츠가 공유됐을 때 정보가 잘 표시될 수 있도록 메타 태그를 최적화하는 작업이다.

페이지 소스 보기를 통해 홈페이지 〈head〉의 메타 태그를 살펴보면 그림 7.11과 같이 이미 정의한 title이나 description이 중복으로 표시되고 있는 것을 볼 수 있다. 그런데 자세히 살펴보면 'og:'라는 표현이 다르다. 이 'og:'는 'open graph'의 약자로 메타로 사명을 변경한 페이스북이 2010년 4월에 출시한 프로토콜로, 'og:title, og:description, og:url, og:image' 메타 태그 등이 있다. 이를 잘 정리하면 페이스북에서 해당 웹사이트의 URL이 공유됐을 때 정의한 메타 태그를 기반으로 정보가 표시된다. X에서도 링크를 공유했을 때 카드로 잘 보일 수 있도록 별도의 프로토콜을 제공하고 있으며 'twitter:title, twitter:-description, twitter:url, twitter:image' 등이 있다.

```
<title> 뱅크샐러드 | 금융을 넘어 건강 자산까지 </title>
<meta name="description" content="금융을 넘어 건강 자산까지 뱅크샐러드 - 신용대출 · 신용카드 · 주택담보대출 · 예적금 · 무료 건강 검사">
<meta name="keywords" content="뱅크샐러드, 돈관리, 돈관리앱, 카드, 카드추천, 신용카드추천, 체크카드추천, 적금추천, 예금추천, CMA추천, CMA통장추
천, 보험비교, 보험비교사이트, 금리계산기, 금리비교사이트, 혜택많은신용카드, 신용카드비교, 체크카드비교, 뱅셀, 샐러드뱅크, 뱅셀, banksalad">
<meta name="og:title" content="뱅크샐러드 | 금융을 넘어 건강 자산까지">
<meta name="og:description" content="금융을 넘어 건강 자산까지 뱅크샐러드 - 신용대출 · 신용카드 · 주택담보대출 · 예적금 · 무료 건강 검사">
<meta property="og:url" content="https://www.banksalad.com/">
<meta property="og:image" content="https://cdn.banksalad.com/graphic/color/illustration/og-image/banksalad-web.png">
<meta name="naver-site-verification" content="6e174e47ce861cc70846d4bf91a36904b89f730e">
<meta name="google-site-verification" content="EZ3Ngy-eg4XxWQFF8Y7PwPX2cJYbPi4-h6gcis0S0iA">
<meta name="google-signin-client_id" content="602590083136-pg65trppq4if6383rfufkug9q367l1lh.apps.googleusercontent.com">
<meta name="msvalidate.01" content="16AE6A619D39D67DB97C54C7F6E3847B">
<meta name="apple-mobile-web-app-title" content="Banksalad">
```

그림 7.11 이미 SEO를 위해 정의된 타이틀이나 디스크립션 등의 메타 태그가 SMO를 위해 og:와 함께 재정의된 것을 확인할 수 있다.

앱 스토어 최적화(ASO, App Store Optimization)란 iOS의 앱스토어나 구글 플레이 스토어에 등록된 수많은 모바일 앱 사이에서 앱을 검색 결과 상위에 노출시키기 위해 최적화하는 과정이다. 기본적으로 제목과 키워드, 앱 설명을 잘 작성하고 아이콘과 스크린 샷을 가이드에 맞게 등록해야 한다. 그리고 리뷰 및 평점 관리를 잘하는 것이 중요하다.

하지만 사전 예약 이벤트 등을 통해서 앱 런칭 시 일괄 다운로드를 유도해 순위를 올리는 마케팅 방식이나 구글 플레이 스토어의 경우 앱 다운로드 시 금전적인 보상을 지급하는 CPI 광고 모델을 활용해 일괄 다운로드 및 결제를 유도하는 등 앱 순위를 조작하는 행위들이 빈번하게 발생하다 보니 순위가 왜곡되어 앱 스토어 최적화 작업이 큰 도움이 되지 않는 것이 현실이다.

그렇다고 사전 예약 이벤트나 CPI 광고 등의 마케팅 방식들을 따라하자니 수천만 원에서 수억 원 정도의 비용이 필요해 대다수 스타트업은 시간이 걸리더라도 서비스의 가치와 품질로 입소문을 통해 천천히 가입자 수를 모아가는 수밖에 없는 것 같다.

7.5 _ 글로벌 서비스 기획 시 고려사항

국내 타깃의 서비스를 기획하다 아무것도 모르고 아무런 준비도 되지 않은 상태에서 무모하게 동남아 타깃의 글로벌 SNS나 중국 타깃의 O2O 서비스, 미국 타깃의 전자상거래 등을 기획하면서 겪었던 무수한 시행착오, 실수, 어려움, 고난, 괴로움이 떠오른다. 특히 중국 서비스는 AWS 대신 알리바바의 클라우드 서버인 알리윤을 사용해야 했고, 구글맵 API 대신 바이두맵 API를, 결제를 위해 알리페이와 위챗페이 API를 적용해야 했다. 또한 중국 로컬 디바이스와 브라우저에 최적화 작업을 해야 하는 등 그 생소함과 어려움에 수없이 좌절했다. 당시에는 동료들에게 다시는 이런 프로젝트를 경험하고 싶지 않다며 하소연하고 고충을 토로하곤 했다. 그런데 이제는 가슴 한편에 켜켜이 쌓인 빛바랜 사진들처럼 추억으로 남아 무모하지만 두려움 없이 글로벌 시장을 두드리던 그때를 그리워하곤 한다.

글로벌 서비스를 준비하는 기획자나 팀이 있다면 그 시행착오를 조금이나마 줄이고, 성공적인 글로벌 서비스를 출시하길 바라며 몇 가지 팁을 공유해 본다. 이 글이 글로벌 서비스를 준비하는 기획자와 팀에게 조금이나마 도움이 되었으면 한다.

다중 언어 및 로컬라이제이션에 대한 고려

글로벌 서비스는 클라이언트에서 텍스트를 가지고 있지 않다. 클라이언트의 언어 설정에 따라 서버에 저장된 번역된 텍스트를 클라이언트에 전달하며 화면을 구성한다. 따라서 화면에 고정된 텍스트가 없다 보니 로딩 시 화면 가운데 일반적인 로딩 인디케이터를 표시하기보다는 텍스트 영역을 그라데이션 처리한 스켈레톤 로딩 인디케이터를 표시한다.

그림 7.12 스켈레톤 로딩 인디케이터 예시

또한 클라이언트를 기획하고 디자인할 때 타이틀, 버튼명, 안내 문구 등 모든 요소에서 최대 몇 글자까지 표현할 수 있는지 일일이 확인해야 한다. 그리고 이를 기획서에 정확히 명시해 개발자들이 개발 시에 필요한 처리나 입력을 제한할 수 있게 해야 한다. 게다가 언어에 따라 폰트 사이즈를 조정하거나 가변 폰트를 지원할 때는 폰트 사이즈에 따라 텍스트의 길이가 달라져 글자가 잘리거나 UI가 깨질 수 있다. 따라서 말줄임(...) 처리를 할 것인지, 줄바꿈으로 아랫줄로 떨어뜨릴 것인지, 그것도 아니라면 이미지 아이콘을 사용할 것인지 사전에 협의하고 이를 고려해 디자인과 개발을 해야 한다.

푸시 메시지나 공지사항 등 운영자가 관리자를 통해 언어별로 입력해줘야 하는 정보도 있다. 따라서 관리자 내 등록 페이지에서 운영자가 번역해서 올려야 할 항목을 정의하고, 입력할 수 있는 데이터의 형식과 최대 입력 가능한 글자 수 등을 제한해야 한다. 상황이 이렇다 보니 글로벌 서비스는 기획, 디자인, 개발도 어렵고 복잡할 수밖에 없다.

이처럼 번역의 부담과 언어에 따른 CSS 깨짐, 표현에 따른 로컬라이제이션 이슈를 줄이기 위해 아이콘으로 표시할 수 있는 부분은 이미지 아이콘을 자주 사용하게 된다. 그러나 이미지 아이콘을 사용하는 경우에도 국가, 민족, 인종, 성별 등에 논란 없이 직관적으로 이해할 수 있는 아이콘을 사용할 수 있도록 주의해야 한다.

그림 7.13 애플에서는 성별과 인종을 고려한 이모티콘을 만들어 배포해도 매번 인종차별 논란이 있었던 것을 보면 글로벌 서비스가 참 어렵다는 것을 알 수 있다.

국내에서 글로벌 서비스를 개발하는 팀이라면 다양한 문화를 이해하고 존중하며 로컬라이제이션 이슈를 최대한 줄이기 위해서라도 여러 민족과 인종으로 팀을 구성하는 노력이 필요하다.

타임존에 대한 고려

글로벌 서비스인데 서비스 내에 시간 표시가 필요한 경우에는 사용자의 타임존에 따른 시간 변경을 지원해야 한다. 따라서 타임존을 IP나 GPS를 통해 자동으로 변경할 것인지, 사용자의 설정에 따라 수동으로 변경할 수 있게 지원할 것인지 결정해야 한다. 필자는 IP나 GPS를 체크하고 위치가 변경된 경우에 다이얼로그를 이용해 사용자에게 타임존 변경 여부를 묻는 방식을 선호한다. 물론 설정 화면을 통한 타임존 변경도 지원한다. 타임존에 따라 국가 또는 지역별로 날짜와 시간이 다르기 때문에 로컬 PC나 단말기를 기준으로 1분 전까지는 '방금', 60분 경과 전까지는 'MM분 전', 60분 경과 시에는 'HH시간 전', 24시간 경과 시에는 'DD일 전' 형식으로 표시하고 3일이 지나면 'YY.MM.DD'로 표시하는 등 국내 서비스에서는 단순했던 시간 표시에도 많은 고민이 필요하다.

그리고 특정 국가나 지역에 한정된 이벤트 진행이나 푸시 메시지 발송 등이 필요할 때는 지역과 시간을 타깃팅할 필요가 있다. 이를 지원하려면 국가별 또는 타임존별 다중 시간 선택이 가능하게 관리자의 기간 설정 기능을 기획해야 한다. 일본인 사용자에게 광복절 경축 메시지를 발송하거나, 한국에서는 오전에 발송된 푸시지만 미국의 사용자에게는 새벽에 울리는 짜증 나는 경험을 제공할 필요는 없기 때문이다.

그림 7.14 국내 서비스의 공지사항 등록 페이지 예시

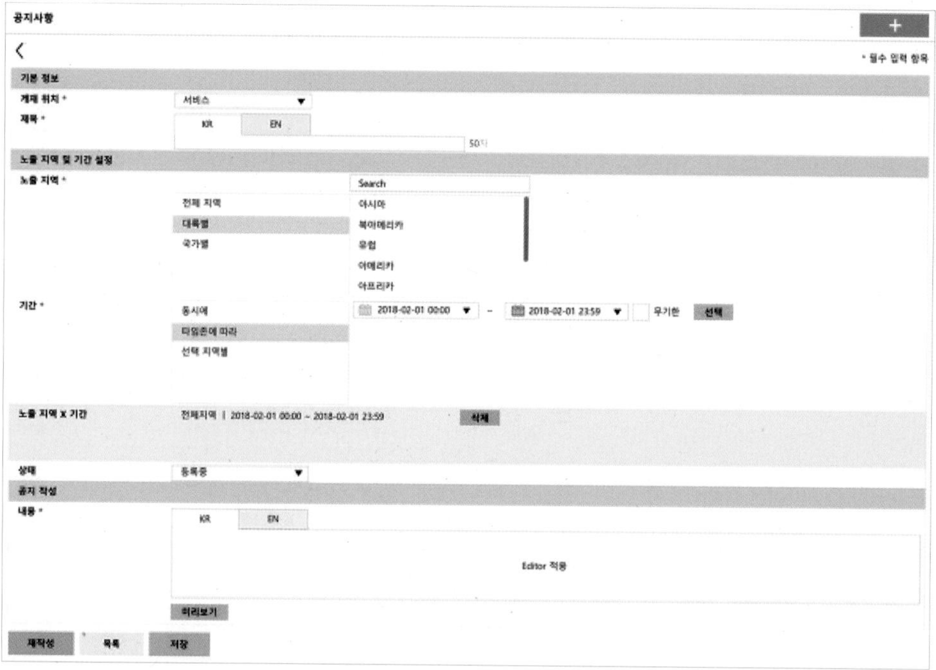

그림 7.15 글로벌 서비스의 공지사항 등록 페이지 예시. 전체/대륙별/국가별 노출 지역을 설정하고 노출 지역에 따라 기간을 설정하는 등 공지사항 등록 페이지만 하더라도 작은 프로젝트 수준의 개발이 필요하다.

단말기 및 해상도에 대한 고려

단말기마다 최적화 작업을 해야 하는데, 글로벌 서비스다 보니 모든 단말기와 해상도에 최적화 작업을 하는 것은 현실적으로 불가능하다. 로컬 단말기 제조사마다 커스터마이징한 OS에 물리 키보드를 가진 단말기, 변칙 해상도 등 수백, 수천 개의 폰에 최적화 작업을 할 수는 없다. 따라서 기준 해상도를 잡되 모든 해상도를 고려해서 UI를 설계하고 스크롤 처리를 하는 등 사전에 예상되는 문제를 최소화하기 위해 노력해야 한다.

그리고 웹사이트를 개발하는 기획자와 개발자는 보통 23인치 이상의 모니터를 사용하겠지만, 해외 사용자들은 PC보다는 태블릿을 사용하는 경우가 많아 이를 고려해 반응형으로 기획해야 한다. 또한 로컬 브라우저가 있는 경우에는 해당 브라우저에서 특정 버그가 발생할 수 있기 때문에 주요 기능을 테스트해야 한다.

열심히 개발한 관리자 페이지를 한국인 동료들은 문제없이 잘 사용하고 있는데 중국인 동료들은 사용할 수 없다고 난리가 났다. 그래서 살펴보니 한국인 동료들은 크롬, 파이어폭스, 사파리, 엣지 등에서 테스트하고 사용하는데, 중국인 동료들은 중국 회사가 개발한 360 브라우저에서 사용하고 있는 것이다. 그 브라우저에서는 페이지 스크롤이 안 되고 드롭다운 메뉴가 펼쳐지지 않고 있으니 관리자 페이지가 엉망이라며 불평불만을 할 수밖에 없었다.

네트워크 및 인프라에 대한 고려

서비스를 제공하는 국가의 네트워크 및 인프라 환경에 대한 고민을 해야 한다. 특히 소득 수준이 낮고 인프라가 열악한 후진국이나 개발도상국에 서비스를 제공하는 경우에는 모바일 앱이 무거우면 설치를 꺼려하고 데이터 사용량이 많으면 앱을 삭제한다. 따라서 앱 설치 용량을 줄이기 위해 클라이언트가 가지고 있는 이미지 등은 최대한 줄이고 필요한 경우에는 이미지나 애니메이션을 가급적 CSS, SVG, Lottie 등으로 처리하는 것이 좋다. 또한 이동 시 네트워크가 잠시 끊기는 현상이 자주 발생한다. 이때 끊김 없이 앱을 사용할 수 있도록 효율적인 로딩 방법과 함께 캐시에 일부 데이터를 저장해 끊김 없는 사용성을 제공할 수 있도록 노력해야 한다. 이를 위해서 기획자는 패키지 용량과 데이터 사용량, 사용성 사이에서 트레이드오프 결정을 잘하는 것이 중요하다.

그리고 전자상거래에서 고해상도의 상품 썸네일이나 소개 이미지를 표시하면 로딩에 시간이 많이 걸려 뚝뚝 끊기는 현상이 발생하기 때문에 서비스 이용이 불편하다. 때문에 저해상도 이미지를 먼저 표시하고 로딩이 끝나면 고해상도 이미지로 대체하는 등의 처리를 하기도 한다. 그리고 무겁고 긴 상품 소개 이미지를 서버에서 자동으로 크롭하여 순서대로 로딩하며 표시하는 등 열악한 네트워크 및 인프라 환경에서 좋은 사용자 경험을 제공하기 위해 여러 고민과 노력을 한다. 이 외에도 환율에 대한 고려, 부가가치세나 관세와 같은 세금 처리 등 고민해야 할 것들이 많다.

7.6 _ 테스트 시나리오 작성

테스트 시나리오나 테스트 케이스의 작성도 전문적인 지식이 필요하다. 따라서 QA 전문가들이 작성하는 것이 바람직하지만, 대다수 스타트업에는 별도의 QA 조직이나 담당자가 없는 경우가 많다. 그렇다고 하여 별도의 테스트 시나리오 없이 주먹구구식으로 테스트를 진행하면 정상적인 기능 테스트만 반복해서 진행하게 된다. 그리고 오픈 이후에 쏟아지는 버그로 인해 사용자는 사용자대로 잃고 버그를 수정하느라 서비스 개발 속도도 떨어지게 된다.

완성도 높은 서비스를 제공하고 개발 속도를 유지하려면 QA 진행은 필수이고, 이를 위해서는 테스트 시나리오를 작성해야 한다. 기획자의 테스트 시나리오에는 정상적인 기능 수행과 엣지 케이스는 물론이거니와 UI/UX, 마이크로카피의 확인과 함께 앞서 살펴본 디지털 접근성, 다크패턴의 유무, SEO/SMO/ASO를 검토하고 단말기 및 OS, 브라우저, 네트워크 테스트 등이 포함돼 있어야 한다. 이 정도로 테스트 시나리오를 작성하려면 애초 기획서를 잘 작성할 수 있는 역량이 필요하다. 즉 기획서를 잘 작성할 수 있는 기획자가 테스트 시나리오도 잘 작성한다.

경로	Test No.	동작 & 과정	상태 & 전제 조건	개발팀 요청사항	기대 결과	테스트 결과	재현경로 및 현상
전 페이지 공통	1	날발기의 날짜와 시간을 미래 또는 과거로 변경해봅니다.	설정 〉 일반 〉 날짜와 시간		날짜가 현재 시간으로 표시됩니다. (서버 시간으로 표시하여 현재 시간을 유지합니다.)		
	2	서체 및 언어, 지역을 바꿔봅니다.	설정 〉 일반 〉 서체, 언어 및 지역		서체를 바꾸면 변경된 서체로 서체가 변경됩니다. 언어를 바꾸더라도 한국어로 고정됩니다. (영어 등의 타 언어 지원은 현재 지원하지 않음) 지역을 바꾸면 해당 지역에 따라 로컬 시간으로 표시됩니다.		
	3	디스플레이 및 밝기에서 텍스트 크기를 아주 작게로, 아주 크게로 변경하여 테스트해봅니다.	설정 〉 디스플레이 및 밝기		텍스트를 아주 작게 또는 크게로 변경하더라도 콘텐츠를 열람하는데 문제가 없습니다. 일부 UI가 깨지거나 텍스트 폰트 사이즈가 변경되지 않을 수 있습니다만 열람하는데 지장이 없다면 일단 넘어갑니다.		
	4	모바일 접근성이 제대로 작동하는지 확인합니다.	설정 〉 손쉬운 사용		VoiceOver 활성화를 통한 컨트롤이 가능한지 확인합니다.		
회원가입 페이지	1	이름 인풋 박스 입력 시			문자만 입력 가능 입력 제한: 2자 ~15자 이내, 15자 초과 시 입력 약음		
	2	이름 형식 오류 시			[2자 이상 이름을 입력해주세요.] 유효성 메시지 표시		
	3	이메일 인풋 박스 입력 시			자동 영타 소문자 변환 텍스트 입력 제한 : 254자 초과 입력 약음, 영문/숫자/일부 기호 (. _) 사용 가능 이메일 자동 입력 지원		
	4	이메일 형식 오류 시			이메일 형식 유효성 체크: XXX@XXX.XXX [이메일 주소를 확인해주세요.] 유효성 메시지 표시		
	5	이미 사용 중인 이메일 주소 입력 시	이미 사용 중인 이메일 입력		데이터 유효성 체크 : 보통 데이터 유효성은 [Submit] 버튼 클릭 시, 서버 통신을 통해 일괄 체크하나 회원가입 시 이메일의 경우 예외적으로 마우스 포커스 아웃을 트리거 삼아 서버에 존재 유무를 확인하고 이미 사용 중인 경우 이미 사용 중인 이메일 주소입니다.] Validation Msg 표시 : 데이터 유효성 체크 시, 프로그레스 인디케이터 아이콘 및 확인 시, 체크 아이콘 표시		
	6	(탈퇴 신청 후 30일 경과 시 탈퇴가 처리되고 그 이후 이전 이메일로 재가입 가능) 탈퇴 처리중 이메일 입력 시	풀리 웹 〉 마이 페이지 〉 개인정보 〉 내 정보 〉 회원 탈퇴 프로세스 진행 후 테스트 진행		[DD일 전에 탈퇴를 신청한 이메일 주소로 재가입이 불가합니다.] 유효성 메시지 표시		
	7	비밀번호 인풋 박스 입력 시			텍스트 입력 제한 : 6자 이상 문자/숫자/기호 입력 가능 비밀번호 표시 Icon 버튼 : 비밀번호 입력 시, 실시간 숨김 처리(●) : 표시 아이콘 버튼 클릭 시, 비밀번호 입력값 표시 : Cancel 버튼은 비밀번호 표시 버튼 좌측에 표시		
	8	비밀번호 형식 오류 시			[비밀번호는 6자 이상의 문자/숫자/기호로 입력해주세요.] 유효성 메시지 표시		
	9	비밀번호 재확인 인풋 박스			입력 시 실시간 숨김 처리(●) 처리 비번 표시 기능 제공 안 함		
	10	비밀번호와 비밀번호 확인이 일치하지 않는 경우			[비밀번호와 비밀번호 확인이 일치하지 않습니다.] 유효성 메시지 표시		
	11	휴대폰 번호 인풋 박스 입력 시			1) 형식에 맞는 휴대폰 번호 입력 시, 인증하기 버튼 활성화 2) 활성화된 버튼 클릭 시, 인증번호 발송되고 인풋박스 및 [인증하기] 버튼 비활성화 처리 : 하단에 인증번호 인풋 박스 활성화 3) 인증번호 유효기간 3분 경과 시, 인증번호를 재발송 할 수 있도록 버튼 텍스트가 변경되며 [재전송하기] 버튼 활성화 처리 • 알림톡 및 문자 메시지 발송 시, 비용이 청구되기 때문에 연속 발송 막아야 함		
	12				[휴대폰 번호로 인증번호가 발송되었습니다. 메시지를 확인해주세요.] 메시지 표시		
	13	정상적인 휴대폰 번호 입력 후 [인증하기] 버튼 클릭 시			4자리 인증키 알림톡 수신		
	14	정상적인 휴대폰 번호 입력 후, 카카오톡 계정이 없는 경우	카카오 계정이 없는 번호로 인증 요청 필요		알림톡 대신 SMS 수신		

그림 7.16 정상적인 기능 수행, 엣지 케이스, UI/UX, 마이크로카피, 단말기 테스트, 디지털 접근성 등을 테스트하기 위한 테스트 케이스를 작성하다 보면 한 페이지나 기능에 수십 가지의 테스트 케이스가 작성된다.

보통 테스트 케이스는 기획서를 기반으로 작성한다. 따라서 기획서를 잘 작성했다면 테스트 케이스를 작성하는 것이 그리 어렵지 않을 것이다. 하지만 기획서를 제대로 작성하지 않았거나 못 했다면 테스트 케이스를 작성하는 것이 기획서를 작성하는 것만큼이나 힘들고 어려울 것이다. 그래서 처음부터 기획서를 제대로 작성하는 것이 중요하다.

세균무기가 알려주는
서비스 기획의
모든 것

08

—

프로덕트 매니지먼트

이번 장에서는 워터폴과 애자일 방법론에 대해 살펴보고
애자일 스크럼 개발 방법론에 따른 프로덕트 매니지먼트에 대해 살펴보자.
칸반 보드 운영과 기능 또는 작업자 기준에 따른 카드(이슈) 생성,
그리고 우선순위를 결정하기 위한 방법 등도 학습한다.

8.1 _ 프로덕트 매니지먼트하기

서비스 기획자들 사이에서도 프로덕트 매니저나 프로덕트 오너라는 표현 탓인지 기획자의 역할을 오해하는 경우가 있다. '매니저'와 '오너'라는 표현은 역할에 많은 권한이 부여되고, 권한에 따른 막중한 책임이 따르기 때문에 역할에 대한 중요성을 강조하며 책임감을 가지고 노력해달라는 당부와 부탁이 담겨있다고 생각한다. 그러나 실제 기획자의 업무는 매니저와 오너라기보다는 프로덕트를 함께 만들어가는 디자이너, 개발자 등의 동료들이 업무에 집중하고 효율적으로 일하며 좋은 제품을 만들 수 있도록 돕는 역할에 가깝다. 따라서 직군을 표현하는 용어와 실제 역할에 대한 간극이 크다 보니 많은 실수를 하게 된다.

기획자는 앞서 살펴본 상위 기획과 정책 기획, 화면(상세) 기획, 테스트뿐만 아니라 프로덕트 매니지먼트도 함께 해야 한다. 그런데 매니지먼트라고 하니 이를 관리나 감독이라고 착각하고 동료들에게 명령하고 지시하며 군림하려고 든다. 프로덕트 매니지먼트는 사용자의 요구사항을 명확하게 정의하고, 서비스와 동료들이 방향성을 잃지 않도록 목표를 설정하는 것이다. 그리고 동료들이 업무에 집중하고 효율적으로 일할 수 있도록 의사결정을 하고 장애물을 제거하며 동기부여하는 것이다. 즉 프로덕트 매니저로서 매니지먼트를 한다는 것은 동료들을 앞에서 끌어주고 뒤에서 밀어주는 역할을 수행하는 것이다. 그러니 항상 어렵고 힘들 수밖에 없다.

단순함과 우선순위, 그리고 트레이드오프

기획자로 일하며 프로젝트를 진행하다 보면, 하루에도 업무와 관련하여 헤아릴 수 없을 만큼 많은 의사결정을 하게 된다. 기획자는 프로덕트와 관련하여 의사결정을 하는 직군이라고 해도 틀린 이야기가 아닐 것이다. 따라서 기획자는 빠르고 효율적인 의사결정을 해야 하는데, 이를 위해서는 다음과 같은 메커니즘을 거친다. 바로 단순함(simplicity), 우선순위 (prioritization), 트레이드오프(trade-off)다. 예를 들어, 10가지 업무가 있다고 하자. 가장 먼저 해야 할 의사결정은 10가지를 모두 해야 하는지를 판단하는 것이다. 그중 당장 필요하지 않은 업무 5가지를 소거하는 의사결정이 '단순함'이다. 그리고 남은 5가지 업무를 동시에 진행할 수는 없기 때문에 어떤 업무가 중요하고 시급한지 결정하여 업무의 순서를 정해야 한다. 이 의사결정이 바로 '우선순위'다. 우선순위를 정했다면, 1번으로 정한 업무를 먼저 진행하려고 할 것이다. 그런데 1번 업무를 진행하는데 기획자가 생각한 A라는 해결책이 비효율적이거나 구현이 어려울 수 있다. 그래서 디자이너와 개발자가 찾아와 B안을 이야기하며 협의를 원한다. 1번 문제를 해결하는 데는 수많은 방법이 있을 수 있다. 수많은 방법 중 하나를 선택하는 의사결정이 바로 '트레이드오프'다. 그런데 단순함과 우선순위, 트레이드오프라는 의사결정을 혼동하거나 착각하는 경우가 있다. 트레이드오프를 하며 단순해졌다고 좋아하지를 않나, 업무의 우선순위를 조정하며 백로그로 상태값이 바뀌었을 뿐인데 트레이드오프가 되었다고 이야기한다. 누군가에게는 상황에 따라서 그 표현이 모두 맞을 수도 있겠지만, 기획자에게는 단순함, 우선순위, 트레이드오프는 모두 서로 다른 의사결정이다.

단순함, 우선순위, 트레이드오프 중에서 기획자에게 가장 중요한 의사결정을 뽑으라고 한다면 단연코 단순함이다. 이 의사결정이 프로젝트 진행 과정에서도 가장 먼저 고민해야 할 의사결정이고, 단순함을 추구하면 이후 우선순위 및 트레이드오프라는 의사결정의 빈도가 줄어들기 때문이다.

기획자에게 단순함은 다수 사용자의 복잡한 요구사항이나 문제, 페인 포인트를 단순하게 정리하는 것이다. 그리고 이 정리된 내용을 프로젝트 구성원에게 이해하기 쉽고 빠르게 전달하기 위한 단순함일 수도 있다. 또한 사용자에게 제공하려는 서비스의 UI/UX의 단순함일 수도 있고, 의사결정에 있어서의 단순함일 수도 있을 것이다. 어찌 됐든 우선순위와 트레이드오프는 타 부서와 동료들과의 협의에 따른 의사결정일 수도 있지만, 단순함은 기획자에 의한 독립적인 의사결정일 가능성이 크기 때문에 보다 중요하다.

우선순위는 정해진 일들 중에서 그 작업의 순서를 정하는 것이다. 따라서 작업이 단순해지면 단순해질수록 우선순위라는 의사결정은 줄어들게 된다. 제품 개발에 있어 우선순위를 결정하는 것은 제품의 성공과 직결되기 때문에 중요한 의사결정이다. 애자일 방법론에서는 스프린트 주기로 업무를 진행하게 되는데 이 주기에 따라 업무의 우선순위를 결정하기 위한 다양한 프레임워크가 개발됐다. 이에 대해서는 8.2 애자일 스크럼 개발 방법론에서 자세하게 이야기하도록 하겠다.

트레이드오프는 다른 측면에서 이익을 얻는 대신 다른 하나를 포기하거나 이익을 감소해야 하는 절충이나 상충을 하는 의사결정이다. 예컨대 개발 기간을 늘리면 제품의 완성도는 높아질 수 있지만 개발 기간이 늘어남에 따라 비용은 증가한다. 따라서 기간과 비용 사이에서 최고 또는 최선의 결과를 만들어낼 수 있는 의사 결정을 해야 한다. 어쩔 수 없이 트레이드오프를 할 수밖에 없는 여러 상황을 맞닥뜨리고 트레이드오프를 하곤 하지만, 개인적으로 트레이드오프라는 의사결정을 선호하지는 않는다. 단순함과 우선순위는 치열한 고민의 결과물이라고 생각하는데 반해, 트레이드오프는 동료들 사이에서 스스로에게도 적당한 타협으로 마무리할 수 있는 정당성을 부여하거나 그런 의사결정을 유도하기 때문이다. 어떻게든 고민하고 노력해서 최고의 결과와 결과물을 만들 생각을 하는 것이 아니라 트레이드오프 하자며 적당한 수준의 타협이나 포기를 조장하게 된다. 그래서 트레이드오프라는 결정을 하게 되면 스스로에게 사용자를 위한 결정이었는지 나 자신 또는 디자이너, 개발자 중 누구를 위한 트레이드오프였는지 복기해 본다.

기획자는 단순함을 추구하며 기획하고, 시장과 리소스를 고려하며 업무의 우선순위를 정하되, 부서나 담당자 또는 업무 간에 충돌이 발생하면 트레이드오프를 하며 프로젝트를 진행시켜야 한다. 대다수 프로덕트 매니지먼트 툴들도 이런 기획자의 사고 순서를 지원할 수 있도록 설계돼 있다.

수평적 조직에 대한 환상

동기부여 이론에 따르면 열정과 의욕을 고취시키고 창의성을 발휘하려면 자율성과 자기결정권을 보장하는 분위기, 즉 수평적인 조직문화를 조성하는 것이 매우 중요하다고 이야기한다. 필자 또한 수평적인 문화를 지지하며 여러 조직에서 수평적인 문화를 유지하기 위해 많이 노력했다. 하지만 가끔은 이런 수평적인 조직문화가 여러 문제를 초래하기도 한다.

실력은 없는데 열정과 의욕만 넘친다면?

자율성과 자기결정권을 보장받는 수평적 조직에서 실력은 없는데 열정과 의욕만 넘치거나 회사나 조직의 목표와 방향과는 정반대로 행동하는 소수의 고집 센 동료가 회사와 조직, 서비스를 망친다. '잘 모르고 무식한 사람이 신념을 가지면 무섭다.'라고 이야기한 개그맨 이경규 씨의 말처럼 잘 모르고 무식한 동료가 열정과 의욕만 앞서면 끔찍한 상황을 맞이하게 된다. 게다가 자기가 하고 싶은 일이 조직의 목표나 방향과는 맞지 않거나 정반대인데도 이를 매우 열심히 부지런히 하며 조직의 리소스를 낭비하거나 조직에 혼란과 분쟁을 야기시켜 조직이나 서비스가 망가지거나 무너지는 모습을 보고 있자면 수평적인 문화에 회의를 느끼게 된다. 수평적 조직문화를 만들고 이를 잘 유지하려면 자신을 객관적으로 평가할 수 있고, 동료의 실력을 인정하고 존중할 수 있는 인재를 채용하는 것이 중요하다. 그리고 문제가 발생했을 때 이를 해결할 수 있는 적절한 규제나 통제 장치를 가지고 있어야 한다. 그런데 국내에 과연 이런 채용 시스템과 프로세스를 갖춘 스타트업이 몇 군데나 될까?

발전과 성장이 없는 동료와 함께 협업을?

수평적인 조직이라는 이유로 딱히 정해진 사수도 없다 보니 그 누구 하나 책임감을 가지고 자신의 시간을 할애하며 신입이나 주니어 동료들을 교육하려 들지 않는다. 대기업처럼 잘 짜인 임직원 교육 프로그램 하나 없는 스타트업에서는 각자의 업무도 과중한 데다 주 52시간 근무제의 시행과 코로나19로 인한 재택근무의 확산으로 시간을 내기가 더 어려워져 신입이나 주니어들을 그냥 방치한다. 그렇게 몇 년을 보낸 주니어가 도대체 어디로 이직할 수 있을지 궁금하다. IT 프로젝트가 혼자서 할 수 있는 일이 없다 보니 협업을 통해서 일이 진행된다. 그런데 동료의 실력이 형편없어 답답하고 짜증은 나는데 또 굳이 알려줄 시간, 여유, 책임, 권한 등도 없다 보니 그냥 뒤에서 험담하거나 동료와 회사를 싸잡아 욕하고 비난만 할 뿐이다. 이런 상황에서 스스로 공부도 하지 않고 그 성장이 더디다면 어떻게 해야 할까?

그래서 수평적인 조직 문화를 만들고 이를 잘 유지하려면 실력이 좋거나 러닝 커브가 가파른 동료를 채용해야 한다. 그런데 국내에 이런 채용과 평가 시스템을 갖춘 스타트업이 몇 군데나 될까?

직원의 교육 훈련이나 성장에 관심 없는 스타트업

회사가 직원의 교육 훈련이나 성장에 전혀 관심이 없다. 이는 인사 평가 방식이나 측정 항목을 봐도 알 수 있다. 업무 성과 이외에도 사내 교육이나 지식 공유, 동료들의 성장을 위한 노력에도 적절한 평가와 보상이 이루어져야 하는데 OKR이나 KPI에 그런 고려는 없다. 모든 평가 기준이 매출이나 영업이익 등 제품의 성공에만 초점을 맞추고 있다. 과거에는 위계질서를 가진 수직적인 조직 구조와 팀 중심 문화 때문인지 KPI나 MBO 평가에 역량 개발이나 교육 훈련과 관련된 평가 항목이 있었다. 그로 인해 부하나 팀원들을 교육하고 성장시키는 데 공을 들이는 상사들도 있었다. 그리고 개인 평가 항목에는 개인의 성장을 위해 어떠한 노력을 했고 얼마나 성장했는지를 평가하는 항목이 있었다. 스타트업에서는 이런 문화와 평가 방식이 사라졌다. 인재는 태어나는 것이 아니라 교육과 육성을 통해 만들어지는 것인데 사회가 그렇듯 사내에서도 각자도생의 시대가 되어 버렸다.

그럼 사내에서 직원의 성장에 한계가 있을 수밖에 없기 때문에 도서 구입비나 외부 교육, 컨퍼런스, 스터디 참가 비용 등을 지원하고 사이드 프로젝트 참여 등의 외부 활동을 장려해야 한다. 물론 회사나 매니저 입장에서는 직원들이 회사 업무가 따분하고 재미없어서 그 불만을 채우기 위해 사이드 프로젝트를 하는 것인지, 아니면 회사에서 채울 수 없는 성장을 위해 사이드 프로젝트를 하는 것인지는 구분할 필요가 있다. 전자의 경우라면, 회사가 그 불만을 해결해 주기 위해 노력해야 하고, 후자라면 성장을 위한 사이드 프로젝트를 장려해야 한다. 그러나 전자든 후자든 사이트 프로젝트를 하는 것은 회사 업무에 집중하지 않는 것이라고 말하며 낙인을 찍고 퇴사를 권고 당한다. 이런 회사나 매니저는 개인의 성장에는 관심이 없다. 그리고 개인의 성장은 회사의 성장과 관련이 없다고 생각한다.

사람의 중요성을 잃은 나라에 미래가 없듯, 인재의 중요성을 잃은 기업에도 미래는 없다.

회사와 매니저의 실패, 그리고 성장과 함께 조금씩 기울기 시작하는 조직

동양적 사고방식과 문화를 가진 한국 사회에서 수평적인 조직문화를 만들고 유지하는 것이 쉽지 않다 보니 대다수 실패를 경험한다. 그 실패의 원인이 회사와 매니저에게 있지만 단기간에 극복하려다 보니 가장 손쉽고 편한 방법으로 규칙과 규제를 하나둘 늘려나간다. 스타트업 초기에는 소수의 지인 중심 동아리 문화에 가깝다 보니 수평적 조직문화가 잘 정착한다. 그러나 조직이 커지고 성장하면서 크고 작은 회사에서 다양한 경험을 가진 동료들이 입사하게 되면 여러 규칙이 도입되고 수평적 문화는 조금씩 기울기 시작한다. 조직문화가 기울면서 여러 내홍을 겪는 시기를 거칠 수밖에 없는데 이때 초기 멤버들이 하나둘 이탈하게 된다. 조직의 성장과 함께 초기 멤버들이 자연스럽게 매니저로 성장해야 하는데, 앞서 살펴본 바와 같이 매니저로 성장할 수 있는 교육이나 토양이 부족한 상황에서 매니저 역할을 제대로 못 해 실패하기 일쑤다. 결국 대기업에서 시니어들을 데려와 매니저로 앉히고 서로 간의 문화충돌이나 상대적 박탈감으로 인해 초기 멤버들이 퇴사하게 된다.

회사와 매니저도 실패할 수 있다. 다만, 그 실패를 인정하고 공유하며 구성원들이 공감할 수 있는 규칙과 규제를 함께 만들어 나가야 한다. 그리고 회사는 조직이 성장하며 구성원들도 함께 성장할 수 있도록 노력해야 한다. 또한 스타트업 조직, 문화, 구성원들을 이해하지 못하는 매니저를 채용했을 때는 이런 문화와 동료를 이해하고 매니지먼트할 수 있게 업무나 성과에 대한 부담 없이 적응하며 준비할 수 있는 수습 기간을 충분히 제공해야 한다. 그렇지 않으면 직급이나 직책에 따른 무게감이나 빨리 잘하고 싶다는 욕심에 조급하게 매니징을 하면서 오히려 기대했던 결과는커녕 모두가 실패를 경험하게 된다.

1+1=2가 될 수 없다

회사와 매니저들은 신규 채용을 하고 나면, 시너지를 통해 1+1은 2 이상의 결과가 나오기를 기대한다. 그런데 신규 입사자가 입사하면 보통 그 팀에서 가장 실력이 좋은 시니어가 온보딩이나 교육을 한다며 자리를 비운다. 게다가 구성원이 늘어나면 늘어날수록 커뮤니케이션과 관리에 드는 비용과 시간이 늘어나기 마련이다. 그리고 손발이 맞기까지는 시행착오를 겪어야 하며, 협업을 통한 시너지보다 시기와 질투, 반목과 갈등이 발생하기 쉽다. 게다가 IT 제품을 개발하려면 여러 동료들의 유기적인 협업이 필요하다. 이는 이어달리기보다는 두 사람이 다리 한 쪽씩을 함께 묶고 달리는 2인3각 경기와 같아 팀의 능력과 열정이 팀원들의 능력과 열정의 평균에 수렴하기보다는 하향 평준화되기 쉽다. 2인3각 경기를 하는데 뛰기 싫은 동료와 함께 뛴다고 생각해 보라.

그런데 회사와 매니저들은 신규 채용을 했으니 시너지를 내 1+1은 2 이상의 결과가 나오기를 기대한다. 과연 1+1이 2 또는 그 이상의 결과가 나올 수 있을까?

한 프로젝트에서 채용을 통해 1+1이 2 이상의 결과를 기대하려면 함께 성장할 수 있는 열정 넘치는 동료를 채용하고, 선제적인 채용을 통해 충분히 손발을 맞춰볼 수 있는 시간이 주어졌을 때 가능하다. 그러나 보통은 프로젝트가 진행되는 와중에 인력이 부족하다며 급하게 인력을 채용한다.

1%의 차이는 경험에서 온다

시니어 기획자로서 여러 동료들과 함께 그런저런 서비스를 만드는 건 그다지 어렵지 않다. 그런데 속칭 디테일이 쩌는 완성도 높은 서비스를 만드는 것은 정말이지 너무 어렵고 힘들다. 제품의 완성도를 60%에서 80%로, 20%를 채우는 건 그다지 어렵지 않다. 하지만 91%에서 92%, 92%에서 93%, 그 1%를 채우는 건 뼈를 깎는 노력이 필요하다.

사용자에게 서비스 제공을 위해 필수적인 기능을 평범하게 제공하는 것은 대다수 프로덕트 팀이 잘한다. 하지만 간혹 필수는 아니지만, 경쟁사의 특정 UI/UX나 기능을 보며 놀라거나 부러워하는 그런 UI/UX나 기능을 내부에서 만들려고 하면 항상 부족한 리소스와 비즈니스 요구사항 때문에 우선순위에서 밀리거나 동료들의 반대에 부딪힌다.

이런 1%의 완성도를 높이는 데 가장 어려운 점을 꼽으라고 한다면 완성도 높은 제품을 만들어 본 경험이 없는 동료들과 함께 일할 때다. 그들은 완성도 높은 서비스를 만들고 그 서비스를 사용자에게 제공했을 때 느끼는 감동이나 희열, 보람을 자주 경험해 보지 못해서인지 그런 서비스를 만드는 과정에서 오는 고생이나 어려움부터 생각한다. 정상에 올라본 경험이 없는 사람에게 정상에 오르면 이런 점이 좋다며 함께 정상에 올라보자고 열심히 설득해 본다. 하지만 높은 산을 올라가는 과정에서 오는 고생이나 고통만 생각하는 것과 같다. 게다가 낮은 언덕이라도 자주 오르며 정상에 오르는 성취감을 자주 느껴봤어야 하는데 그렇지도 않다 보니 어렵사리 설득을 해 밀어주고 당겨주며 열심히 함께 오르고 있는데 중간에 힘들다며 포기한다. 항상 정상만 경험해 본 사람도 마찬가지다.

성취감은 과정이 힘들면 힘들수록 더 크게 느껴지고 중독성이 강하다. 그래서 고생을 하며 성취감을 반복해서 맛본 사람들은 과정에서 오는 고통을 극복할 수 있고 고통이 크면 클수록 성공했을 때 느끼는 성취감이 클 것이라는 사실을 잘 안다. 이해하기 어렵겠지만, 힘들면 힘들수록 더 큰 성공과 성취감을 맛볼 수 있기 때문에 더 열심히 하는 것이다. 피트니스 클럽에서 운동 중독자들이 고중량 고강도 운동을 매일 반복하는 것도 그런 이유에서다. 그래서 완성도 높은 서비스를 만들어 본 경험이 없는 동료들을 설득하며 완성도 높은 제품을 만드는 건 정말 어렵고 힘들다. 오죽하면 꼭 필수적인 기능도 아니다 보니 이런저런 완성도를 챙기는 행위를 고객에게 완성도 높은 서비스를 제공하기 위해 노력한다고 생각하지 않는다.

자신을 마음에 들어 하지 않아 고생시키려고 그러는 것 같다는 이야기를 듣고 있으면 그들이 도대체 어떠한 자세와 마음가짐으로 자신의 일과 프로젝트에 임하고 있는지 알 수 있다.

그리고 이들은 어떻게 하면 더 좋은 서비스를 만들어 사용자를 만족시킬지를 고민하기보다는 매번 비용과 시간을 핑계로 어떻게 하면 일을 적게 하거나 더 좋은 조건으로 이직하는 데 도움이 되는지를 고민한다. 변경이나 수정을 요청하면 항상 비용이나 시간, 우선순위를 들먹인다. 그런데 필자가 다수의 프로젝트를 경험한 바에 따르면 몇몇 업무는 일정이나 인력 등의 리소스에 크게 영향을 받기보다는 작업자의 자세, 의지, 열정 등에 더 큰 영향을 받는다는 것이다.

이런 자세와 생각을 바꾸는 건 정말 어렵다. 완성도 높은 제품을 만들어 본 경험이 없으니 왜 이렇게까지 해야 하는지에 대해 반복적으로 설명하고 설득해야 한다. 하지만 이미 습관화되고 굳어진 자세와 생각을 바꾸는 건 서비스의 낮은 완성도를 몇 퍼센트 높이는 것보다 더 어렵다. 따라서 채용 시 완성도를 높이기 위해 노력한 경험이 있고 그 노력을 통해 보람과 성취감을 느껴 본 동료들을 채용해야 한다. 그러나 이런 경험이나 자세, 생각을 묻기보다는 학벌과 커리어, 스킬만 보고 채용한다.

디지털 트랜스포메이션 프로젝트가 실패하는 이유

디지털 트랜스포메이션(DT, Digital Transformation)이란, 기업 경영의 디지털화를 뜻한다. 최신 IT 기술을 적극 활용해 회사가 진행하던 기존 사업과 업무 절차를 혁신하고 이를 바탕으로 새로운 고객 가치를 창출해 회사의 이익을 극대화하는 과정을 말한다.

최근 전통적인 오프라인 굴뚝 기업들에서 디지털 트랜스포메이션 프로젝트를 진행해 봤는데 모두 실패했다. IT를 도입하지 않으면 미래 경쟁력이 떨어질 수 있다는 두려움 때문에 DT 프로젝트를 진행하려는 대기업이나 중견 기업이 많다. 이들 기업들이 해당 산업에서 성공한 기업들이다 보니 연봉이나 복지 등 제시하는 조건들이 나쁘지 않아 후배들이 이직을 고려하며 나에게 의견을 묻곤 한다. 내가 왜 후배 기획자들의 이직을 만류하는지, 왜 대다수 DT 프로젝트가 실패할 수밖에 없는지 이야기해 보려고 한다. DT 프로젝트의 70%가 실패한다고 하는데, DT 프로젝트에 참여하고자 하는 기획자들에게 조금이나마 도움이 됐으면 한다.

한 회의였다. 경영진과 비 IT 조직은 시장에 이미 여러 경쟁사들이 존재하는데, 만들고 있는 제품에서 그들과의 차별성이 보이지 않는다며 차별성이 필요하다고 주문했다. 한편으론 기존 경쟁사와 비교해 왜 이런저런 기능이 존재하지 않냐며 해당 기능들을 똑같이 제공해야 한다고 이야기한다. 이런 질문과 답변이 몇 시간째 반복되고 있으니 머릿속에서 이런 생각이 든다.

'도대체 어쩌라는 거지? 집에 가고 싶다.'

제 3자 또는 투자자의 시각

회사의 매출을 만들고 있는 기존 조직들은 당장은 돈만 먹는 하마인 DT 부서를 제삼자 또는 투자자의 시각으로 바라본다. 그들도 서비스에 필요한 콘텐츠를 생산하고 가공하며 서포트해야 하는 공동의 프로젝트인데, 플레이어가 아닌 투자자의 자세와 마인드로 프로젝트에 임한다.

이해 부족

IT에 대한 전반적인 이해가 부족하면 관심과 호기심을 가지고 바라보거나 공부하면 좋겠다. 하지만 협업을 위해 새로운 툴이나 솔루션을 도입하자고 하면 학습해야 한다는 두려움과 불편함 탓인지 반대부터 한다. 고객에게 인도하면 수정이 불가능한 완제품을 만들다 보니 서비스도 소프트웨어 패키지처럼 생각해 최근의 소프트웨어 개발 방법론인 점진적 개발과 성장을 이해하지 못한다. 그래서 현재의 제품 상태를 기준으로 자신이 예상한 기능들이 없고 만족스럽지 못하다며 출시하면 안 된다고 한다. 자신들이 업무용으로 사용하는 카카오톡의 처음 모습은 기억조차 하지 않는다. 카카오톡도 처음에는 버그투성이였고 사용자 불만도 많았으며 기능도 부족했다. 이제 개발하고 있는 제품이 수년간 제품을 만들어 온 경쟁사 제품보다 뛰어나길 원하는 꼴이다.

의심과 반대

우린 침략자나 점령군이 아니고 당신들이 업무를 효율적으로 할 수 있도록 돕기 위한 지원군이라고 주장한다. 하지만 역시나 자동화와 그로 인한 업무 재배치는 필연적이다 보니 점령군으로 의심하며 일단 모든 행동에 반대하고 본다.

확신 없는 경영진

기존 조직원들의 부정적인 인식 탓인지 경영진이 명확한 목표를 가지고 과감한 결단력과 리더십을 발휘하며 끈기 있게 추진해야 하는데, 시간이 지날수록 확신이 떨어진다. 다수인 그들은 기득권을 잃지 않기 위해서인지, 새로운 환경에 적응하는 것이 두려워서인지, 아니면 새롭게 부여된 업무에 짜증이 나서인지 경영진에게 끊임 없이 DT 프로젝트에 대한 부정적인 정보를 전달한다. IT 인력들이 회식이나 술자리를 선호하지 않는 데다 호형호제 문화를 꼰대처럼 생각하다 보니 회사 밖에서 오고 가는 부정적인 이야기를 차단하기 어려워 시간이 지날수록 부정적 인식이 확산되며 경영진은 흔들리고 추진력을 잃게 된다. 게다가 오너기업이 아니라면 월급쟁이 경영진의 임기는 고작 2년이다. 2년 동안 엄청난 성과가 나와야 경영진의 임기를 늘릴 수 있는데 느려 터진 오프라인 굴뚝기업에서 2년 내에 엄청난 매출이나 BEP(손익분기점)를 달성하기는 쉽지 않다. 그렇게 2년이 지나 새로운 경영진으로 교체되면 해당 프로젝트는 전임자의 치적이나 실패라는 이유로 빠르게 지워진다.

왜 그렇게 선배들이 전통적인 오프라인 굴뚝 기업에 가지 말라고 뜯어말렸는지 이해가 된다. 소프트웨어가 세상을 먹어 치우는 시대라지만 여전히 비 IT 종사자들이 바라보는 IT 기술은 오프라인을 보조하거나 떠받치는 완벽한 패키지 소프트웨어이고, 이 수준과 인식에서 크게 벗어나지 못했다. 그러니 실행과 검증을 빠르게 반복하는 애자일 개발 방법론 따윈 그들에게 실패와 보완을 반복하는 모양새일 수밖에 없다. 결국 DT 프로젝트는 대부분 실패로 끝난다. 그런데도 좋은 조건 때문에 이직하고 싶다면 적어도 DT 프로젝트를 첫 시도하는 기업의 기획자로는 가지 않기를 바란다.

실패에 박수 쳐주기 위해선

나도 나의 실패에, 친구들과 동료들의 실패에, 회사의 실패에 진심으로 박스를 쳐주고 싶다. 그런데 그게 말처럼 쉽지가 않다. 과거 나의 실패에 나 스스로도 고생했다며 위로와 함께 박수를 쳐주고 싶었지만, 현실의 벽은 높고 실패는 뼈저리다. 그래서 박수를 쳐줄 경황도 없었고, 또 주변에서도 박수를 쳐주기는커녕 차가운 시선을 보내거나 외면했다. 또한 동료와 회사의 실패에 박수를 쳐주고 싶었지만 대부분의 실패에 박수는커녕 욕이나 안 하면 다행이라고 생각했다. 왜 나의 실패에, 동료들과 회사의 실패에 박수를 쳐주지 못했을까 생각해 보니 몇 가지 이유가 있었다. 결국 실패에 박수 쳐주기 위해서는 다음과 같은 전제가 필요하다.

동료들이 공감하고 동의할 수 있는 적정한 규모의 프로젝트여야 한다

프로젝트의 난이도가 너무 낮아 누가 해도 성공할 수 있는 프로젝트거나, 회사의 전폭적인 지지나 지원 등으로 이미 그 성공 가능성이 높아 누구나 참여하고 싶어 하는 프로젝트거나, 어떠한 이유로 동료들의 공감과 동의를 받을 수 없는 프로젝트라면 실패 시 동료들에게 박수를 받기는 어렵다. 하물며 특정 프로젝트를 동료들 몰래 또는 공감대 형성이나 동의 없이 진행하다 성공은커녕 수습이 어려워 동료들의 도움을 요청했다면 어떻게 될까? 그리고 결국 그 프로젝트가 실패했다면 박수를 받을 수 있을까?

실패에도 박수를 받으려면 해당 프로젝트가 동료들이 공감하고 동의할 수 있는 적정한 규모의 프로젝트여야 한다. 그렇지 않은 프로젝트가 실패를 했다면 박수는커녕 욕을 안 먹은 것만도 다행이다.

프로젝트가 냉정하게 평가되고 그 결과를 공유해야 한다

비록 프로젝트가 실패했더라도 과정과 결과에 대한 냉정한 평가와 함께 그 기록을 공유해야 한다. 그리고 공유를 통해 조직이 동일한 실수나 실패를 반복하지 않을 수 있다면 다음 도전 시 성공에 한걸음 더 가까워졌기 때문에 박수를 받을 수도 있다. 그런데 그 실패에 대한 냉정한 평가도 없이 이를 숨기거나 묻기 바쁘다면 박수를 받을 수 있을까? 그리고 실패의 원인과 책임을 두고 서로 떠넘기거나 비난하고 힐난하고 있다면? 그 평가와 기록을 통해 조직이 배우고 실패의 확률을 줄여 나가야 하는데 평가와 기록이 존재하지 않는다면 박수는커녕 욕을 먹을 수밖에 없다.

프로젝트를 통해 구성원들이 성장해 있어야 한다

프로젝트에 참여한 구성원들이 실패에도 불구하고 프로젝트의 구성원이었다는 사실에 자부심을 느끼고 많이 배우고 성장했어야 한다. 그렇다면 비록 프로젝트가 실패했더라도 박수를 받을 수 있다. 이 프로젝트를 통해 성장한 구성원들이 타 팀이나 프로젝트에서 회사의 성공에 크게 기여할 것이기 때문이다. 그렇게 구성원들이 회사 곳곳에서 실력을 인정받으며 회사의 성공에 기여하고 있다면 실패한 직후에는 욕을 먹었을지라도 결국에는 박수 받게 될 것이다.

기획자가 방해 요소를 통제하는 방법

기획자는 근무 시간 중에 계속되는 미팅, 방문, 메신저 호출 등으로 인해 본인 업무에 집중하기가 매우 어려운 직군이다. 그래서 고도의 집중력을 요구하는 기획서 작성 등의 업무는 안타깝게도 퇴근 시간이 지나서야 한숨 돌리며 작성하게 된다. 하지만 이렇게 일해서는 기획자로서 오래 일하기 어렵다. 따라서 근무 시간에 방해 요소를 최대한 통제하고 본인 업무에 집중할 수 있는 시간을 확보해야 한다.

필자는 오후에 2시간 정도의 업무 집중 시간을 만들고 동료들에게 이를 공표해 급하지 않은 업무로는 방해받지 않는 나만의 시간을 확보하려고 노력한다. 그리고 이 시간에 몰입해서 업무를 처리하거나 기획서를 작성하곤 한다. 그리고 출퇴근하는 지하철에서 슬랙에 업무를 정리하는 습관을 가지고 있다. 출근 시에는 금일 처리해야 하는 업무와 그 우선순위를 정리하고, 퇴근 시에는 금일 처리한 업무와 처리하지 못한 업무를 정리하며 데일리 업무 회고를 진행한다. 그리고 가급적이면 휘발되는 구두나 메신저를 통해 업무를 진행하거나 설명하기보다는 지라 이슈나 컨플루언스 등에 텍스트로 정리한다. 기획자는 함께 협업해야 하는 동료가 많기 때문에 똑같은 말을 반복하는 경우가 많다. 따라서 문서로 정리해 둬야 설명을 반복하지 않고 동료들에게 쉽게 공유하며 방해받는 시간을 줄일 수 있다.

8.2 _ 애자일 스크럼 개발 방법론

IT 기업에서 제품을 개발하는 프로젝트 조직의 효과적인 관리와 운영을 위해 다양한 방법론이 연구되고 등장했다. 최근에는 디자인 싱킹과 린 이론에 따른 빠른 가설 검증과 실험의 반복을 지원하며 수평적인 문화에서 효율적인 개발을 위해 스타트업을 중심으로 애자일 스크럼 개발 방법론이 빠르게 정착했다. 따라서 프로덕트 매니지먼트를 담당하는 프로덕트 매니저로서 해당 방법론에 대한 높은 이해와 함께 이를 잘 활용할 수 있는 역량이 매우 중요하다. 애자일 스크럼 개발 방법론에 대해 살펴보고, 이를 지원하기 위한 여러 도구와 운영 방법에 대해 살펴보자.

워터폴 방법론과 애자일 방법론

워터폴과 애자일 방법론은 소프트웨어 개발 방법론의 대표적인 유형이다. 워터폴 방법론은 기획, 디자인, 개발, 테스트, 배포가 폭포수가 흘러내리듯 순차적으로 진행되는 개발 프로세스다. 반면 애자일 방법론은 작은 단위의 개발 범위를 짧은 주기로 빠르게 반복하는 개발 프로세스로, 팀원 간의 의사소통과 협업을 지원하기 위해 백로그 생성 및 스프린트 플래닝, 데일리 스탠드업 미팅, 스프린트 회고 등의 장치를 가지고 있다. 워터폴 방법론은 모든 단계가 계획되어 진행되므로 프로젝트를 관리하고 제어하기 편해 체계적이고 예측 가능성이 높다. 반면 애자일 방법론은 요구사항을 빠르고 쉽게 반영할 수 있고, 팀원 간의 의사소통과 협업을 촉진하는 등 유연하고 적응력이 뛰어난 프로세스다.

스마트폰의 등장과 함께 스타트업 전성시대가 열리며 수평적인 문화를 추구하는 애자일 방법론이 빠르게 확산되기 시작했다. 그리고 여러 스타트업이 성공하자 애자일 방법론이 정답인 것처럼 이야기되고 있지만, 필자는 특정 방법론이 나쁘거나 비효율적이라고 생각하지는 않는다. 워터폴이든 애자일이든 모든 방법론에는 장단점이 있기 마련이고 이는 회사의 도메인이나 조직의 구조, 구성원, 프로젝트의 특성 등에 따라 적합한 방법론을 채택하고 운영하며 최적화하는 과정이 중요하다.

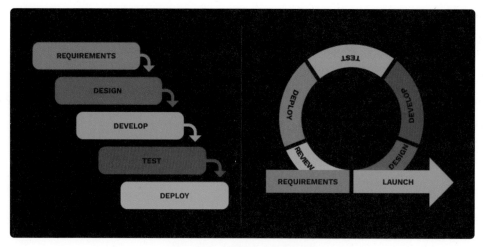

그림 8.1 워터폴 방법론 vs. 애자일 방법론

2000년대 중반까지만 해도 국내 대다수 IT 기업의 개발 문화는 워터폴이었다. 경영진이나 전략/사업기획부서에서 전략이나 예산을 계획하거나 컨설팅 회사에 비싼 비용을 지불하며 내년 한 해의 전략을 세운다. 그리고 그 계획이 프로덕트 팀에 전달되어 서비스 기획을 한다. 기획이 끝나면 디자인을 하고, 디자인이 끝나면 개발을 하고, 개발이 끝나면 테스트를 하며 제품 개발이 진행된다. 따라서 기획안이 프로덕트 팀에 전달되어 개발이 진행되면 정해진 일정과 비용 내에서 해당 프로덕트를 릴리즈하는 것이 중요했다.

그런데 사회가 복잡해지고 사용자의 요구사항이 다변화되는 데다 변화의 속도마저 빨라졌다. 제품을 개발하는 사이 비즈니스 환경과 사용자의 요구사항이 변화하거나 애자일을 도입한 스타트업들이 빠르게 등장해 사용자의 요구사항을 해결하다 보니 시간이 지날수록 경쟁력이 떨어진다. 그래서 워터폴 방법론으로 운영되던 기존 조직들도 애자일 방법론의 도입을 시도했다. 하지만 수직적이고 보수적인 조직문화, 연공서열, KPI(핵심 성과지표, Key Performance Indicator)와 MBO(목표에 의한 관리, Management By Objectives)에 의한 성과평가 등으로 인해 문화를 바꾸는 것이 쉽지 않아서 오히려 임직원들의 혼동만 가중시키며 애자일 조직으로 변화하는 데 매번 실패했다.

애자일 방법론의 도입을 시도했던 여러 기업들의 상황을 들어보면 야심 차게 시도했으나, 결국 실패하고 슬랙이나 지라, 컨플루언스 등의 도구만 살아남아 애자일로 운영되고 있다고 주장한다. 게다가 애자일 방법론을 적용했으니 지라 등의 매니지먼트 툴을 활용해 큰 개발 범위의 개발을 빠르게 수행하고, 또 이를 빠르게 반복해야 한다고 이야기한다. 그러니 애자일 방법론과 칸반 등을 도입하자고 하면 개발자들이 부정적이고 반대를 할 수밖에 없다. 애자일 방법론을 개발 방법론이라고 이야기할 정도로 개발자들을 위한 방법론인데 대다수 기업에서 잘못 도입되고 운영되어 국내 개발자들이 가장 싫어하는 방법론이 되어버렸다.

2001년에 작성된 애자일 소프트웨어 개발 선언을 살펴보면 애자일 방법론이 추구하고 강조하고자 하는 핵심 가치와 원칙이 무엇인지 알 수 있다.

애자일 소프트웨어 개발 선언

우리는 소프트웨어를 개발하고, 또 다른 사람의 개발을
도와주면서 소프트웨어 개발의 더 나은 방법들을 찾아가고 있다.

이 작업을 통해 우리는 다음을 가치 있게 여기게 되었다.

공정과 도구보다 **개인과 상호작용을**
포괄적인 문서보다 **작동하는 소프트웨어를**
계약 협상보다 **고객과의 협력을**
계획을 따르기보다 **변화에 대응하기를** 가치 있게 여긴다.

이 말은, 전자에 있는 것들도 가치가 있지만,
우리는 후자에 있는 것들에 더 높은 가치를 둔다는 것이다.

개발 선언을 스타트업 현실에 맞게 조금 풀어보자면, 수단으로써 절차나 도구보다는 실질적인 팀워크와 소통이 중요하다. 스타트업은 규모가 작고 자원이 한정돼 있기 때문에 팀원들 간의 협업이 매우 중요하다. 따라서 슬랙이나 지라, 컨플루언스 등 협업과 소통을 위한 수단으로써 여러 툴을 도입하지만 정작 제대로 된 소통이나 협업이 되지 않는 조직이 많다. 수단과 방법이 아닌 동료들과 원활히 소통할 수 있는 문화와 환경, 분위기가 보다 중요하다.

문서보다는 작동하는 소프트웨어가 중요하다. 수십 수백 장의 전략 계획이나 사업 계획 등의 문서보다는 작동하는 소프트웨어, 즉 MVP나 제품이 더 중요하다. 나아가 작동하는 소프트웨어를 통해 고객과 직접 소통해야 한다.

고객과의 협력이 중요하다. 고객의 요구사항과 의견을 빠르게 반영하는 등 고객에 집중해야 한다.

그리고 계획을 따르기보다는 시장의 변화에 유연하게 대응해야 한다. 이미 정해진 전략이나 계획을 고수하며 장기간에 걸쳐 제품을 개발하기보다는 시장과 사용자 요구사항의 변화에 빠르게 대응하며 제품을 개선해 나가는 것이 중요하다.

필자가 생각하는 애자일 방법론은 수평적(서로를 존중하는)이면서 효율성과 성장을 추구하는 문화다. 방법론이라고 하니 이를 도구처럼 받아들이며 적용하려고 든다. 그런데 애자일 방법론보다는 오히려 애자일 문화라고 표현하는 것이 더 적절하다. 애자일을 도입한 많은 기업들이 과거 조직 문화의 병폐였던 연공서열 및 직급 체계를 없애고 영어 이름을 사용하거나 호칭에서 직급을 제거하며 수평적인 조직 문화를 도입하고자 노력한다. 스타트업처럼 처음부터 지인 중심의 동아리 문화에서 시작해 직급이 없었다면 이후 입사자들도 빠르게 그 문화에 적응할 수 있다. 하지만 이미 직급과 직책, 호봉이 존재하던 조직이 갑자기 영어 이름이나 '~님'으로 불린다고 수평적인 조직이 될 수 있을까? 게다가 여전히 KPI와 MBO가 존재하며 상사 및 부하 직원 평가를 하고 있는데 과연 수평적인 조직이라고 말할 수 있을지 의문이다. 슬랙이나 칸반 보드 등의 도구를 도입해 전사 직원이 적응하는 것도 어려운데, 애자일 방법론의 도입은 조직의 문화를 바꾸는 것인데 고작 영어 이름을 사용하거나 호칭을 바꿨다고 조직 문화가 바뀔까?

그런데 역설적이게도 애자일 문화의 단점이라고 한다면 수평적인 문화를 추구하다 보니 의사소통과 의사 결정에 많은 시간을 투입하게 된다는 것이다. 때론 중우 정치와 같이 다수에 의해 잘못된 선택과 결정을 하는 경우도 있다. 따라서 효율성을 높이고 실수를 빨리 만회하기 위해 스크럼 방법론과 함께 칸반 보드 툴을 사용하고 플래닝 포커(planning poker), 스토리 포인트(story point), RICE 스코어(RICE score) 등 정량적인 기법을 도입하게 된다. 관련 도구와 기법에 대해서는 뒤에서 자세히 다루도록 하겠다.

마지막으로 구성원들이 함께 성장해야 한다. 성장을 위해 애자일 문화에서는 회고를 진행한다.

그림 8.2 애자일 문화의 핵심 가치

애자일 소프트웨어 개발 방법론 중 하나인 스크럼과 스크럼을 위한 대표적인 툴인 칸반 보드에 대해 알아보자. 스크럼(scrum)은 팀이 함께 작업할 수 있도록 지원하는 프레임워크다. 스크럼에서는 소프트웨어 개발을 짧은 기간의 반복인 스프린트로 나누고, 스프린트마다 새로운 기능을 개발한다. 워터폴에서는 개발 진행 과정이 반복되기보다는 시작부터 릴리즈까지 D-90일에서 D-day까지 일자 단위로 프로젝트를 관리하며, 이를 시각적으로 관리하기 위해 간트 차트(gantt chart)를 사용한다. 반면 스크럼에서는 짧은 주기를 반복하기 때문에 일자 단위를 사용하지 않는 대신 일반적으로 2주 정도로 반복되는 개발 주기인 스프린트(sprint)를 사용하고, 이를 시각적으로 관리하기 위해 칸반 보드(kanban board)를 사용한다. 여러 조직에서 스크럼을 운영하며 1주, 2주, 4주로 반복되는 스프린트를 경험해봤는데 왜 소프트웨어 프로젝트에 일반적으로 2주 단위 스프린트를 채택하는지 이해할 수 있었다. 1주 스프린트는 너무 짧은 나머지 구현하는 기능의 단위나 범위가 너무 작아 의미 있는 기능을 구현하거나 이를 테스트하기가 쉽지 않았다. 그리고 4주는 기간이 너무 긴 나머지 초반에는 느슨하게 프로젝트가 진행되다 마지막 1주에 몰아치려는 경향이 있는데다 테스트 기간도 꽤 오래 걸려 배포가 임박하면 혼돈 그 자체였기 때문이다. 물론, 조직의 구성이나 프로젝트의 특성에 따라서 적절한 스프린트 주기를 동료들과 함께 고민하고 결정해야 한다. 하지만 대다수 조직이 2주를 1스프린트로 채택하는 데는 다 그럴 만한 이유가 있는 것 같다.

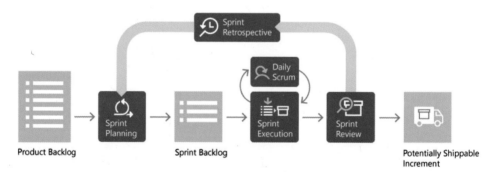

그림 8.3 애자일은 방법론이자 문화이다. 스크럼은 작업을 진행하기 위한 프레임워크이며,
스프린트는 스크럼을 진행하는 일정 주기나 기간을 의미한다.

칸반 보드 운영하기

칸반 보드는 프로젝트의 진행 상황을 시각화하고, 진행 중인 작업을 제한하며, 효율성을 극대화하기 위한 애자일 프로젝트 관리 도구다. 애자일 조직에서 기획자에게 프로덕트 매니지먼트를 위해 매우 중요한 도구다.

칸반 보드는 기본적으로 Backlog, To do, In progress, Testing, Done 총 5단계로 구성된다.

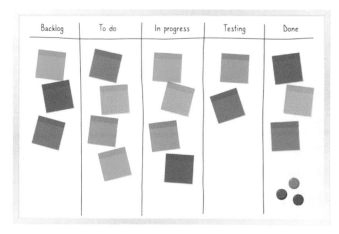

그림 8.4 기본적인 칸반 보드의 구성

Backlog는 앞으로 해야 할 일감(또는 이슈)을 등록하는 보드다. To do는 플래닝 미팅(planning meeting) 등을 통해 이번 스프린트에 진행하기로 한 일감을 쌓는다. In progress 보드는 To do에 쌓인 이슈 중에서 작업자에 의해 작업이 진행되는 이슈를 옮겨 놓는 보드다. Testing은 테스터들에 의해 QA가 진행되는 이슈들이 쌓이게 된다. 마지막으로 Done은 개발이 완료되어 사용자에게 배포된 이슈가 쌓인다.

그런데 실제 프로덕트 매니지먼트를 위해 운영되는 칸반 보드는 기본 5단계로 구성되지 않고 보다 복잡한 형태를 띤다. 이는 프로덕트 팀의 개발 프로세스, QA 방식, 배포 서버 구성 등을 고려해 보드 및 워크플로를 설계한다.

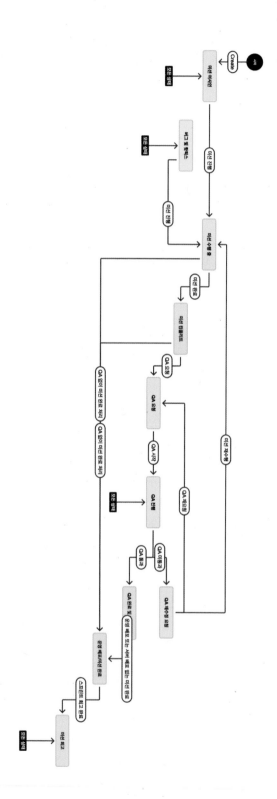

그림 8.5 한 프로젝트를 위한 칸반 보드를 구성한 다음, 위와 같이 칸반 보드 내 워크플로를 설계한다.
이슈를 미션으로 표현한 이유는 하기 쉬운 일감보다는 게임 미션을 수행하는 것처럼 재미를 느끼거나
동기부여 할 수 있도록 표현을 변경한 것이다. 이 외에도 업무 프로세스에 여러 게이미피케이션을 도입하여
업무를 보다 재미있고 흥미롭게 만들고자 노력한다.

필자는 칸반 보드를 Backlog, To do, Hot fix, In Progress, Completed, QA(Test), Rejected, Staging, Deployed(Done), Retrospective로 총 10개의 보드로 구성한다.

Backlog 보드는 앞으로 해야 할 일감(또는 이슈)을 등록하는 보드다. 최초 이슈를 생성하는 보드이므로 이슈와 관련하여 누가, 무엇을, 어떻게 생성하게 할 것인지 결정하는 것이 중요하다.

우선 백로그에 이슈는 누가 등록을 해야 할까? 이슈 등록은 프로덕트 매니저인 기획자는 물론이거니와 프로젝트 팀원들이 모두 등록할 수 있다. 다만, 이슈를 등록할 때 기획자만 이슈의 유형을 스토리(Story; 스토리는 유저 스토리를 의미하기 때문에 유저 스토리를 작성하는 기획자가 주로 사용한다)로 등록할 수 있다. 그 외 모든 프로젝트 팀원들이 필요에 의해 등록하는 경우에는 작업(Task) 유형으로 등록할 수 있다. 예를 들어 개발자가 속도 이슈 등으로 리팩터링이 필요한 상황이 발생한 경우, 백로그 보드에 작업 유형으로 이슈를 등록하고, 다음 스프린트를 위한 플래닝 미팅 때 설명하고 To do 보드로 옮기며 진행할 수 있다. 다만, 모든 등록자는 이슈를 작성할 때 유저 스토리인지, 기능 구현인지, 버그인지 등에 따라 정해진 작성 양식에 맞춰 이슈를 생성해야 한다. 여러 동료들이 이슈를 보고 작업하기 때문에 공통된 양식에 맞춰서 이슈를 작성하는 것이 중요하다. 그런데 이 양식에 맞춰 작성하는 것이 귀찮거나 어렵다 보니 보통은 기획자가 작성하는 경우가 많다. 백로그에는 모두가 이슈를 생성할 수는 있으나 무엇을 어떻게 등록할지와 관련하여 작성 양식에 대한 제한을 두고 있다. 백로그를 정의하고 작성하는 것은 해당 프로덕트 팀의 생산성과 직결되기 때문에 기획자에게 어려운 일이지만 중요한 일 중 하나라고 할 수 있다. 그런데 경험이 부족한 주니어 기획자가 프로젝트나 서비스, 팀의 상황이나 동료들의 성향을 고려하면서 작업과 작업자를 정확히 분류하고 나누며 이슈를 등록하는 것은 매우 어려운 일일 수밖에 없다. 이런 경우에는 스토리 상세에 정책서나 기획서, 목업을 포함한 유저 스토리를 작성 양식에 맞춰 잘 작성해 주고 하위 이슈(sub task)에 기획, 디자인, 프런트엔드, 백엔드 등 작업자 중심으로 이슈를 작성한 다음 각 작업자가 해당 스토리 이슈를 해결하는 데 필요한 작업을 하위 이슈로 등록할 수 있도록 협조를 요청하는 것을 추천한다. 이렇게 등록된 Backlog 이슈는 수십, 수백 개가 될 수 있고, 우선순위를 정해 다음 스프린트에 어떤 이슈들을 처리할지 결정해야 한다.

워터폴 방법론이라면 경영진이나 기획자가 개발팀장이나 리더와 협의해서 그 우선순위와 범위를 결정할 것이다. 하지만 애자일 스크럼 방법론에서는 각 작업자들과의 협의를 통해 결정하게 된다. 이 과정을 '스프린트 플래닝 미팅'이라고 한다. 플래닝 미팅에서는 수평적이고 효율적인 의사결정을 위해 ICE 또는 RICE 프레임워크를 활용한다. 필자는 우선 백로그에 등록된 이슈를 액셀 파일에 옮기거나 백로그에 등록하기 전에 먼저 액셀 파일에 작성하여 각 작업자가 이슈별로 스토리 포인트(story point)를 부여할 수 있게 한다. 1 스토리 포인트는 2시간이며, 2주 단위 1 스프린트는 근무시간을 기준으로 40포인트가 된다. 그러나 인간은 기계처럼 일을 할 수 없기 때문에 첫 스프린트를 운영하기 위한 기준 포인트를 32포인트로 잡고 실제 스프린트를 돌려가며 조정한다. 1 스토리 포인트를 2시간으로 정한 이유는 스프린트 주기와 숫자를 맞춰 혼동을 줄이고자 한 이유도 있지만, 2시간 이내의 간단한 업무를 이슈로 등록하여 이슈를 엄청나게 늘리지 않기 위함이다. 이슈가 많아지면 그 이슈의 난이도나 작업량과 관계없이 덜컥 겁을 내거나 이슈 처리 개수로 일을 많이 했다고 생색내는 경우도 있다. 그리고 이슈를 등록하고 관리하는 데도 많은 시간이 소요되기 때문이다.

보통 2시간 이내의 업무는 담당자들끼리 슬랙이나 구두상 오고 가며 빠르고 쉽게 처리할 수 있는 업무이거나 반복되는 운영 업무에 가까울 가능성이 크다. 그리고 이슈를 처리하는 데 필요한 포인트를 직군별로 부여하게 되는데, 직군에 여러 명이 존재하는 경우에는 '플래닝 포커(planning poker)[39]'를 치고 그 평균값이나 가장 작은 값과 큰 값을 제외한 나머지의 평균값을 적는다. 플래닝 포커를 치는 이유는 논란이 발생하는 경우 협의를 하면 미팅 시간이 계속 늘어나기 때문에 효율적인 의사결정을 하기 위함이다. 그렇게 스토리 포인트를 부여하고 이슈별 스토리 포인트를 작업자들이 확인할 수 없게 숨긴 다음 이슈에 ICE 또는 RICE 스코어[40]를 다시 부여한다.

---

39 플래닝 포커는 추정을 위한 합의 기반 기술로, 소프트웨어 개발에 있어서 개발 목표를 위한 공수 산정을 위해 사용한다. 스토리 포인트를 의미하는 0, ½, 1, 2, 3, 5, 8, 13, 20, 40, 100 등의 숫자가 적혀 있는 카드를 테이블에 서로 엎어 놓고 이를 확인하는 방식으로 공수 산정을 한다. 서로의 카드 숫자를 확인하지 못하도록 엎어 놓고 함께 확인하는 이유는 플레이어들의 편향적인 고정관념을 피하기 위함이다.

40 RICE Score는 우선순위를 결정하기 위한 프레임워크로 Reach(얼마나 많은 사용자에게 영향을 미치는가), Impact(그 임팩트의 크기는 어떠한가), Confidence(얼마나 확신을 하는가), Effort(이를 수행하는 데 있어 드는 노력과 비용의 크기는 어떠한가), 4개 단어의 앞글자를 따서 RICE라고 이름을 붙였다. 그리고 각 항목별로 1~10점으로 점수를 부여한 다음 (Score = R x I x C / E)으로 스코어를 계산한다. 스코어가 클수록 더 우선순위가 높다고 판단하면 된다.

필자의 경우 해당 프레임워크를 그대로 사용하지는 않는다. 해당 프레임워크는 혼동이나 오해의 소지가 많은 데다 제대로 작동하지 않는 경우가 많다. 따라서 비즈니스(매출 기어), 사용성(고객 만족도), 작업의 난이도(투입되는 리소스) 3가지를 기준으로 각 기준별 최대 10점 내에서 이슈에 점수를 주고 부여된 점수의 전체 평균을 계산한다. 물론 매니저나 역할에 따라 가중치나 비중을 준 경우도 있지만 기본 운영 방식은 이와 같았다.

그리고 이렇게 부여된 평균 스코어를 기준으로 높은 순 정렬을 하면 작업의 우선순위가 결정된다. 물론 정렬된 순서 그대로 작업을 진행하지는 않고 기획자가 다시 높은 점수를 가진 이슈를 기준으로 해당 이슈를 처리할 때 함께 처리가 필요한 이슈들을 그루핑한다. 예를 들어 회원가입이나 로그인 이슈가 높은 점수로 상단에 위치했는데 비밀번호 찾기가 낮은 점수로 하단에 위치하는 경우다. 해당 기능은 로그인 이슈와 함께 처리해야 하므로 로그인 이슈 하단으로 이동하게 된다. 이렇게 우선순위를 결정한 다음 부여된 스토리 포인트를 공개한다. 그리고 다음 스프린트에서 처리할 수 있는 스토리 포인트까지 이슈를 자르면, 다음 스프린트에서 작업을 진행할 이슈들과 그 우선순위가 결정된다. 그리고 이 이슈들이 To do 보드로 이동한다. 필자는 플래닝 미팅을 보통 이번 스프린트 회고가 진행되는 스프린트의 마지막 주 금요일 오후 4시에 회고가 끝난 다음 바로 진행한다. 그런데 다른 회사에서 스프린트를 경험해 본 동료들이 한 이슈를 처리하기 위한 디자인 싱킹과 함께 기획서 작성이나 디자인 작업이 개발과 함께 한 스프린트 내에서 동시에 진행됐었다고 이야기하는 경우가 있다. 그럼 10일 동안 상위 기획에서부터 정책 기획, 화면 기획, 디자인 작업과 함께 개발과 테스트까지 모두 진행되어야 한다는 것인데 이는 불가능한 일정이다. 그러니 스프린트 도입이 실패할 수밖에 없다. 보통 한 스프린트 앞서 디자인 싱킹 과정과 기획서 작성, 디자인 작업이 진행되기 때문에 개발자 입장에서 이번 플래닝 미팅에서 정해진 이슈는 다다음 스프린트 때 진행하게 될 이슈다. 그래서 기획자, 디자이너, 개발자가 함께 작업하기 때문에 현재 진행 중인 칸반 보드에는 2개 스프린트 이슈가 표시되며, 이번 스프린트 이슈를 모두 처리한 개발자들은 다음 스프린트에 개발하게 될 이슈들을 리서치하거나 선행 작업하기도 한다.

To do 보드에 옮겨진 이슈들은 최초 작업자가 작업을 시작하면서 In progress 보드에 옮겨야 한다. 그리고 이슈의 맨 마지막 작업자가 작업을 완료하면 해당 이슈를 Completed에 옮겨 놓는다. 칸반의 기본 구성에서는 Completed 보드를 생성하지 않고 바로 QA(Test)

보드에 옮겨 놓는데, 필자는 중간에 Completed 단계를 두고 매일 이슈를 체크하며 정리해 놓는 편이다.

그리고 QA(Test) 보드는 작업자나 기획자가 개발이 완료되어 테스트가 필요한 이슈를 옮겨 놓는 보드다. 필자는 이번 스프린트의 마지막 주 수요일 오전 10시까지 이동된 이슈들에 한해 테스트를 진행한다. 그 이후에는 해당 보드로 이슈가 이동되더라도 추가적인 테스트를 진행하지 않는 것이 원칙이다. 그리고 QA 중에 버그가 발생한 경우에는 그 리젝트 사유 등을 작성하고 Rejected 보드로 이동시켜 작업자가 빠르게 수정할 수 있게 한다. QA를 통과해서 배포가 가능한 이슈들은 Staging 보드로 이동한다. 회사마다 배포 프로세스는 다를 수 있지만 필자의 경우 실 서버(production server) 배포가 목요일 오후 4시에 진행되므로 QA를 통과한 이슈가 Staging 보드에는 목요일 오전 11시까지 이동해야 한다. 그리고 Staging 보드에서 Deployed 보드로는 실 서버 배포를 담당하는 개발자에 의해 목요일 오후 4시에 배포와 함께 이동하게 된다.

초기 스타트업에서는 개발자들이 로컬 PC에서 개발을 한 다음 테스트 서버에 배포한다. 그리고 테스트 서버에서 테스트를 진행한 다음 실 서버에 배포하는 경우가 많아 스테이징 서버(Staging Sever)가 없을 수도 있다.

테스트 서버 환경이라는 것이 더미 데이터(dummy data)로 실 DB와는 차이가 있기 때문에 UI/UX를 확인하는 데는 큰 문제가 없으나 실 DB 환경에서 발생하는 여러 엣지 케이스의 테스트가 어렵다. 따라서 실제 서비스 환경과 유사한 스테이징 서버 환경을 구축하고 여기에서 테스트를 진행하는 것이 좋다.

Hot fix란 현재 운영 중인 서비스에서 발생한 버그나 장애로 사용자가 서비스를 사용하는 데 불편을 겪고 있거나 신속하게 수정이나 처리가 필요한 중대한 이슈로, 진행 중인 스프린트나 스토리 포인트에 영향 없이 가장 빨리 처리돼야 한다. 따라서 별도의 플래닝 미팅을 진행하거나 스토리 포인트를 부여하지 않고 Hot fix 보드에 바로 등록해 처리한다.

기획자가 프로덕트 팀으로부터 신뢰를 쌓고 스프린트를 잘 운영하려면 프로덕트 팀이 함께 스프린트 플래닝 미팅을 통해서 결정된 이슈들에 집중하여 빠르게 처리할 수 있도록 장애물을 제거하고 서포트해야 한다. 그리고 경영진이나 비즈니스 팀이 요청하는 우선순위가 높지 않은 업무들이 스프린트 중에 전달되어 집중이나 몰입을 방해하지 않도록 해야 한다. 그런데 장애물 제거는 둘째 치고 경영진이나 비즈니스 팀의 전령이 되어 스프린트에 마구 이슈를 꽂아 넣고 있다. 프로덕트 팀을 위해 똥우산을 받쳐 들어야 하는데 같이 똥을 뿌리고 있는 꼴이다. 다만, 여기에 예외가 있다면 바로 Hot fix 이슈다. 기획자는 프로덕트 매니저이기 앞서 사용자의 대변인이기 때문이다. 따라서 Hot fix 이슈는 매우 신중하게 고민해서 등록해야 한다.

지금까지 보드의 구성에 대해 살펴봤다. 이제 보드와 워크플로를 설계했다면, 구성된 보드에 이슈를 등록해야 한다. 앞에서도 언급했지만, 이슈를 등록할 때는 이슈 유형(에픽, 스토리, 작업, 버그, 그리고 스토리나 작업 이슈에 하위로 등록할 수 있는 하위 이슈가 있다.)의 선택과 함께 담당자 및 레이블, 스토리 포인트, 우선순위 등을 지정해야 한다. 기획자 입장에서는 이슈 등록 시에 이슈의 유형을 어떻게 활용할 것인지에 따라 향후 칸반 보드의 운영 방식이 결정되므로 매우 신중하게 결정해야 한다.

필자는 그림 8.6과 같이 유형을 사용한다. 이는 프로젝트나 팀의 특성, 동료들의 성향, 기획 및 개발 프로세스 등을 고려해서 결정해야 한다. 예를 들어, 개발 프로세스가 워터폴에 가까워 유저 스토리를 작성하지 않는다면 스토리 유형을 사용할 필요가 없다.

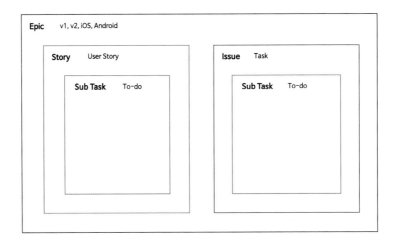

그림 8.6 이슈의 유형과 유형에 따른 활용

이슈를 기획자가 작성하든 해당 담당자가 작성하든 이를 보고 작업할 작업자들이 쉽고 빠르게 이해할 수 있도록 그림 8.7과 같이 공통된 작성 양식을 제공해야 한다. 작성 양식을 정의하지 않는다면 모든 이슈를 중구난방으로 작성하여 필요한 정보가 없거나, 이를 읽고 이해하는 데 어려움이 있을 수 있기 때문이다. 이슈 유형에 따라 기록해야 하는 정보와 그 순서 등을 잘 정의해 작성 템플릿으로 제공하는 것이 중요하다.

그림 8.7 이슈 작성 템플릿을 활용해서 다음과 같이 작성 양식을 안내한다.

그리고 이슈가 등록됐다면 해당 이슈를 관련자들에게 공유 및 푸시해야 한다. 지라 칸반이라면 담당자 지정은 물론이거니와 담당자와 관련자를 모두 지켜보기 옵션에 추가하고 댓글을 작성할 때도 @을 이용해 모든 관련자들이 오고 가는 내용을 추적할 수 있게 해야 한다. 업무 관련 대화가 슬랙에서 1:1로 오고 가지 않고 모두에게 투명하게 공개되고 찾아볼 수 있는 문화를 만드는 것이 중요하다.

데일리 스크럼 미팅(스탠드업 미팅)

매일 일정 시간을 정해 스크럼 미팅(또는 스탠드업 미팅)을 진행하며 서로의 작업이 어떻게 진행되고 있는지 공유하고 확인하는 시간을 갖는다. 데일리 스크럼 미팅의 목적은 스프린트 목표를 달성하는 데 영향을 줄 수 있는 모든 방해 요소를 확인하고 해결하는 데 있다. 업무 진행 상황과 함께 일을 하면서 겪거나 예상되는 장애물을 공유하고 이를 빨리 해결하며 업무를 효율적으로 진행하는 데 도움이 되어야 한다. 따라서 팀원당 2분 정도를 넘지 않는 선에서 짧고 간결하게 공유하는 것이 중요하다. 프로젝트 구성원이 10명만 돼도 20분을 훌쩍 넘기기 때문이다.

그러나 스크럼 미팅이 어제 무엇을 했고 오늘은 무엇을 할 것인지를 공유하다 보니 형식적인 일일 보고 또는 업무 회의 시간으로 전락하는 경우가 많다. 따라서 프로덕트 매니저로서 기획자는 스탠드업 미팅의 내용을 잘 기록하고 미팅 후 칸반 보드와 스크럼 미팅에서 공유된 업무 진행 상황이 일치하는지 확인해 일치하지 않는 경우 왜 일치하지 않는지 그 이유의 확인과 함께 상태값을 일치시켜야 한다. 그리고 공유된 장애물은 확인 후 이를 해결하기 위해 노력해야 한다.

필자는 재택이나 기록과 공유 등의 이유로 슬랙에서 데일리 스크럼 미팅을 진행하는 것을 선호한다. 그리고 그림 8.8과 같이 데일리 스크럼 미팅이 형식에 그친 재미없는 일일 보고가 아닌 가치 있고 의미 있는 행위이면서 동시에 조금이나마 재미를 느끼게 하기 위해 컨디션 점수나 점심 메뉴 등을 기록하는 등 게이미피케이션을 적용하고자 노력한다. 예컨대, 회고 때 컨디션 주기가 비슷한 동료들끼리 묶거나 선호하는 음식이 같은 사람들을 묶어 공개하고 다음 스프린트 때 특정 활동이나 점심 식사를 같이 하게 한다. 그리고 공유된 장애물은 확인하고 이모지나 댓글을 남겨 확인 여부를 안내한 다음 이를 해결해주기 위해 노력한다. 기획자의 이런 고민과 노력이 있어야 스크럼 미팅이 형식적인 일일 보고로 전락하는 것을 막을 수 있다.

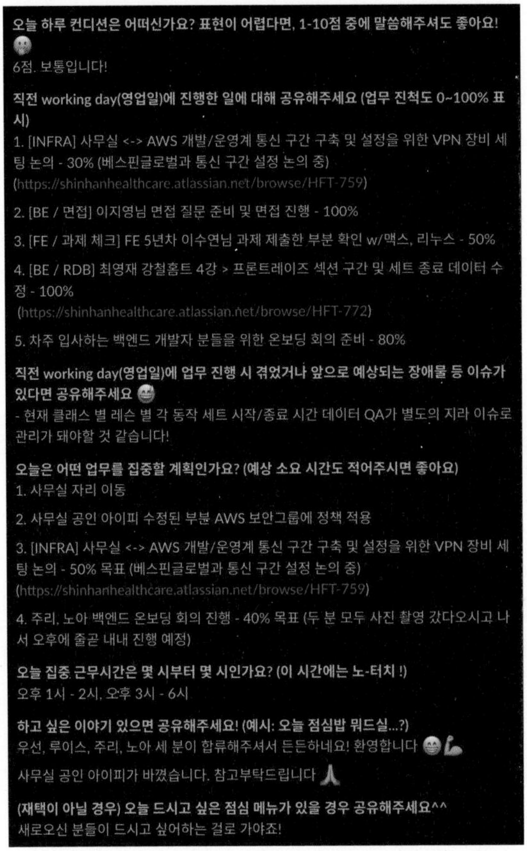

오늘 하루 컨디션은 어떠신가요? 표현이 어렵다면, 1-10점 중에 말씀해주셔도 좋아요!
6점. 보통입니다!

직전 working day(영업일)에 진행한 일에 대해 공유해주세요 (업무 진척도 0~100% 표시)
1. [INFRA] 사무실 <-> AWS 개발/운영계 통신 구간 구축 및 설정을 위한 VPN 장비 세팅 논의 - 30% (베스핀글로벌과 통신 구간 설정 논의 중)
(https://shinhanhealthcare.atlassian.net/browse/HFT-759)
2. [BE / 면접] 이지영님 면접 질문 준비 및 면접 진행 - 100%
3. [FE / 과제 체크] FE 5년차 이수연님 과제 제출한 부분 확인 w/맥스, 리누스 - 50%
4. [BE / RDB] 최영재 강철홈트 4강 > 프론트레이즈 섹션 구간 및 세트 종료 데이터 수정 - 100%
(https://shinhanhealthcare.atlassian.net/browse/HFT-772)
5. 차주 입사하는 백엔드 개발자 분들을 위한 온보딩 회의 준비 - 80%

직전 working day(영업일)에 업무 진행 시 겪었거나 앞으로 예상되는 장애물 등 이슈가 있다면 공유해주세요
- 현재 클래스 별 레슨 별 각 동작 세트 시작/종료 시간 데이터 QA가 별도의 지라 이슈로 관리가 돼야할 것 같습니다!

오늘은 어떤 업무를 집중할 계획인가요? (예상 소요 시간도 적어주시면 좋아요)
1. 사무실 자리 이동
2. 사무실 공인 아이피 수정된 부분 AWS 보안그룹에 정책 적용
3. [INFRA] 사무실 <-> AWS 개발/운영계 통신 구간 구축 및 설정을 위한 VPN 장비 세팅 논의 - 50% 목표 (베스핀글로벌과 통신 구간 설정 논의 중)
(https://shinhanhealthcare.atlassian.net/browse/HFT-759)
4. 주리, 노아 백엔드 온보딩 회의 진행 - 40% 목표 (두 분 모두 사진 촬영 갔다오시고 나서 오후에 줄곧 내내 진행 예정)

오늘 집중 근무시간은 몇 시부터 몇 시인가요? (이 시간에는 노-터치 !)
오후 1시 - 2시, 오후 3시 - 6시

하고 싶은 이야기 있으면 공유해주세요! (예시: 오늘 점심밥 뭐드실...?)
우선, 루이스, 주리, 노아 세 분이 합류해주셔서 든든하네요! 환영합니다
사무실 공인 아이피가 바꼈습니다. 참고부탁드립니다

(재택이 아닐 경우) 오늘 드시고 싶은 점심 메뉴가 있을 경우 공유해주세요^^
새로오신 분들이 드시고 싶어하는 걸로 가야죠!

그림 8.8 슬랙을 통한 데일리 스크럼 미팅 진행 예시

스프린트 회고하기

스크럼 방법론에서 개인과 팀이 함께 성장하기 위해 가장 중요한 과정은 스프린트 회고라고 생각한다. 필자는 스프린트가 종료되는 금요일 오후 4시에 스프린트 회고를 진행하고 스프린트 주기를 마무리한다.

이 시간을 통해 모든 팀원이 이번 스프린트를 진행하면서 느낀 점을 자유롭게 공유하고, 다음 스프린트를 위해 개선할 부분을 파악한다. 따라서 좋았던 부분(Keep)과 개선이 필요한 부분(Problem), 그리고 해결책(Try)을 공유하기 때문에 Keep, Problem, Try의 첫 글자를 따서 KPT 회고라고 부른다.

회고 진행 시 주의해야 할 사항이 있다면 회고는 비난이 아닌 성장에 목적이 있기 때문에 이
야기 중에 비난과 비방을 하지 않아야 한다는 것이다. 그리고 효율적인 진행과 변화를 측정
하기 위해 정량화된 방법을 고민해야 한다. 이를 위해 각자 10점 만점으로 이번 스프린트를
평가하고, 좋았던 점과 아쉬웠던 점을 공유한다. 그리고 문제를 제기할 경우에는 자신이 생
각한 문제의 해결책을 반드시 함께 이야기해야 한다. 그래야만 순간적인 비난이나 비방을
하지 않고 건설적인 비판이 가능하기 때문이다. 그리고 공유된 문제에 대해서 다수의 공감
대가 형성된 경우에는 해결책을 합의하고, 모든 팀원들이 이를 개선하기 위해 노력한 다음
스프린트 회고 때 다시 개선 여부를 점수로 평가한다.

또한 각자 업무 진행 상황 및 진행되지 못한 이슈에 대해 공유하고 스프린트 플래닝 미팅을
진행하며 다음 스프린트 이슈를 정리한다.

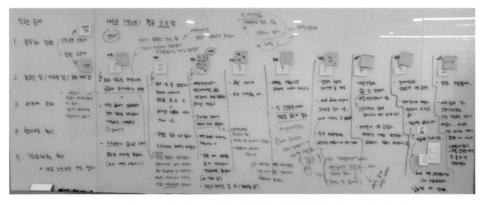

그림 8.9 스크럼 방법론에서 회고는 조직과 팀이 함께 성장하기 위한 매우 중요한 과정이다.

스프린트 회고는 팀원들이 서로의 의견을 공유하고, 협력하여 프로젝트가 아닌 개인과 팀
이 함께 성장하는 데 그 목적이 있다. 제품의 성장도 중요하지만 그 제품을 만드는 팀원들
이 성장해야 제품도 성장할 수 있기 때문이다. 프로덕트 매니저로서 기획자는 좋은 회고 문
화를 정착하고 유지하기 위해서 많은 고민과 노력을 해야 한다.

8.3 _ 애자일 문화 정착시키기

빠르게 변화하는 비즈니스 환경에서 성공하기 위해 국내 수많은 기업들이 애자일 문화를 도입했으나 대다수 실패를 경험했다. 여러 기업에서 실패를 경험한 사람들이 많다 보니 애자일, 스크럼, 칸반 등을 이야기하면 치를 떨며 부정적으로 바라보는 경향이 강하다. 그리고 칸반 보드를 운영해 봤다며 자신이 스크럼 마스터 또는 애자일 전문가라고 이야기한다. 14년 전에 해외에서 애자일 조직을 처음 경험한 이후 국내외 6개 기업에서 애자일 문화를 도입하려고 노력했으나 2개 기업에서만 도입 및 정착시킬 수 있었고, 나머지 4개 기업에서는 사실상 실패했다. 그나마 여러 기업에서 시도 및 실패를 경험하며 이런저런 노하우를 배웠기 때문에 조직의 상황에 맞는 애자일 문화를 도입할 수 있었다. 그리고 시니어 기획자 또는 PO로서 조직 문화, 목표, 인사 평가 시스템 등을 변경할 수 있는 권한이 충분히 주어졌기 때문에 가능했다. 즉 단순히 앞서 이야기한 스크럼 방법론이나 칸반 보드 등을 도입했다고 애자일 문화가 정착하는 것이 아니다. PO 또는 PM으로서 기획자가 회사와 동료들로부터 신뢰를 얻지 못하거나 충분한 권한이 주어지지 않는다면, 성공적인 애자일 문화를 도입하거나 정착시키는 건 어렵고 힘들 수밖에 없다. 그래서 주니어 기획자나 권한 없는 기획자가 워터폴 문화에서 애자일 문화를 도입하거나 성공적인 애자일 문화를 정착시키는 건 사실상 불가능에 가깝다.

애자일 스크럼 개발 방법론만 적용한다고 해서 애자일 조직이 될 수는 없다. 성공적인 애자일 문화를 정착시키려면 이를 받쳐줄 수 있는 조직 문화와 목표, 평가 시스템 등 회사의 전반적인 운영 방식이 바뀌어야 한다.

예를 들어, 모든 팀원들이 하나의 목표를 향해 함께 노력하고 성장해야 하는데, KPI나 MBO 등의 평가 방식을 통해 함께 일하고 있는 동료보다 좋은 평가를 받아 빠른 승진이나 높은 성과급을 받고자 한다면 파트 및 동료 간 경쟁 및 시기, 질투, 모함을 하고 있을 것이 뻔하다. 게다가 경쟁에서 밀린 사람들은 서비스의 목표, 성장, 사용자의 불편을 해결하는데 관심이 있기보다는 개인적인 관심사나 행복에 더 관심이 많을 수밖에 없다. 이런 조직에서 애자일 문화를 도입하고 애자일 문화가 정착되길 바란다고? 그냥 정화수를 떠 놓고 기도하는 편이 정신 건강에 좋을 것이다.

애자일 조직에서 리더의 역할이란?

워터폴 조직이 애자일 문화를 도입할 때 가장 큰 장애물이라면, 워터폴 조직에서 수직적인 문화와 권한에 익숙한 매니저들이 수평적인 애자일 문화에서 리더 역할을 제대로 수행하지 못한다는 것이다. 그나저나 자유분방한 MZ 세대들과 수평적인 문화에서 함께 일해야 하는데 인사 평가 권한도 없고 성과급 지급이나 근태 및 휴가 등에 영향도 미칠 수 없다고 하니 팀원들을 어떻게 이끌고 가야 할지 막막해한다. 사실상 매니저로서 당근과 채찍이라는 권한이 없다면 리더로서 해야 할 역할을 못한다는 것이다. 애자일 조직에서는 영어 이름을 부르거나 모두가 '~님'으로 호칭하며 직군에 시니어는 존재할지언정 사원, 대리, 과장, 차장, 부장 등의 수직적인 직급 체계는 없다. 그리고 팀장이나 부서장, 매니저가 존재할 수 있지만, 인사 평가나 고과에 일방적인 영향을 미치지 못하고 대신 리더의 역할을 수행해야 한다.

이렇게 이야기하면 도대체 워터폴 조직에서의 매니저와 애자일 조직에서 리더의 역할이 어떻게 다르냐고 물어본다. 애자일 조직에서의 리더는 팀원들의 인사 평가나 인사 고과에 미치는 영향이 거의 없거나 적다. 팀원들의 업무를 지시 및 감독하거나 근태를 관리하기보다는 구성원의 역할과 책임을 명확히 하고 자율적 업무 환경에서 구성원이 최고의 업무 성과를 달성할 수 있도록 돕고 지원하는 역할이다. 그런데 리더로서 이 역할을 제대로 수행하지 못해 실패를 반복하니 그 해결책으로 그나마 많은 영향을 미칠 수 있는 채용에서 지인이나 관리가 편할 것 같은 사람을 채용하면서 프로덕트 팀이 무너지기 시작한다.

애자일 조직에서 리더의 역할은 팀과 프로덕트가 해결하려는 가치와 목표를 명확히 하고 이에 공감하며 함께 성장할 수 있는 좋은 동료를 채용하는 것이다. 그리고 팀원들에게 끊임없이 가치와 목표를 강조하며 한 방향으로 나아갈 수 있도록 동기 부여를 해야 한다. 이를 위해서는 리더는 마음속으로는 설령 그렇지 않더라도 개인적인 탐욕이나 욕심 등을 드러내지 않고 순수하게 제품의 가치와 목표에만 집중하는 모습을 보여줘야 한다. 물론, 매일 반복해서 이런 생각을 한다면 어느 순간 겉과 속이 일치하는 경험을 하게 될 것이다. 그리고 동료들이 자율적인 문화 속에서 서로 협력하여 최고의 성과를 달성할 수 있도록 정량적인 목표를 설정하고, 장애물을 제거하는 등 관리가 아닌 지원을 해야 한다. 그러면서 팀원들이 성취감과 보람을 느낄 수 있도록 작은 성공을 반복하는 것이다.

리더는 팀원들 위에 군림하고 지시하는 사람이 아니다. 팀원들 앞에서는 이끌고 뒤에서는 헌신하고 지원하는 사람인 것이다. 이 차이를 이해하지 못하는 많은 관리자들 때문에 애자일 문화를 정착시키는 것이 그렇게 어렵고 힘들거나 실패하는 것이다.

애자일 조직에서 조직 목표 설정 및 평가 방법

모두가 협력하여 공통의 목표를 향해 달려가야 하는 IT 프로젝트의 특성상 기획자, 개발자, 디자이너 등이 포함된 프로덕트 팀을 전통적인 KPI나 MBO 등의 경쟁을 유도하는 상대 평가 방식으로 평가하는 것은 바람직하지 않다. 따라서 IT 기업은 물론이거니와 많은 기업에서 프로덕트 조직을 어떻게 평가하고 동기부여 하며, 서로 다른 직군들의 이해충돌 및 상반되는 목표들을 한 방향으로 일치시킬지 많이 고민한다.

다행히 구글에서 1999년부터 사용하고 있는 목표 설정 방법인 OKR이 공개되며 많은 스타트업들이 이 프레임워크를 도입하고 있다. OKR은 Objectives and Key Results의 약자로, Objective는 달성하고자 하는 목표를 뜻하고 Key Results는 목표를 달성했는지 알 수 있는 척도인 핵심 결과지표를 의미한다. OKR은 기업, 조직, 팀, 개인이 목표를 설정하고 달성하기 위해 사용되는 목표 관리 프레임워크다. 기업의 비전과 전략을 달성하기 위해 팀과 개인이 달성해야 할 목표를 분기별로 설정하고, 그 목표를 달성하기 위한 핵심 결과를 도출하는 방식으로 작동한다. 이를 통해, 기업의 비전과 전략을 달성하기 위해 팀과 개인이 동일한 목표를 가지고 일할 수 있도록 돕는다. 또한, OKR을 통해 팀과 개인의 성과를 측정하고 관리할 수 있다.

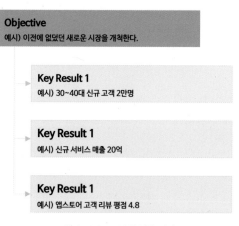

그림 8.10 OKR 작성 양식 예시

인터넷에서 OKR 작성 방법을 찾아보면 그림 8.10과 같은 양식으로 설명한다. 그런데 위 양식으로는 프로덕트의 성장이나 성과를 정확하게 어떻게 측정하고 평가할 수 있는지 알 수 없다. 따라서 OKR을 어떻게 작성하고 평가에 활용할 수 있는지 막연하게 생각하는 경우가 많다.

필자는 OKR을 작성할 때 분기별 회사의 OKR과 직군의 OKR로 구분하여 작성한다. PO인 기획자는 회사의 OKR을 그대로 따르거나 여러 서비스와 팀이 존재하여 별도로 OKR을 작성할 필요가 있는 경우에는 회사의 OKR을 추종하여 작성한다. 각 직군의 OKR은 PO의 OKR을 추종하여 작성한다. 따라서 그림 8.11과 같은 절차에 의해 OKR이 작성된다.

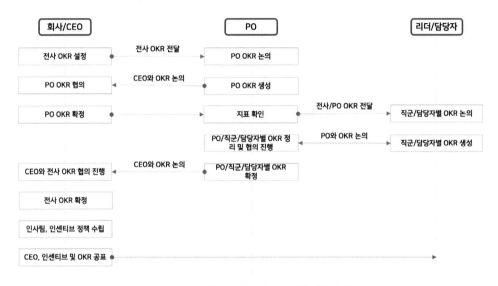

그림 8.11 애자일 조직에서의 OKR 설정 과정 예시

PO인 기획자는 OKR을 설정하고, 직군들과의 협의를 통해 개별 목표와 지표를 설정하기 위해 각 직군의 업무와 함께 지표에 대한 높은 이해가 필요하다. 전사 OKR이 확정되면, 전사 OKR을 기반으로 직군별 OKR을 작성하게 된다. 기획자는 직군별 KR이 전사 OKR을 달성하는 데 기여할 수 있는 KR인지 확인한다. 직군별 KR이 해당 직군이 노력해서 성장시킬 수 있는 KR이고 100% 도달이 아닌 스프린트별 또는 월별 등의 일정 주기로 성장률을 측정할 수 있는 지표인지 확인해야 한다. 즉, 100% 이상을 초과할 수 있는 지표여야 한다. 또한 직군별로 정한 KR이 타 직군의 KR과 충돌 또는 경합하는 지표인지를 확인하고 경쟁하지 않고 함께 성장할 수 있는 지표로 조정해 공통의 목표를 향해서 나아갈 수 있게 해야 한다.

필자는 동료들에게 작성 및 설명의 편의를 위해 그림 8.12와 같이 행에는 전사와 함께 각 직군을 두고, 열에는 해적지표인 AARRR(해적지표에 대해서는 9장 서비스 분석에서 자세하게 다루겠다.)을 둔 다음 전사 및 직군별 KR을 배치해서 어떤 직군이 어떤 지표를 통해 전사 KR 달성에 기여할 수 있고, 어떤 직군과 공통의 KR 달성을 위해 함께 노력해야 하는지 한눈에 확인할 수 있게 작성한다.

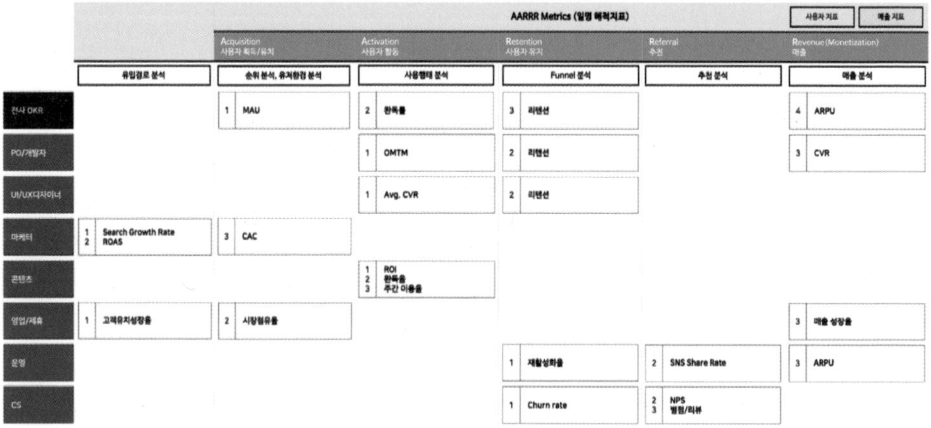

그림 8.12 OKR을 반영한 지표 모델 예시

전사 및 직군별 OKR 작성이 완료되면, 그 KR에 따른 KPI 지표를 측정하기 위해 수치를 기록할 수 있는 그림 8.13과 같은 양식을 만들어 공유한다. 그리고 해당 양식에 맞춰 수치 및 그 성장률을 기록한다.

필자는 매주 진행되는 경영진 또는 리더 미팅에서 해당 지표를 공유해야 하므로 그전에 각 직군이나 작성에 의무가 있는 담당자가 해당 수치를 입력하도록 한다.

프로덕트		상반기						하반기						OKR 전체 달성율
		1분기			2분기			3분기			4분기			
		1월	2월	3월	4월	5월	6월	7월	8월	9월	10월	11월	12월	14%
전체 신규 가입자수	월별 가입자수	30,000	27,500	50,200	120,800	122,500	13,255	0	0	0	0	0	0	
	전월 대비 성장율		-8%	83%	140%	1%	8%	0%	0%	0%	0%	0%	0%	
	누적 가입자수	30,000	57,500	107,700	228,500	351,000	364,255	364,255	364,255	364,255	364,255	364,255	364,255	
	목표 성장율		12%	100%										
	목표 가입자수		2762	2384	2091	2765	16986	24481	0	0	0	0	0	
	실제 성장율		-52%	75%	32%	514%	44%	-99%	0%	0%	0%	0%	0%	
	실 월별 가입자수	2,466	1,192	2,091	2,765	16,986	24,481	185						
	누적 가입자수	2,466	3,658	5,749	8,514	25,500	49,981	50,166	50,166	50,166	50,166	50,166	50,166	
	목표 대비 월별 달성율	8%	4%	4%	2%	14%	185%	#DIV/0!	#DIV/0!	#DIV/0!	#DIV/0!	#DIV/0!	#DIV/0!	
	목표 대비 누적 달성율	8%	6%	5%	4%	7%	14%	14%	14%	14%	14%	14%	14%	
		1분기	5%		2분기	17%		3분기	#DIV/0!		4분기	#DIV/0!		

그림 8.13 OKR 지표 관리 양식 예시

애자일 조직에서의 개인 평가는 전사 OKR과 직군별 OKR의 달성률 또는 평균 성장률을 반영하여 진행한다. 필자는 스프린트가 종료되면 스프린트 회고 마지막에 이번 스프린트에서 가장 기여도가 높은 동료를 선정하는 MVP 또는 히어로 선정을 진행하는데, 이 선정 결과를 개인 평가 결과에 반영한다. 직군별 평가로는 직군 내에서 열심히 노력해 성과를 만들어낸 사람과 그렇지 않은 사람에 대한 변별력이 없어 무임승차 효과가 발생하여 모두가 열심히 일할 동기가 사라지기 때문이다. 팀 내에서 서로 견제하고 긴장감을 부여하면서 동기부여를 위해서는 MVP나 히어로 선정을 통한 상호 평가 방식이 꼭 필요하다고 생각한다. 모든 프로젝트 멤버는 3개의 구슬을 갖고 있으며, 자신을 제외한 이번 스프린트에서 가장 기여도가 높은 3명의 동료에게 구슬을 주는 이유를 모두 앞에서 구체적으로 설명하며 구슬을 준다. 그리고 3개월마다 보유한 구슬을 합산해 해당 분기의 평가 결과에 반영한다.

그림 8.14 애자일 조직에서의 평가 방식 예시

워터폴 조직에서 처음 애자일 스크럼 방법론과 함께 OKR 설정 및 OKR에 따른 인사 평가 방식을 도입하려고 하면, 큰 논란과 불만이 발생하기 마련이고, 이에 대해 동료들에게 동의를 구하고 협의하는 데 꽤 오랜 시간이 걸린다. 그런데 이 동의를 구하는 과정이 없다면 대다수 형식에 그치거나 실패하게 된다. 따라서 좋은 애자일 문화를 정착시키려면 앞서 설명한 방법론도 중요하지만 동료들에게 충분히 설명하고 동의를 구하는 과정을 거친 다음 협의를 통해 조직에 맞는 애자일 문화를 동료들과 함께 만들어가는 것이 중요하다.

필자는 애자일 도입과 관련하여 많은 시행착오를 경험했고, 충분한 권한이 있었으며, 수차례에 걸쳐 설명하고 설득했음에도 불구하고 6개 회사 중에서 2개만 도입을 성공했고 나머지 4개 회사에서는 결국 칸반 보드와 위키 등의 도구만 남았다. 애자일을 방법론이라고 이야기하지만, 애초 그런 문화를 가졌던 영미권에서나 방법론이지 사실상 국내에서는 애자일 문화다. 문화를 바꾸는 것은 그만큼 힘들고 어려울 수밖에 없다.

세균무기가 알려주는
서비스 기획의
모든 것

09

서비스 분석

이번 장에서는 서비스 분석 환경 설계 방법과 함께
서비스 지표 및 A/B 테스트, 퍼널 분석 등의 서비스 분석 방법론에 대해 살펴보자.

9.1 _ 기획자의 서비스 분석

바야흐로 데이터 시대다! 기획자가 사용자의 요구사항을 이해하고 서비스를 개선하며 성장시키려면 데이터 주도적 기획(Date-Driven Planning)이나 서비스 분석이 중요하다는 이야기를 귀가 따갑도록 들어왔을 것이다. 그런데 막상 데이터 주도적 기획이나 서비스 분석을 하려고 하면 무엇을 어떻게 해야 할지 막막해하는 경우가 많다. 그리고 데이터 분석은 그로스 해커나 퍼포먼스 마케터, 데이터 사이언티스트 등의 직군이 해야 하는 일이고 자신은 그 분석 결과를 서비스에 반영하는 역할만 잘해도 된다고 생각하는 기획자도 있다.

물론 많은 스타트업에서 그로스 해커나 데이터 사이언티스트는 인터넷에만 존재하는 사람들일 뿐 내 옆자리에는 존재하지 않는다. 그리고 비즈니스 요구사항을 구현하는 것만도 버거워 서비스 분석을 공부하거나 데이터를 들여다볼 시간적 여유도 없어 그 누구도 쌓아놓은 데이터를 제대로 살펴보고 있지 않을 수도 있다. 그러나 OpenAI의 ChatGPT와 같은 생성형 AI 서비스나 테슬라의 자율주행 서비스와 같은 수많은 AI 서비스가 상용화되며 데이터의 중요성이 강조되는 시대에 데이터 분석은 서비스의 생존을 위해 선택이 아닌 필수가 되었다.

그래서 데이터와 관련하여 여러 직군들이 등장했다. 퍼포먼스 마케터와 데이터 사이언티스트, 그로스 해커가 한 회사에 모두 등장하는 것만 봐도 데이터를 통해 비즈니스 성과를 개선해 나간다는 점은 같지만 각자의 업무와 역할에 차이가 있다.

퍼포먼스 마케터는 마케터로서 다양한 마케팅 채널을 통해 서비스에 인바운드로 유입되는 트래픽을 살펴보고, 이를 통해 마케팅 캠페인의 효과를 측정하고 극대화하는 역할을 담당한다. 따라서 퍼포먼스 마케터는 마케팅 활동을 통한 인바운드 중심의 데이터를 주시하고 마케팅 효과를 확인하기 위해 CTR, CAC, ROAS 등의 지표를 살펴본다.

데이터 사이언티스트는 서비스를 통해 쌓인 데이터 속에서 비즈니스 문제를 모델링하고 기업과 사용자들에게 유의미한 인사이트를 도출하여 경영진이나 기획자들이 전략을 세우거나 기획하는 데 도움을 준다. 따라서 데이터 사이언티스트는 주로 서비스를 통해 쌓인 내부 데이터에 집중하며 데이터를 수집 및 정제, 분석하고 모델을 구축한다.

반면, 기획자는 서비스 기획과 고도화에 필요한 사용자의 서비스 사용성을 분석하고 여러 지표를 통해 성장을 위한 전략 수립에 집중한다. 이를 위해 사용자와 서비스 중심의 데이터, 즉 사용자 지표를 분석하고 퍼널 분석 및 A/B 테스트 등을 진행한다. 물론 프로덕트 오너라면 퍼포먼스 마케터와 데이터 사이언티스트를 통하든, 아니면 이들이 없어서 직접 하든 의사결정과 방향성 설정을 위해 필요한 모든 데이터를 살펴보고 이 데이터의 의미를 이해하며 무엇이 문제이고 무엇을 해야 하는지 판단하고 결정할 수 있어야 한다.

필자는 한 회사에 퍼포먼스 마케터나 데이터 사이언티스트와 같이 데이터 관련 전문 직군들이 여럿 존재하는 경우에는 데이터를 직접 추출하며 이를 분석하기보다는 여러 팀과 직군에서 정리한 분석 결과와 지표를 통해 인사이트를 추출하는 서비스 분석에 집중하는 것이 적절한 역할이라고 생각한다. 의사결정이 필요한 상황에서 어떤 분석 결과나 지표를 살펴봐야 하는지 이해하고 필요한 데이터가 없다면 관련 팀이나 직군에 요청해야 하는데 이 또한 평소 분석 결과와 지표를 살펴보며 고민을 많이 해야 한다. 또한 여러 분석 결과와 지표를 살펴보며 인사이트를 추출하려면 데이터와 지표에 대한 이해와 함께 도메인과 서비스를 비롯한 시장에 대한 높은 이해도 필요해 공부할 것도 많고 항상 시간이 부족하기 때문이다.

그렇다면 기획자는 어떻게 데이터 주도적 기획을 하고 서비스 분석을 해야 할까? 구글 애널리틱스나 분석 툴을 사용하여 그 리포트를 보고 있어야 하는 것일까? 개발자에게 부탁해 로그를 심고 쿼리를 날리며 데이터를 추출해야 할까? 관리자에 대시보드나 통계 페이지를 기획하고 개발해야 할까? 서비스 분석을 해야 한다는 건 알겠는데 무엇을 어떻게 해야 분석이 가능하고, 어떤 데이터를 살펴봐야 하는지에 대해 너무 어렵고 막막해한다. 그런데 고민할 필요가 없다. 왜냐면 할 수만 있다면 이 모든 것을 다 해야 하기 때문이다. 고민이 필요하다면, 현재 상황과 리소스에서 할 수 있는 것이 무엇인지 판단하며 우선순위를 정하는 것이다.

필자 또한 서비스에 구글 애널리틱스나 믹스패널 등의 툴이나 솔루션을 통해 트래킹 코드 및 이벤트 태그를 삽입하여 서비스 지표를 살펴본다. 때론 퍼널 분석 및 A/B 테스트를 진행하기도 한다. 그리고 관리자에 대시보드와 통계 페이지를 기획하여 제공하기도 하며, BigQuary 등에 데이터 웨어하우스를 구축해 직접 Query를 날리기도 한다. 또한 스토어 및 마켓에서 제공하는 지표를 살펴보고, 다양한 경로에서 수집된 사용자 리뷰(VOC, Voice of customer) 및 기타 여러 파트에서 수집된 데이터를 받아보기도 한다. 그러나 매번 현실은 각 툴을 충분히 활용하지 못하고, 모든 구성원들이 각종 지표를 빠르고 쉽게 확인하지 못한다. 게다가 설령 다양한 지표를 보고 있다고 해도 분석을 통해 얻은 인사이트를 실 서비스에 활용하거나 반영하지 못하고 있다 보니 안타까울 때가 더 많다.

많은 동료들이 고생하고 비싼 비용과 시간을 들여 데이터를 쌓고 파이프라인을 구축하여 지표를 추출한다. 하지만 이러한 데이터와 지표가 서비스의 성장이나 액션에 도움이 되지 않는 경우가 많다. 데이터 분석의 목적은 데이터를 통해 서비스를 성장시키는 것인데 데이터 파이프라인을 구축하거나 지표를 추출하는 것이 목표가 되어 버린 꼴이다.

때문에 기획자에게 중요한 역할은 데이터를 추출하는 것이 아니라 꼭 필요한 데이터를 정의하여 불필요한 데이터를 추출하고 가공하는 데 많은 시간과 리소스를 낭비하지 않도록 하고, 분석 결과나 서비스 지표를 확인하며 인사이트를 추출해 서비스에 반영하는 것이다. 그러므로 서비스 기획 시 데이터를 중심으로 문제를 찾아내고 가설 수립 및 검증을 통해 그 결과를 실 서비스에 반영하는 퍼널 분석과 A/B 테스트는 꼭 시도해 보길 바란다.

9.2 _ 데이터 분석 환경 설계하기

데이터를 추출하려면 먼저 데이터 분석 환경을 설계해야 한다. 이를 위해서는 어떤 데이터를 쌓고 측정할지 결정해야 한다.

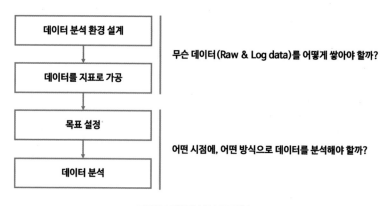

그림 9.1 데이터 분석 프로세스

기획자는 화면 기획을 통해 서버에 쌓이는 로우 데이터(raw data)를 정의한다. 그러나 화면의 뷰(view)나 버튼의 클릭 수 등 사용자의 사용성과 행동 패턴을 확인하기 위한 행동 기반의 로그 데이터(log data)는 서비스가 오픈한 다음에야 뒤늦게 개발자에게 로그 데이터를 쌓아달라고 부탁하는 경우가 많다.

화면 방문이나 버튼 클릭 등의 이벤트를 수집하며 로그 데이터를 쌓기 위해서는 로그를 기록하는 코드를 추가해야 한다. 이를 로그 또는 이벤트 태그를 심는다고 표현한다. 로그를 심는 행위는 개발자의 역할이다. 하지만 좋은 로그를 쌓는 것은 모든 구성원의 역할이다. 기획자는 좋은 로그를 쌓기 위해서 로우 데이터와 같이 기획 단계에서부터 고민해야 한다. 대다수 기획자들이 서비스 분석을 위한 분석 툴의 트래킹 코드나 이벤트 태그를 심는 작업을 서비스 오픈 이후에 준비한다. 그러나 기획서를 작성하며 각 화면명, IA, 사이트맵을 작성하거나 URL 또는 URI를 생성할 때 각 화면이나 버튼에 삽입할 이벤트 태그를 함께 정의하고 개발자가 코드 작성 시 참고할 수 있게 전달하는 것이 좋다.

그래서 기획서 작성이 완료되어 프로젝트 구성원들에게 전달한 다음 바로 기획자, 마케터, 데이터 사이언티스트, 개발자 등 데이터 관련 직군들이 모여서 필요한 데이터나 지표가 무엇인지 확인한다. 그리고 로그 데이터를 쌓기 위한 방법, 즉 툴의 선택과 함께 개발자들의 코드 컨벤션에 따라 이벤트 태그를 정의해야 한다. 이벤트 태그를 위한 변수명은 개발자의 코드 컨벤션에 따라 작성하되 모두가 쉽게 의미를 파악할 수 있도록 구체적인 이름을 사용해야 한다. 보통 카멜, 파스칼, 스네이크 표기법을 사용하는데 어떤 표기법[41]을 사용하는지는 개발자에게 물어보면 된다. 로그를 쌓기 위해 기획자가 해야 할 일은 필요한 데이터를 정의한 다음 이벤트에 로그를 심기 위한 이벤트 태그명을 작성하는 정도다. 설마 이게 어려워서 로그를 쌓지 못한다는 말은 하지 말자. 물론 GA4에서 매개변수를 설정해야 하는 것과 같이 툴에 따라 복잡한 설정이 필요한 경우도 있다.

꼭 개발이 완료된 다음에 이미 SEO 작업도 마무리되어 URL이 공유되고 있는데 URL에서 페이지명의 표현이 잘못됐다고 수정해달라고 한다. 게다가 앱 화면 설계 구조가 그렇지

---

41 카멜 표기법(camelCase), 파스칼 표기법(PascalCase), 스네이크 표기법(snake_case)은 프로그래밍에서 변수, 함수, 클래스 이름 등을 작성하는 방법이다.

못한데 데이터 측정이 필요하다고 하며 데이터를 쌓아 달라고 하면 화면 설계 구조를 바꿔야 하는 상황이 발생하기도 한다. 이런 이유로 개발자들이 짜증을 내거나 오픈 시점에 필요한 데이터가 없거나 지표를 생성하기가 어려운 것이다.

또한 좋은 로그를 쌓기 어려운 이유는 로그에 대한 작업 우선순위가 개발이나 비즈니스 요구사항에 밀려 높지 않기 때문이다. 하지만 기획자나 팀원들이 언제 무엇을 어떻게 해야 하는지 잘 모르는 이유가 더 크다. 또한 설계에 대한 고민 없이 모든 화면에 로그를 다 심는 경우도 있는데 너무 많은 로그로 인해 서버 비용도 많이 나오고 로그 관리도 되지 않아 쓸모없는 데이터가 되는 경우도 있다. 그래서 데이터 분석의 목표와 목적을 명확히 해야 한다. 그리고 관련자들과 협의를 통해 필요한 데이터를 잘 정의하고 일관성을 유지해야 한다. 또한 로그 항목의 추가/변경/삭제 이력 및 특이사항 등을 문서로 잘 관리해 로그의 품질 및 신뢰성을 잘 유지할 수 있어야 한다.

Page name	Page code	Page Class name	Button name	Button click event
스플래쉬 페이지		SplashActivity		
로그인/회원가입 페이지	MF-A3-05~06	SignUpActivity	로그인하기	signup_login_btn
			가입하기	signup_signup_btn
			아이디/비밀번호를 분실하셨나요?	signup_forgotpassword_txt
			코인스텝 회원을 위한 구글 계정으로 로그인하기	signup_coinstep_txt
코인스텝 로그인 페이지	MF-A3-06-01	CoinstepLoginActivity	코인스텝_가입하기	signup_coinstep_login_btn
인증메일 발송 안내 페이지	MF-A3-07	WelcomMailActivity	인증메일 재발송	Welcomemail_remail_btn
핀번호 등록 페이지	MF-A3-07	PinNumRegistrationActivity		
핀번호 로그인 페이지	MF-A3-08	PinNumLoginActivity	핀번호를 잊으셨나요?	pinnum_forgot_txt
			핀번호 5회 불일치	pinnum_5fail_btn
			핀번호 재등록 버튼	pinunm_reregister_btn
패턴 등록 페이지	MF-A3-09	PatternRegistrationActivity		
패턴 로그인 페이지	MF-A3-10	PatternLoginActivity	패턴을 잊으셨나요?	pattern_forgot_txt
			패턴 5회 불일치	pattern_5fail_btn
			패턴 재설정 버튼	pattern_reset_btn
지문 인증 선택 팝업	MF-A3-11	FingerprintSelletPopupActivity	지문 인증 사용 버튼	fingerprint_use_btn
지문 인증 팝업 (회원가입시)	MF-A3-11	FingerprintPopupActivity		
지문 인증 팝업 (로그인시)	MF-A3-11	PatternLoginActivity	* 패턴 로그인 페이지 위 팝업이라서 동일 이벤트 사용	
로그인 선택 팝업	MF-A3-12	LoginSelletPopupActivity	FaceID 인증 버튼	faceid_use_btn
			지문 인증 버튼	fingerprint_use_btn
			패턴 인증 버튼	patten_use_btn
아이디/비밀번호 찾기 페이지	MF-A3-14	ForgotAccountActivity	아이디 찾기 확인 버튼	findaccount_id_btn
			비밀번호 찾기 이메일 발송 버튼	findaccount_password_btn
프로모션 팝업	MF-A3-15	PromotionPopupActivity	팝업 클릭 영역	promo_image_bnr
			오늘은 그만보기 버튼	promo_nothanks_btn
			닫기 버튼	promo_close_btn

그림 9.2 페이지와 버튼 등에 삽입할 이벤트 태그 정의 예시

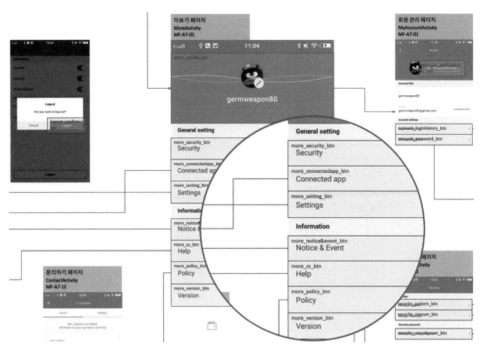

그림 9.3 정의된 이벤트 태그를 쉽게 확인하고 관리하며 퍼널을 구성할 수 있도록 플로우 차트 양식으로 작성하기도 한다.

이렇게 로우 및 로그 데이터가 쌓이면, 데이터를 통해 쉽게 의미를 파악하고 인사이트를 추출하기 위해 데이터를 지표로 가공하게 된다. 지표를 생성하거나 정의할 때 주의해야 할 점은 시간별, 그룹별 등 특정 기준과 조건으로 비교가 가능해야 한다는 것이다. 그리고 절댓값보다는 비율로 표현하여 구성원 모두가 쉽게 이해하고 판단할 수 있어야 한다. 또한 지표를 통해 성장이나 개선을 할 수 있는 실행 가능한 지표여야 한다. 단순히 누적 다운로드나 누적 가입자수와 같이 개선의 여지가 없는 보여주기식 지표(허영 지표, Vanity Metric이라고 한다.)는 좋은 지표라고 할 수 없다.

스타트업에서는 일명 해적지표라고 불리는 AARRR Metrics[42]를 많이 사용한다. 기획자에게 지표를 이해하고 해석하는 것은 중요한 역량이기 때문에 아래에서 자세하게 다루겠다.

---

42 AARRR은 500 Startups의 공동 설립자인 데이브 맥클루어(Dave McClure)가 개발한 스타트업의 성장을 측정하고 성장 전략을 수립하기 위한 프레임워크로, 획득(Acquisition), 활성화(Activation), 유지(Retention), 추천(Referral), 수익(Revenue)의 다섯 단계로 나눠 측정한다.

데이터 분석 환경 설계를 통해서 로그 데이터를 쌓고, 로우 및 로그 데이터를 지표로 가공하면 데이터 분석을 통해 어떤 지표를 개선할지 목표 설정 또는 문제를 정의해야 한다. 그리고 가설을 수립하여 실험을 하는데 이 실험을 위해 퍼널 분석과 A/B 테스트를 진행하게된다. 이 과정을 그로스 해킹(growth hacking)이라고 한다. 달성하고자 하는 정량적인목표를 가장 효율적으로 달성하기 위해서 목표까지의 인과관계를 데이터로 분석하여 최적의 경로를 세팅하는 것이다.

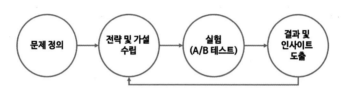

그림 9.4 A/B 테스트를 통한 그로스 해킹 과정

그로스 해킹은 데이터 분석을 통해 서비스의 성과를 개선하고 목표를 달성하는 데 도움이 되는 효과적인 방법이다. 그로스 해킹을 위해 기획자는 퍼널 분석과 A/B 테스트를 진행한다.

그로스 해킹 시 주의할 점은 우선순위, 속도, 임팩트를 고려해야 한다는 것이다. 비교안을만들기 위한 일정이나 리소스를 고려하거나 변인 통제를 위해 여러 테스트를 동시에 진행할 수 없다. 따라서 우선순위를 잘 결정하는 것이 중요하다. 게다가 첫 테스트가 성공적이지 못하면 애써 고생한 보람이 없다 보니 그로스 조직으로 나아가는 동력이나 의욕이 떨어질 수 있다. 따라서 임팩트가 강한 결과가 나올 수 있는 테스트를 해야 한다. 이를 위해서는퍼널 분석을 통해 그림 9.6과 같이 서비스의 중요 경로(critical path)에서 평균 전환율 대비 전환율(CVR, Conversion Rate)이 가장 낮은 화면이나 버튼을 우선 테스트하는 것이좋다. 그리고 애자일 조직에서 그로스 해킹은 스프린트 주기에 맞춰 진행하게 된다. 1 스프린트에서 얼마나 많은 테스트를 진행할 수 있을지가 관건인데 테스트 자동화 솔루션을 구축하지 못했다면 현실적으로 2개 이상의 테스트를 하기 쉽지 않다.

퍼널 분석은 고객의 제품이나 서비스를 구매하는 과정을 단계별로 분석하는 방법이다. 퍼널 분석을 통해 고객의 행동을 이해하고, 고객이 구매 등을 포기하는 이유를 파악하여 개선하는 데 목적이 있다. A/B 테스트를 위해서는 나를 포함하여 여러 사람이 쉽게 퍼널을 생성하고 관리하거나 분석할 수 있도록 그림 9.3과 같이 플로우 차트를 그리면 좋다. 이 플로우 차트가 있으면 필요에 따라 퍼널 분석을 위한 플로우를 빠르게 생성할 수 있고 모든 동료들이 분석 결과를 이해하는 데 도움이 된다.

그리고 퍼널 생성은 2~3개 정도가 적당하다. 서비스는 계속 변경되고 고도화되기 때문에 많은 퍼널을 미리 만들어놓는 것은 유지 및 관리 측면에서 좋지 않다. 한때 모든 화면과 버튼에 로그를 심어 놓고 다수의 퍼널을 만든 적이 있었는데, 유지 및 관리가 되지 않아 아무도 퍼널을 보지 않았던 경험이 있다.

유입경로 이름 ↑	설명	
CS	홈메인_[더보기] 버튼_더보기 페이지_[Help] 버튼_고객센터 페이지_[문의하기] 버튼_문의하기 페이지_[문의 제출] 버튼	⋮
로그인	스플래쉬_(지문 or 패턴 로그인)_(핀번호 로그인)_홈메인	⋮
비밀번호 찾기	스플래쉬_로그인/회원가입 페이지_[아이디/비밀번호 찾기] 링크_마이디/비밀번호 찾기 페이지_[비밀번호 재설정 안내 메일 발송] 버튼	⋮
마이디 찾기	스플래쉬_로그인/회원가입 페이지_[아이디/비밀번호 찾기] 링크_마이디/비밀번호 찾기 페이지_[아이디 찾기] 버튼	⋮
이체	홈메인_[보내기] 버튼_보내기 페이지_(사용자 검색 페이지)_(QR코드 검색 페이지)_[이체하기] 버튼_보안비밀번호 입력 페이지_이체 확인 페이지_[홈으	⋮
일반 회원 가입	스플래쉬_로그인/회원가입 페이지_[회원가입] 버튼_인증메일 발송 안내 페이지_(추가)[인증메일 재발송] 링크	⋮
첫 로그인	스플래쉬_로그인/회원가입 페이지_핀번호 등록 페이지_(디바이스 지원에 따라)지문 인증 선택 팝업_패턴 등록 페이지	⋮
첫 이체	수정 중_보안비밀번호 등록 페이지 추가 필요	⋮

그림 9.5 퍼널 생성 예시

비즈니스 목표와 관련하여 가장 중요한 경로(critical path) 2~3개 정도에 퍼널을 세팅하고 분석한다.

그림 9.6 전자상거래에서 critical path의 예시

퍼널을 세팅하면 다음과 같이 퍼널 분석이 가능해진다. 퍼널은 화면 이동에 따른 트래픽을 나타내기 때문에 높이가 우하향 하는 것이 정상이다. 그러나 동적 링크나 원 링크를 통한 유입으로 갑자기 중간에 트래픽이 높아질 수도 있으니 이런 예외 사항들을 고려하며 살펴

봐야 한다. 그리고 퍼널 분석과 함께 A/B 테스트를 진행하면 기본적인 데이터 주도적 기획이 가능하다.

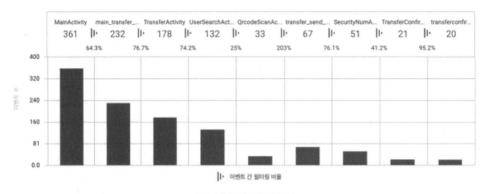

그림 9.7 퍼널 분석의 예시

A/B 테스트는 두 가지 이상의 버전을 사용자에게 노출하여 어떤 버전이 효과적인지 비교하는 실험 방법이다. 먼저 무엇을 개선할지 목적을 명확히 해야 한다. 앞서 언급한 바와 같이 현실적인 이유로 많은 테스트를 동시에 진행할 수 없기 때문에 주요 경로에서 평균 전환율 대비 전환율이 낮은 화면이나 버튼을 테스트하는 것이 좋다. 또한 가설을 세우며 변수를 설정해야 한다. 변수란 A/B 테스트를 통해 비교할 요소를 의미하며, 변수가 설정되지 않은 기존 안을 대조군이라 하고 변수가 설정된 안을 실험군이라고 한다. 두 가지 이상의 실험군을 만들고 이를 테스트할 대상을 선정하여 테스트를 진행하며 대조군과 실험군의 퍼널 데이터를 비교하게 된다. 보통 로그인 전 화면에서는 IP를 기준으로, 로그인 후에는 ID를 기준으로 대상을 분기한다. 이렇게 퍼널 분석 및 A/B 테스트를 진행하며 서비스의 로드맵을 정하고 고도화하는 것이 데이터 기반의 기획이며 데이터 시대의 기획자로서 필요한 역량이다.

그리고 기획자라면 자신이 기획한 서비스의 성장을 위해 필요한 지표가 무엇인지 판단하고 이를 어떻게 측정할지 고민해야 한다. 그리고 그렇게 측정된 데이터를 기반으로 인사이트를 추출하여 서비스에 끊임없이 반영하며 서비스를 고도화할 수 있어야 한다.

9.3 _ 서비스 지표와 AARRR Metrics(해적지표)

데이터와 관련하여 서비스 기획자에게 요구되는 가장 중요한 능력은 수많은 데이터와 지표를 통해 인사이트를 도출하고, 이를 실 서비스에 반영하는 것이다. 따라서 기획자는 지표에 대한 높은 이해가 필요하기 때문에 몇 가지 중요한 서비스 지표에 대해 살펴보도록 하겠다. 그리고 부록으로 여러 지표를 정리해 놓았으니 참고하길 바란다. 물론 회사마다, 도메인마다 조금씩 다르게 사용하는 경우가 있으니 이 점은 고려해서 보길 바란다.

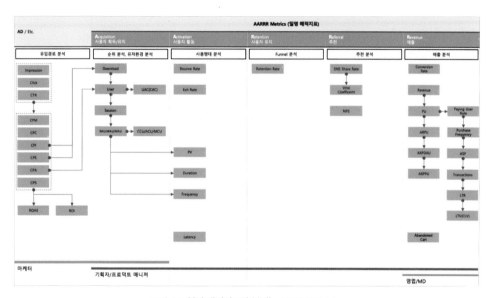

그림 9.8 일명 해적지표라 불리는 AARRR Metrics

CAC와 LTV

한 명의 고객을 획득 또는 유치하는 데 든 비용을 뜻하는 CAC(고객 획득 비용, Customer Acquisition Cost 또는 UAC, User Acuqisition Cost라고도 불린다.)는 ROAS(광고 지출 대비 수익, Return on Advertising Spend)와 함께 마케터에게 매우 중요한 지표이며, 프로덕트 오너로서 기획자에게도 중요한 지표다. 마케터는 광고 매체를 통한 CAC 단가를 측정하고 이를 낮추기 위해서 노력하지만, 비즈니스적인 관점에서 어느 수준까지 CAC 단가를 낮춰야 하는지에 대한 기준을 제시하지는 못한다. 이를 위해서는 CAC 단가와 고객 한 명을 획득 또는 유치한 시점에서 자사의 서비스나 제품의 사용을 중단 또는 탈퇴하는 시점까지 얼마만큼의 수익을 회사에 가져다주는지를 측정하는 고객 생애 가치(LTV, LifeTime Value)와의 비교가 필요하다.

예를 들어, 그림 9.9와 같이 한 광고 매체의 CAC가 15,000원인데 LTV가 18,000원이면, 기타 제반 비용을 고려하지 않았을 때 사용자당 3,000원씩 마진이 발생하기 때문에 계속 광고를 진행할 수 있다. 하지만 CAC가 20,000원이라면 해당 광고를 진행하면 진행할수록 2,000원씩 적자가 발생하기 때문에 마케팅 전략이나 매체를 검토할 필요가 있다. 그래서 프로덕트 오너들이 CAC는 낮추고 LTV를 높이기 위해 노력하는 것이다.

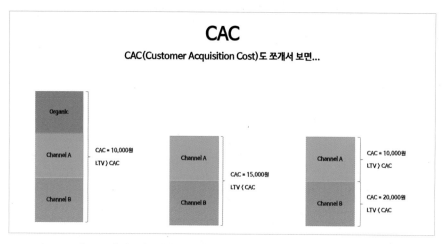

그림 9.9 CAC는 LTV와 비교해서 봐야 한다. 그리고 한 지표를 보더라도 데이터를 쪼갤 수 있을 때까지 쪼개 보면 취해야 할 행동이 달라질 수 있다.

재방문율(Retention Rate)

기획자에게 있어 가장 중요한 지표가 무엇이냐고 물어본다면, 재방문율(Retention Rate)과 전환율(CVR, Conversion Rate)을 이야기할 수 있을 것 같다. 재방문율은 특정 기간 동안 제품이나 서비스를 이용한 고객 중에서 다음 기간에도 계속해서 이용하는 고객의 비율을 의미한다. 전환율이 높을수록 제품이나 서비스에 대한 고객의 만족도가 높고, 고객의 충성도가 높다는 것을 의미한다. 그림 9.10과 같은 코호트 리텐션 차트를 통해 개괄적인 서비스의 상태나 성장 여부, 특정 이슈 등을 판단할 수 있어야 한다.

Cohort Retention

● Users who used the app for the first time, then returned to the app　　○ Users who did an event, then returned and did another event

Weekly ▾　⤴ SAVE ⃝?

Week First Used	Users	+1	+2	+3	+4	+5	+6	+7	+8	+9	+10
Mar 3, 2014	1,619	14%	12%	8%	8%	7%	7%	7%	5%	5%	5%
Mar 10, 2014	1,506	17%	11%	9%	8%	6%	8%	6%	5%	4%	5%
Mar 17, 2014	2,170	15%	10%	9%	7%	9%	6%	5%	5%	5%	5%
Mar 24, 2014	2,067	15%	10%	7%	9%	7%	5%	5%	5%	4%	< 1%
Mar 31, 2014	2,017	12%	9%	9%	6%	5%	6%	4%	5%	< 1%	
Apr 7, 2014	1,789	12%	11%	7%	7%	5%	5%	4%	< 1%		
Apr 14, 2014	1,605	15%	9%	8%	7%	7%	5%	< 1%			
Apr 21, 2014	1,666	15%	12%	8%	7%	5%	< 1%				
Apr 28, 2014	1,727	14%	9%	7%	7%	< 1%					
May 5, 2014	1,349	16%	9%	9%	< 1%						
May 12, 2014	1,362	13%	9%	< 1%							
May 19, 2014	1,385	17%	< 1%								
May 26, 2014	1,499	2%									

그림 9.10 **코호트 리텐션 차트 예시**

아하 모먼트(Aha Moment)

아하 모먼트(Aha Moment)는 사용자가 제품이나 서비스를 사용하면서 그 가치를 깨닫는 순간을 의미한다. 기획자가 사용자에게 아하 모먼트를 경험하게 하려면 서비스나 제품의 가치를 명확하게 제시해야 한다. 그리고 사용법을 쉽고 간단하게 설명하며, 사용자에게 긍정적인 경험을 제공하는 것이 중요하다. 아하 모먼트는 사용자가 서비스를 사용하면서 그 가치를 깨닫는 순간이기 때문에 사용자로부터 어느 순간이 아하 모먼트인지를 확인하는 것이 중요하다. 이를 위해서는 리텐션이 높은 고객을 분석하는 것에서 시작해야 한다. 리텐션이 높은 고객은 서비스의 가치를 찾은 회원들이기 때문에 이들을 대상으로 FGI 등을 진행하여 아하 모먼트를 찾아내야 한다.

그림 9.11 글로벌 서비스의 아하 모먼트 예시

그런데 아하 모먼트(Aha Monent), 북극성 지표(North Star Metric), OMTM(One Metric That Matters)을 같은 의미로 오해하는 경우가 있다. 아하 모먼트는 사용자 측면에서 서비스의 핵심 가치를 이해하는 순간을 의미하며 그림 9.11과 같이 한 문장으로 표현할 수 있다. 북극성 지표는 아하 모먼트를 지표화한 것으로 기업 입장에서 아하 모먼트를 찾은 사용자수의 성장을 측정하기 위한 목적으로 사용한다. OMTM은 기업 입장에서 가장 중요한 하나의 지표를 의미하는데 북극성 지표일 수도 있고 다른 지표일 수도 있기 때문에 꼭 OMTM이 북극성 지표라고 할 수는 없다.

9.4 _ 데이터 분석의 중요성과 한계

최근에는 '데이터 주도적(Data-Driven)'이라는 단어를 어디서든 쉽게 찾아보거나 들을 수 있다. 그리고 이와 관련된 글에 대한 반응도 뜨겁다. 그만큼 국내에서도 데이터 분석을 통한 고객의 이해와 문제 해결에 관심이 높아지고 있다는 반증일 것이다. 소수의 의견이나 뇌피셜로 의사 결정을 하고 제품을 개선하는 것보다는 바람직한 방향이라고 생각한다. 그러나 다수의 스타트업 종사자들에게 사내에서 데이터 분석을 하며 의사 결정이나 문제를 해결하고 있냐고 물어보면 안 하거나 못하고 있다고 답하는 경우가 많다. 실제 데이터 분석이나 퍼널 분석, A/B 테스트 등을 하고 이를 실 서비스에 반영하는 회사가 생각보다 많지 않다.

2014년까지 주민번호의 수집으로 쉽게 타깃팅이 가능했기 때문에 해외와 비교해 데이터 분석에 대한 관심과 발전이 늦을 수밖에 없었다. 그리고 당장 돈이 되지 않는 데이터에 관심 없는 올드한 경영진과 분석 결과에 대한 동료들의 무관심, 그리고 열악한 환경과 부족한 리소스로 인해 데이터 분석에 대한 성장이 더뎠다. 또한 여러 지표를 살펴보고 퍼널 분석과 A/B 테스트를 하며 이 결과를 서비스에 반영하는 일이 회사와 동료들의 관심과 지지, 지원이 필요한 무척 힘들고 지루하며 인내심이 필요한 작업이다 보니 실제 데이터 주도적 의사 결정을 하거나 이를 실 서비스에 반영할 수 있는 회사는 안타깝게도 소수에 불과하다.

그런데도 AI와 빅데이터 시대라고 이야기할 만큼 그 어느 때보다 데이터에 대한 중요성이 매우 강조되는 시대다. 그래서 최근 이직을 하기 위해 면접을 보게 되면 많은 면접관들이 Deep-Dive한 경험이 있냐고 묻는다. 데이터 분석을 통해서 어떤 액션 플랜을 세우고, 그 액션을 통해 지표를 개선해 본 경험이 있는지 묻는 것이다. 그리고 있다고 답을 하면 그 과정과 성과에 대해서 자세히 설명해 달라고 한다. 그럴 때마다 매우 당혹스럽다. 기획자가 매일 보는 게 지표라지만, 여러 데이터와 지표를 포함하여 수많은 자료와 이야기를 들으며 의사 결정을 하고 기획을 한다. 따라서 매우 복합적인 의사 결정 과정이라고 할 수 있다. 그 결과 또한 마찬가지다. 그런데 어떤 지표를 보고 그런 판단을 했고, 그래서 어떤 액션을 취했으며, 그 결과로 리텐션이나 전환율 등의 지표가 몇 퍼센트 개선되었는지 듣고 싶어 한다. 왜 그런 질문을 하는지 이해 못 하는 바는 아니지만, 너무 많은 데이터와 지표를 살펴보고 수많은 기획과 개선을 하는데 어떻게 다 기억을 하고 있단 말인가? 특히 나 같이 현재에 집중하고 미래만 생각하며 살다 보니 기억력이 나빠져 그 나빠진 기억력을 보완하기 위해 기록에 집착하는 사람이 그것을 다 기억하고 있을 리가 없다.

게다가 기획자가 버튼의 위치나 색상 등을 바꿔가며 A/B 테스트를 하고 그 전환율을 개선하는 직군이라고 생각하고 있는 건가? 리텐션을 높이기 위해 최근 유행하고 있는 매일 참여할 수 있는 게이미피케이션 기능을 추가했다고 해보자. 그 기능에는 추천 코드를 통한 친구 초대 기능과 함께 랭킹 기능도 포함돼 있다. 그리고 이를 홍보하기 위해 문자와 푸시 알림을 보내고, 랭킹 기능 등을 활용한 작은 이벤트도 진행하며 다양한 마케팅을 진행했다. 그런데 포트폴리오와 면접 시에 기획자인 내가 특정 기능의 기획과 런칭을 통해 한 달 만에 리텐션을 30%나 증가시켰다고 이야기할 수 있는 것일까? 모든 게 기획자인 나의 뛰어난 기획 역량 때문에 달성한 목표라고 말이다. 나는 여러 직군의 동료들과 함께 만들어낸 결과를 가지고 내 기획으로 리텐션을 30%나 증가시켰다고 답변하지는 못할 것 같다.

그리고 너무 데이터를 강조하다 보니 데이터 만능주의로 치닫고 있는 것이 아닌가 싶다. 오죽하면 데이터 분석가들도 데이터 신봉주의를 경계하며 경고의 목소리를 내고 있을까? 초기 스타트업은 대다수 고객이 서비스 밖에 있다. 그런데 고객의 요구사항을 파악하고 데이터 중심의 의사 결정을 하겠다며 데이터를 분석하기 위해 분석 환경을 구축하고 지표를 생성하며 대시보드를 만든다. 아직 버그와 오류투성이에 VOC가 쏟아지고 있는데 말이다. 데이터가 중요하다지만 'Data-Driven'과 'Customer-Driven'은 다른데 지인이나 얼리어답터 등의 소수 데이터를 추출하고 지표를 만들면서 고객 중심적인 의사 결정과 운영을 하고 있다며 자랑한다. 초기 얼리어답터를 통해 추출한 데이터와 지표가 다수의 일반 유저를 대변하지 못할 수도 있다. 절대다수의 일반적인 타깃 유저는 데이터가 아니라 서비스 밖에 있기 때문에 사용자 수가 적은 초기 스타트업에서는 데이터가 아닌 데이터 밖에서 고객의 요구사항이나 문제를 찾는 편이 나을 것이다. PMF를 찾으며 기본적인 비즈니스 요구사항조차 구현하지 못한 초기 스타트업에서는 데이터 분석보다는 시장조사가 더 적합하다.

애자일 스프린트 조직에서 진행하는 A/B 테스트는 단기간의 테스트에 그쳐 긴 호흡의 효과나 인과관계를 추적하기 어렵다. 그러나 데이터는 객관적으로 신뢰할 수 있다며 실 서비스에 즉시 반영된다. 사내에서 데이터 신봉자, 근거 없이 설득하기 어려운 실무자, 책임 회피를 위해 데이터 뒤에 숨는 관리자 등이 이를 열렬히 지지한다.

2022년 12월 20일, 메타의 페이스북 알림 데이터 사이언스 팀이 블로그 플랫폼인 미디엄에 장기적인 실험 결과가 단기적인 실험 결과와 다른 결과를 보여줄 수 있다며 한 실험을 통한 인사이트를 공개했다. 해당 팀은 알림 빈도수가 사용자의 방문과 사용자 만족도에 미치는 영향을 테스트했다. 그 실험의 결과는 단기적으로 알림이 잦을수록 방문이 많았으나 1년 동안 테스트를 지속해 보니 장기적으로 꼭 필요한 알림만 보냈을 때에 사용량이 조금씩 회복되며 사용자 만족도와 사용량이 단기적으로 잦은 알림을 보냈을 때보다 증가했다는 것이다. 많은 사람들이 어렴풋하게 예상하고는 있었으나 지표를 통해 검증하기 어려웠는데 이를 데이터로 입증한 것이다. 해당 팀은 "지속 불가능한 단기 방식으로 제품을 최적화하고 싶지 않았고, 사람들에게 가치 있는 경험을 통해 장기적인 성장을 추구하고 싶었다."라고 실험의 소회를 밝혔다. 한편으로는 멋지고, 한편으로는 이런 장기적인 시각으로 실험을 진행할 수 있는 리소스와 환경이 부럽다. 보통 회사였다면 KPI를 달성하기 위해 알림을 더 자주 발송하려고 노력했을 것이다. 그리고 데이터만 놓고 보면 단기적으로 알림을 통해 방문 수가 늘었으니 성공했다고 자축했을 것이다. 사용자는 자주 수신되는 알림 때문에 짜증을 느끼며 알림을 끄거나 탈퇴하기 위해 방문했는데도 말이다.

애자일 스프린트를 채택하고 있는 스타트업에서 A/B 테스트의 단점은 실험 기간이 일반적으로 짧기 때문에 결과가 신규 기능의 제공에 따른 반짝 효과인지, 아니면 제품에 대한 사용자 만족도가 실제 높아졌는지를 판단하기 어렵다는 것이다.

그리고 전환율(CVR, Conversion Rate)을 높이기 위해 버튼이나 카드의 모양, 색상, 위치 또는 마이크로카피 등의 아토믹 단위의 A/B 테스트를 하는 것이 과연 방문 수와 사용성에 얼마나 많은 영향을 미치는지, 그리고 투입된 리소스를 고려해 효과적인 자원의 투입과 배분이었는지 의문이다. 물론 리소스가 풍부해 많은 A/B 테스트를 진행할 수 있는 회사에서 아토믹 단위의 A/B 테스트를 하겠다면 굳이 말리지 않는다. 풍부한 리소스를 이렇게 활용하는 것은 좋을 테니까 말이다. 하지만 PMF를 찾으며 기본적인 비즈니스 요구사항조차 제공하지 못하고 있는 스타트업에서 A/B 테스트 등에 많은 리소스를 투입하고 있다면 과연 효과적인 리소스의 투입과 배분인지, 우선순위가 잘 결정되고 있는지 한 번쯤 고민해 볼 필요가 있다. 한 서비스 기획자이자 PO로서 보다 중요한 건 제품이 사용자에게 제공하고자 하는 본질적인 가치의 제공 여부와 개선, 확대이고, 이는 작은 기능이나 피처 단위의 A/B 테스트와 그 결과가 큰 영향을 미치지 못하기 때문이다.

또한 혁신적인 서비스나 솔루션을 기획하고 있다면, 데이터를 통한 요구사항이나 문제를 분석하는 행위가 큰 도움이 되지 않을 수도 있다. 애플의 CEO였던 고(故) 스티브 잡스가 1998년 5월에 비즈니스위크와의 인터뷰에서 "우리는 많은 고객을 보유하고 있으며, 설치 기반에 대한 많은 연구를 수행하고 있다. 또한 업계 동향을 매우 주의 깊게 살펴본다. 하지만 결국 이렇게 복잡한 제품의 경우에 포커스 그룹을 통해 제품을 디자인하는 것은 정말 어렵다. 많은 경우에 사람들은 그것을 보여줄 때까지 무엇을 원하는지조차 모른다. 애플의 많은 직원들이 많은 돈을 받는 이유는 그들이 이러한 것들을 주도해야 하기 때문이다."라고 이야기하며 FGI 등의 시장조사를 하지만, 결국은 능력 있는 사람들의 직관과 창의력, 인사이트가 중요하다고 이야기했다. 시장조사나 데이터 분석 등은 고객의 과거 경험을 바탕으로 피드백을 제공하기 때문에 혁신적인 아이디어를 발견하거나 상식과 기대를 뛰어넘는 수준의 경험을 제공하는 데 한계가 있을 수 있다. 따라서 필자도 스티브 잡스의 의견에는 일부 동의하지만 과연 고객에 집착하며 집단 지성을 뛰어넘을 정도의 직관이나 창의력, 인사이트를 가진 사람이 몇 명이나 있을지는 의문이다.

그래도 기획자로 일하다 보면 고객의 의견이 상충할 수도 있고, 모든 의견을 수용하다 보면 제품의 복잡도가 높아지며 신규 고객은 어렵거나 온보딩에 많은 시간과 노력이 필요할 수도 있다. 또한 데이터를 통한 의사 결정이 소수의 의견을 무시하고 다수의 의견을 반영하는 행위이기 때문에 소수에게는 불편하거나 원치 않는 변화일 수도 있다. 따라서 고객의 의견이나 데이터를 곧이곧대로 받아들이기보다는 제품을 만들어가는 프로덕트 팀의 직관이나 인사이트도 매우 중요하다는 것 또한 부정할 수 없다.

데이터 만능주의를 경계하는 내용으로 작성하려다 보니 데이터 분석을 부정적으로 바라보는 시각으로 작성했지만, 사용자를 이해하는 데 데이터 분석은 매우 중요하다. 여전히 데이터 분석을 안 하거나 못하는 회사도 많다 보니 데이터 분석의 중요성이 강조되는 것은 바람직하다. 하지만 회사의 시기와 리소스를 고려해야 하며, 데이터는 의사결정을 위한 수단 중 하나라는 사실을 잊어서는 안 된다. 'Data-Driven'과 'Customer-Driven'이 일치하지도 않으며, 데이터는 미래의 잠재 고객을 대변하지도 않는다. 그리고 버튼이나 인풋 박스, 마이크로카피 등 UI/UX상의 A/B 테스트도 중요하지만 제품의 본질적인 가치를 개선하는 노력이 더 중요하고 의사결정에 있어 이 가치가 데이터에 우선해야 한다는 것을 잊지 않았으면 한다.

맺음말

강의에서 만나는 스타트업에서 근무하는 서비스 기획자들을 보고 있으면, 자신감은 물론이 거니와 자존감마저 떨어져 있어 한 선배로서 안타까울 때가 많다. 왜 그런가 이유를 들어보면 회사에서 잡부로 전락했거나, 자신이 동료들에게 필요 없는 존재로 인식되는 것 같아 마음에 상처를 입었다고 한다. 그럴 때마다 하는 이야기는 당연히 그럴 수밖에 없는 상황이니 생각을 바꿔보라는 것이다. 보통 개발자와 디자이너는 학원이나 대학에서 적게는 몇 개월에서 수년을 비싼 돈을 들여 공부하고 온 사람들이다. 게다가 해당 직군에 신입이나 주니어만 있는 게 아니라 시니어들도 있기 때문에 잘못된 부분을 가르쳐주거나 고쳐줄 사람들도 있다. 그런데 기획자들은 서비스 기획 전공이 없기 때문에 기획과 무관한 전공을 하고 온 사람들로, 전문지식이 거의 없다시피 한 상황에서 마땅한 사수도 없이 서비스 기획 업무에 바로 투입된다. 이게 기획자 잘못일까? 시니어 기획자를 채용하지 못해 주니어 기획자에게 기획을 맡긴 회사의 잘못일까?

함께 일하는 동료들의 잘못은 없다. 관련 지식이 부족한 데다 서비스 기획자의 역할 상 일부 매니저의 역할을 해야 하는데 매니지먼트를 못하는 기획자 동료에게 걱정이나 불만을 표시하는 건 입장을 바꿔 생각해도 충분히 이해할 수 있기 때문이다.

따라서 기획자는 짧게는 3년에서 길게는 5년 정도까지는 돈을 받아가며 공부를 하고 있다고 생각하는 편이 좋다. 다만, 3~5년이 지나서도 잡부나 무용론의 대상이 되지 않기 위해서 주니어 때 열심히 깨지면서 배우고 학습해야 한다. 그래서 내가 그렇게도 주니어 기간이 중요하다고 강조하며 나 홀로 기획을 할 수밖에 없는 회사보다는 가급적 보고 배울 수 있는 다수의 기획자들이 있는 회사에 입사하라고 하는 것이다. 다시 강조하지만, 기획자의 잘못도 아니고 돈 받고 배우고 있는 시기이니 너무 상처받거나 자존감이 떨어지지 않았으면 하고 배움과 학습에 집중했으면 좋겠다.

그렇게 서비스 기획자들에게 기획을 공부하라고 하면, 파이썬이나 SQL 등을 공부하며 열심히 기획을 공부하고 있다고 이야기한다. 물론 이런 공부가 기획하는 데 도움이 되지 않는 것은 아니지만, 당장 기획자로 현업을 하는 데 도움이 되는 공부는 아니다. 부족하지만 이 책을 통해서 어떤 것을 공부해야 하는지 이야기했으니 이젠 현업에서 필요한 기획 공부를 열심히 하기를 바란다.

20년 가까이 기획자로 현업에서 일하고 있지만 여전히 기획이 어렵고 힘들다. 다른 산업에서는 20년 정도 일하면 눈을 감거나 불을 끄고도 일을 할 수 있을 정도로 전문가나 달인이 되어 있다고 한다. 기획은 20년 가까이 일해왔지만 여전히 부족하고 아는 것이 없는 것 같아 불안하여 공부를 게을리할 수가 없다. 게다가 IT 환경, 생태계, 기술 등이 너무 빠르게 변화하다 보니 변화를 따라잡는 것만으로도 지칠 때가 많아 앞으로 얼마나 기획자로 일할 수 있을지 걱정된다.

그런데도 기획자는 세상과 사람들이 겪는 문제나 불편을 IT 기술을 통해 해결하는 사용자의 대변인이다. 그리고 리더로서 동료들을 앞에서 이끌고 뒤에서 밀며 제품을 성공적으로 만들어야 하는 직군으로 매우 중요하고 가치 있는 역할을 수행하는 마력 있는 직업임에는 틀림없다.

세상에 기여할 수 있는 더 좋은 제품과 팀을 만드는 데 이 책이 조금이나마 도움이 되기를 바라며 나 또한 배우고 성장하는 과정이니 부족한 부분이나 잘못된 내용이 있었다면 깊은 이해와 양해를 바란다.

마지막으로 오늘도 좋은 제품과 서비스를 만들기 위해서 노력하는 기획자들이 힘들고 고생스럽지만 보람 있고 가치 있는 하루를 보냈기를 바란다.

기획자가 블로그를 해야 하는 10가지 이유

필자는 신입 기획자가 입사하면 수습기간 동안 하루에 IT 관련 글이나 기사를 2개씩 읽고 블로그를 운영해 보라고 권한다. 그러나 석 달을 넘기며 꾸준히 기사를 읽거나 블로그를 운영하는 기획자를 단 한 명도 보지 못했다.

블로그를 운영하지 않고 있는 기획자라면 올해에는 꼭 블로그를 개설해 운영해 보라고 권하고 싶다. 단, 네이버 블로그나 브런치가 아닌 워드프레스와 같은 설치형 블로그나 깃허브를 이용한 정적 사이트를 추천한다. 그것도 어렵다면 티스토리처럼 그나마 코드 수정이 가능한 블로그에서 시작하길 바란다. 그나저나 회사 업무도 바쁜데 왜 블로그까지 운영해야 하냐고 물을 것 같아 그 이유를 이야기해 본다.

01. IT 트렌드에 관심을 갖게 된다

기획자는 세상에서 가장 빠르게 변화하는 IT 트렌드를 따라잡진 못하더라도 놓치지 않기 위해 발버둥 치는 직군이다. 그런데 블로그를 운영하다 보면 어떤 글을 써야 할지 글감을 찾기 위해 고민하게 되고 그러면서 자연스레 IT 트렌드에 관심을 갖게 된다.

02. 글을 쓰며 자연스레 공부가 된다

글감을 찾았다면 블로깅을 위해 관련된 자료를 찾아보며 공부하게 된다. 그리고 접했던 파편화된 정보들이 글을 작성하면서 정리되고 자신만의 인사이트를 갖게 된다.

03. 글쓰기 실력이 향상된다

기획자는 설득이나 협의된 내용을 정리 및 공유하기 위해서라도 글을 작성할 일이 많다. 때론 마이크로카피를 작성하며 UX 라이터 역할도 해야 하는데 블로깅을 하다 보면 글쓰기 실력이 향상된다.

04. 개발을 이해할 수 있다

필자는 네이버 블로그나 브런치 등을 쓰지 말고 코드 수정이 가능한 블로그 플랫폼을 이용하라고 권한다. 블로그 스킨을 꾸미고 각종 툴, 플러그인, 위젯 등을 설치하고 수정하다 보면 조금이나마 개발과 개발자를 이해할 수 있게 된다.

05. 기획자에게 블로그는 최고의 테스트베드다

현재 필자의 블로그는 구글과 네이버를 통해 소유 인증을 하고, 검색 등록이 되어 있다. 그리고 구글 애널리틱스 및 애드센스를 비롯하여 여러 플러그인과 위젯이 적용돼 있다. 과거부터 여러 블로그 솔루션이나 플랫폼을 사용했고 여러 툴, 플러그인, 위젯 등이 블로그에 적용되고 테스트됐다. 기획자가 테스트를 위해 회사 서버에 배포한다는 건 상상할 수 없는 일이다. 하지만 자신의 블로그에는 무슨 짓이든 할 수 있다. 기획자에게 블로그만큼 좋은 테스트베드가 있을까 싶다.

06. SEO, SMO 등을 이해하고 공부할 수 있다

블로그를 처음 개설하면 방문자가 없다. 공들여 열심히 작성한 글인데 방문자가 없다 보니 몇 개 작성해 보고 포기한다. 포기하지 않은 사람이라면 방문자를 늘리기 위해 고민할 것이다. 이 고민을 하면서 자연스레 검색 엔진 최적화와 소셜 미디어 최적화 등을 공부하게 된다. 구글이나 네이버에 어떻게 검색 봇을 허용하며 검색 등록을 할 수 있는지, 메타 태그는 무엇이고 어떻게 작성해야 하는지, 방문자를 늘리기 위해 어떻게 제목을 짓고 태그를 작성해야 하는지, 몇 시에 발행해야 방문자가 많은지, 각 포털과 SNS에 자동으로 글을 내보내는 과정 등을 하나 둘 알아가게 된다.

07. 건전한 취미를 갖게 된다

블로그만큼 건전한 취미생활이 있을까? 돈을 쓰기는커녕 오히려 공부하며 돈을 벌 수 있는데다 글을 작성하다 보면 2~3시간이 훌쩍 지나간다.

08. 취업이나 커리어에 도움이 된다

블로그로 전문성도 높일 수 있는 데다 좋은 곳으로 이직할 수 있는 기회도 생긴다. 실제 필자도 운영하는 블로그로 인해 대기업으로 이직한 경험이 있다.

09. 부가적인 수익이 발생한다

다양한 광고 플러그인, 위젯 등을 블로그 내에서 테스트하다 보니 소액이지만 돈을 벌 수 있다. 쿠팡 파트너스 등의 제휴 마케팅이나 서비스 리뷰, 블로그 이벤트 등에 참여해 부가적인 수익을 얻을 수도 있다.

10. 사회에 기여할 수 있다

너무 거창한 이야기일 수도 있겠지만 경험, 지식, 정보를 공유하며 사회에 기여할 수 있다. 내가 경험한 개인적인 실수나 누구나 알만 한 사소한 정보일지라도 분명 누군가에게는 위로나 도움이 될 수 있다. 가끔 잘못된 정보를 공유하여 비난을 받을 수도 있지만 그 또한 공부이고 발전이라고 생각하면 그나마 가볍게 넘길 수 있을 것이다.

이렇게나 장점이 많은데도 블로그를 운영하지 않겠다고?

기획자라면 꼭 블로그를 운영해 보길 바란다.

기획자가 알아야 할
각종 지표

광고 관련 지표

- **Impression(Imp); 노출 수**

  사이트 방문자에게 배너 등이 보이는 횟수

  페이지 새로고침 시마다 노출 수도 함께 증가

- **UV(Unique Visit or Visitor); 순 방문자 수**

  한 방문자가 일으킨 중복 방문 수를 제거한 수

- **CTR(%, Click Through Rate); 클릭률**

  노출 수 대비 클릭 수

  CTR이 0.2%이면 한 배너가 1,000회 노출되었을 때 2번 클릭됐다는 의미

  CTR = 클릭수/노출수 * 100%

- **CPM(Cost Per Mile)**

  광고 과금 방식 중 하나

  배너 노출당 광고비를 지불하는 광고에서 1,000회 노출당 비용

- **eCPM(Effective Cost Per Mile)**

  광고 과금 방식이라기보다는 광고 효율성을 측정하기 위한 지표

  CPM이 광고 노출 수를 기준으로 광고비를 책정하는 방식이라면 eCPM은 실제 CPC, CPI, CPE, CPA 등의 과금 방식을 통해 광고를 집행한 후 1,000회 노출당 얼마의 비용이 사용됐는지 역 계산한 지표로서, 유효 배너 1,000회 노출당 비용을 뜻함

- **CPC(Cost Per Click)**

  광고 과금 방식 중 하나

  배너나 링크를 클릭했을 때 광고비를 지불하는 광고에서 클릭당 비용

- **CPI(Cost Per Install)**

  광고 과금 방식 중 하나

  애플리케이션 설치 수에 따라 광고비를 지불하는 광고에서 설치당 비용

- **CPE(Cost Per Engagement)**

  광고 과금 방식 중 하나

  애플리케이션 실행 수에 따라 광고비를 지불하는 광고에서 실행당 비용

- **CPA(Cost Per Action)**

  광고 과금 방식 중 하나

  광고주가 원하는 행동(회원가입, 개인정보제공 등)을 취할 때마다 광고비를 지불하는 광고에서 액션당 비용

- **CPS(Cost Per Sale)**

  광고 과금 방식 중 하나

  상품이나 서비스 등의 판매 수에 따라 광고비를 지불하는 광고에서 판매당 비용

  보통은 상품 판매가에 몇 %로 정함

- **CPP(Cost Per Period)**

  광고 과금 방식 중 하나

  계약한 기간에 따라 광고비를 지불하는 광고에서 계약 기간에 따른 비용

- **구좌제**

  광고 과금 방식 중 하나

  하나의 광고 지면에 여러 개의 광고(슬롯)가 동시 진행되는 광고에서 한 슬롯당 비용

  하루 4개의 구좌가 라이브되는 지면에서 한 구좌에 광고를 진행하기 위한 비용

- **CPV(Cost Per View)**

  광고 과금 방식 중 하나

  동영상 광고가 재생될 때마다 광고비를 지불하는 광고에서 1회 재생당 비용

  CPV가 2원인 경우, 동영상 광고가 1회 재생될 때마다 2원씩이라는 의미

- **ROAS(%, Return on Advertising Spend); 광고 지출 대비 수익, 광고 수익률**

  광고를 통해 얼마나 많은 매출을 올렸는지에 대한 지표

  ROAS = 광고를 통해 발생한 매출액 / 광고비 * 100%

  100만 원의 광고 비용으로 200만 원의 매출액이 발생했다면 (200만 원/100만 원)*100%=200%

- **ROI(%, Return of Investment); 투자 이익률**

  투자한 비용 대비 이익금

  ROI = 이익금액 / 투자금액 * 100%

  100만 원의 투자 비용으로 200만 원의 이익이 발생했다면, (200만 원/100만 원)*100%=200%

서비스 관련 지표

- **CAC or UAC(Customer Acquisition Cost, User Acquisition Cost); 고객 획득 비용**

  한 명의 고객을 획득 또는 유치하는 데 든 비용

  CAC = 신규 고객 획득과 관련된 전체 비용 / 신규 획득한 고객 수

- **DAU · WAU · MAU(Daily/Weekly/Monthly Active User)**

  하루/한 주/한 달 동안 접속한 실 사용자 수

- **Stickiness; 서비스 의존율, 고착성**

  서비스의 재방문율을 측정하기 위한 지표

  Stickiness = DAU / MAU * 100%

  보통 20% 이상이면 좋은 편이고, 10% 이하로 떨어지거나 Stickiness 곡선이 하향 곡선을 그리면 유저가 점점

  감소하는 상태다.

- **Bounce Rate; 이탈률**

  하나의 페이지만 보고 사이트를 이탈한 비율

  즉, 유입 페이지와 이탈 페이지가 동일한 경우

- **Exit Rate; 종료율**

  페이지를 종료한 비율

  사이트를 이탈하지 않아도 다른 페이지로 이동하면 이탈률에 잡히기 때문에 Bounce Rate와 비교해 무조건 나

  쁜 수치라고 볼 수 없다.

  예를 들어, 신청서 페이지는 해당 페이지를 이탈해야만 신청이 완료되므로 Exit Rate가 높아야 좋은 경우도 있다.

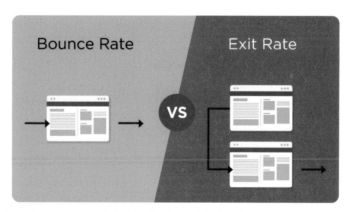

그림 B.1 구글 애널리틱스의 행동 보고서에서 볼 수 있는 지표로 이탈률은 낮을수록, 종료율은 이탈률보다 높을수록 좋다.

- **Retention Rate; 재방문율, 잔존율**

  앱에 대한 전체 다운로드 수에서 실제 앱을 여전히 설치하고 사용하고 있는 사용자의 비율 또는 서비스 가입 이

  후 D+N일에 대한 재방문율

  이 지표를 분석할 때는 D+N일에 대한 재방문율을 측정하는 방식으로 보통 D+7, D+30, D+60, D+90일의 재

  방문율을 살펴본다.

- **Viral Coefficient; 바이럴 계수**

기존 고객 한 명이 데려온 신규 고객의 수

Viral Coefficient = 초대율[전체 발송된 초대 수 / 전체 사용자 수] * 수락률[(초대를 받고 가입한 사용자 수 / 전체 발송된 초대 수) * 100%]

바이럴 계수가 지속해서 1 이상을 유지한다면 가입하는 사람마다 한 명 이상의 유저를 계속 초대하게 되고, 따로 홍보하지 않아도 사용자가 지속해서 늘어나는 이상적인 상태가 된다.

바이럴 계수(K)와 확산
(Viral Coefficient and Viral Expansion)

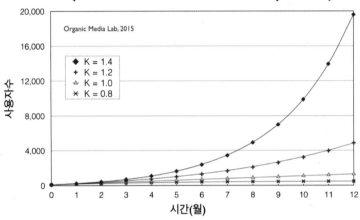

그림 B.2 바이럴 계수에 따른 사용자수의 증가

- **Viral Cycle Time; 바이럴 주기**

바이럴 계수가 1이더라도 새로 가입한 사용자가 바이럴을 일으키는데 걸리는 시간이 한 달이라면 성장은 하지만 그 속도는 매우 더딜 것이다. 따라서 바이럴 주기는 짧으면 짧을수록 좋고 바이럴 계수와 함께 바이럴 주기도 고려해야 한다.

- **NPS(Net Promoter Score); 순수 고객 추천 지수**

0 ~ 10점 중 선택

NPS = 추천 고객 비율(%, 9/10점 선택 비율) - 비추천 고객 비율(%, 0~6점 선택 비율)

전체 200명 중 80명이 추천, 50명이 비추천 점수를 선택했다면, 80/200-50/200 = 40%-25%=15로 NPS는 15이다.

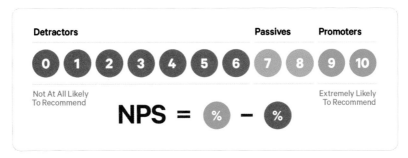

부록 B.3 서비스 이용 후 자주 보게 되는 사용자 만족도 조사 방식이다.

- **CVR(Conversion Rate); 전환율**

방문자 중 목표 행위를 수행한 비율

쇼핑몰이라면 주문 페이지에 들어온 방문자가 실제 구매 버튼을 클릭한 비율

CVR = 전환수 / 클릭수 * 100%

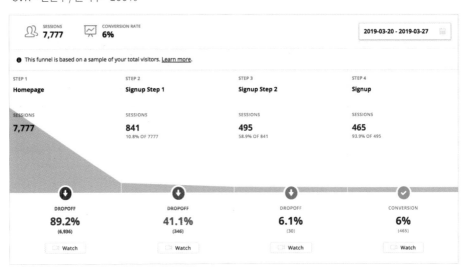

그림 B.4 Critical Path에 따른 퍼널을 구성하고, 이에 따른 CVR을 측정한 다음 가설을 세우고
각 퍼널 구간의 CVR을 높이기 위한 A/B Test 등의 실험을 진행한다.

매출 관련 지표

- **PU(Paying User)**

  돈을 쓰는 사용자수, 보통 일/주/월 단위로 측정

- **Paying User Rate; 결제 유저 비율**

  전체 사용자 중 돈을 쓰는 사용자의 비율

- **ARPU(Average Revenue Per User); 유저당 평균 매출**

  주로 한 달 단위의 매출액을 사용자 수로 나누는 방식으로 측정

- **ARPDAU(Average Revenue Per DAU)**

  ARPDAU = 일일 매출 / 일일 사용자수

- **ARPPU(Average Revenue Per Paying User)**

  돈을 쓰는 사용자당 평균 매출, 주로 한 달 단위의 매출액을 결제자 수로 나눠서 구함.

- **APF(Average Purchase Frequency); 평균 구매 빈도**

  일정 기간 동안 고객이 평균적으로 몇 번 구매했는지를 나타내는 지표로 판매 상품의 유형에 따라 다를 수 있지만 일반적으로 한달이나 1년 동안의 구매 횟수를 측정

- **ASP(Average Selling Price); 평균 결제 금액**

  일정 기간 동안 고객 1인당 평균적으로 얼마를 결제했는지를 나타내는 지표

- **LTV or CLV or CLTV (LifeTime Value, Customer Lifetime Value); 고객 생애 가치**

  고객 한 명을 획득 또는 유치한 시점에서 자사의 서비스나 제품의 사용을 중단 또는 탈퇴하는 시점까지 얼마만큼의 이익을 가져다주는지에 대한 지표

세균무기가 알려주는
서비스 기획의
모든 것